세상의 속도를
따라잡고 싶다면

Do it!

1인 개발로 '수익화 앱'을 만든다!

플러터 앱
개발 & 출시하기

기획 + 수익 구조 + 디자인 +개발 + 배포까지!
한 권으로 배우는 플러터 앱 개발의 모든 것!

조준수 지음

이지스퍼블리싱

세상의 속도를
따라잡고 싶다면

Do
it!

Do it!
플러터 앱 개발 & 출시하기
Do it! Developing and Releasing a Flutter App

초판 발행 • 2024년 6월 28일

지은이 • 조준수
펴낸이 • 이지연
펴낸곳 • 이지스퍼블리싱(주)
출판사 등록번호 • 제313-2010-123호
주소 • 서울특별시 마포구 잔다리로 109 이지스빌딩 3층(우편번호 04003)
대표전화 • 02-325-1722 | 팩스 • 02-326-1723
홈페이지 • www.easyspub.co.kr | 페이스북 • www.facebook.com/easyspub
Do it! 스터디룸 카페 • cafe.naver.com/doitstudyroom | 인스타그램 • instagram.com/easyspub_it

총괄 • 최윤미 | 기획 및 책임편집 • 이소연 | 편집 • 안동현 | IT 2팀 • 한승우, 신지윤, 이소연
교정교열 • 박명희 | 표지 디자인 • 김근혜 | 본문 디자인 • 트인글터 | 인쇄 • 보광문화사
마케팅 • 이나리 | 독자지원 • 박애림, 오경신 | 영업 및 교재 문의 • 이주동, 김요한(support@easyspub.co.kr)

ISBN 979-11-6303-613-5 93000
가격 33,000원

5가지 상용화 앱을 직접 만들면서
앱 기획부터 출시까지 전 과정을 배워 보세요!

몇 년 전, 모바일 앱 개발자로 일하다가 플러터를 처음 접한 순간이 아직도 생생합니다. 앱의 UI를 손쉽게 만들 수 있을 뿐 아니라 코드를 수정하면 마치 웹을 새로 고침 하는 것처럼 바로 반영되는 플러터의 특징이 너무나 매력적이었죠. 앱을 만들수록 이렇게 좋은 기술을 혼자만 알고 있기에는 너무나 아까워서 플러터 책을 쓰게 되었습니다.

앱 개발을 시작한 지도 어느덧 13년이 흘렀습니다. 플러터 덕분에 다양한 분야의 앱을 만들어 봤고, 1인 기업도 해봤죠. 제가 만든 앱이 5만 명이 넘는 다운로드 수를 기록하고, 처음으로 월 100달러라는 애드몹 수익을 냈을 때의 감격은 지금도 소중한 추억으로 간직하고 있습니다. 앱 개발은 누구나 쉽게 재미와 보람은 물론 수익까지 얻을 수 있는 일이에요. 그 즐거움을 이 책을 통해 여러분과 함께 나누고 싶습니다.

파이어베이스 기능을 활용한 강력한 앱!
서버리스 시스템으로 빠르게 만든다!

플러터의 장점은 크로스 플랫폼을 쉽고 간단하게 구현할 수 있다는 점입니다. 시장 상황을 빠르게 파악하고 간단하게 서비스를 만들고 싶어 하는 기업이나 개인 개발자에게 플러터는 최적의 선택지라 할 수 있죠. 이 책에서는 앱을 빠르게 만들 때 필요한 서버리스 시스템과 이를 가장 강력하게 사용할 수 있는 구글의 파이어베이스를 적극 활용했습니다. 기존에 많이 사용하던 파이어베이스 기능뿐만 아니라 호스팅, 클라우드 함수, auth 등 다양한 기능을 이용하여 서버리스 시스템을 구현할 수 있습니다. 강력한 기능을 마음껏 활용해 여러분의 인생 첫 번째 앱 만들기에 도전해 보세요.

수익 구조를 포함한 앱 기획부터 디자인, 개발, 출시까지!
진짜 쓸 만한 앱 만들기, 처음부터 끝까지 도전해 보세요!

프로그래밍 기본 언어는 공부했지만 앱 개발을 어떻게 해야 할지 막막한 독자를 위해 실제 서비스되는 앱의 개발 과정을 모두 담으려고 노력했습니다. 기획, 수익 구조, 디자인, 사용할 수 있는 리소스, 코딩, 배포까지 실제 서비스에서 필요한 모든 내용을 준비했습니다. 그리고 앱을 상용화하는 데 필요한 체크리스트를 활용해서 여러분만의 앱을 완성할 수도 있습니다. 1인 기업으로 자신만의 앱을 출시하고 싶은 도전 정신이 있다면 이 책이 큰 도움이 될 것입니다. 그만큼 일상에 필요한 다양한 서비스를 쉽고 재미있게 만들 수 있습니다.

이 책을 집필하게 해주신 하나님께 감사드립니다. 이지스퍼블리싱 출판사와 이소연 편집자께도 감사하는 마음을 전합니다. 그리고 퇴근한 후에도 책을 집필할 수 있는 환경을 만들어 준 아내와 힘들고 피곤할 때마다 "아빠 힘내세요"를 부르며 응원해 준 두 아이 윤이와 은이에게도 고마움을 전합니다. 앞으로도 모두에게 감사한 마음을 갖고 열심히 살아가겠습니다.

조준수 드림

실무에서도 통하는 플러터 앱 개발!
이 책으로 시작하세요!

기발한 아이디어를 앱으로 구현하고 싶다면 강력 추천!

혼자서 앱을 개발할 때 서버 활용과 안드로이드, iOS를 동시에 지원하는 일에 어려움을 느끼는 분들이 많더군요. 이 책은 플러터와 파이어베이스를 활용해 강력한 앱 기능을 더 빠르고 간단하게 구현할 수 있는 길을 안내합니다. 기발한 아이디어를 앱으로 구현하고 싶으신 분이나 1인 개발자에게 이 책을 적극 추천합니다.

• **이현준**(캐롯손해보험 안드로이드 개발자)

실무에 유용한 팁과 모범 사례를 풍부하게 담은 책!

저자의 다년간 실무 경험과 깊이 있는 플러터 지식을 바탕으로 실제 사례와 함께 플러터의 다양한 기능을 친절하게 안내하는 책입니다. 특히 단순한 이론 설명을 넘어 실전에서 바로 적용할 수 있는 유용한 팁과 모범 사례를 풍부하게 담아서 실무에 큰 도움이 될 것입니다. 이미 플러터를 사용해 본 경험이 있는 분도 이 책을 통해 새로운 통찰을 얻을 수 있을 것입니다.

• **최용훈**(롯데카드 IT 운영팀 차장)

초급자부터 중급자까지 추천하는 플러터 필독서!

이 책은 플러터에 익숙하지 않은 초급자부터 중급자에 이르기까지 활용할 수 있는 주제를 다양하게 다루었습니다. 특히 실제 프로젝트를 진행하면서 플러터의 기본 개념과 사용법을 자연스럽게 익힐 수 있고, 실무자에게 필요한 깊이 있는 정보와 다양한 예제를 통해 플러터 앱 개발을 더 깊이 이해할 수 있도록 도와줍니다.

• **김선주**(해안건축사사무소 IT연구소 선임)

이 책, 이런 분께 추천해요!

- 플러터 프로그래밍에 입문하고 싶으신 분
- 포트폴리오나 개인 프로젝트를 위해 앱을 직접 만들어 보고 싶으신 분
- 안드로이드, iOS 구분하지 않고 앱 개발을 배워 보고 싶은 개발자

앱 기획부터 개발, 출시까지!
3단계 코스를 밟으며 '플러터 앱 개발자'에 도전해 보세요!

첫째마당 플러터와 다트 기초 다지기	둘째마당 핵심 기능으로 앱 개발 훈련	셋째마당 고급 기능 익히고 앱 출시하기

• 플러터와 다트 특징 알아보기
• 플러터 개발 환경 준비하기
• 다트 라이브러리와
  파이어베이스 알아보기
	• 심리 테스트 앱 만들기
	• 부동산 실거래가 조회 앱
	  만들기
	• 클래식 사운드 앱 만들기
		• SNS 앱 만들기
		• 마켓 앱 만들기
		• 앱 출시하기

이 책, 이렇게 공부해 보세요!

1. 실습으로 앱을 직접 만들면서 배우고!

Do it! 실습 팝업 창과 상세 페이지 만들기

지도의 아파트 아이콘을 클릭했을 때 나타나는 팝업 창과 목록에서 아파트 이름을 클릭했을 때 표시할 상세 페이지를 만들어 보겠습니다. map 폴더에 apt_page.dart 파일을 추가하고 상세 페이지를 다음과 같이 만듭니다.

• lib/map/apt_page.dart

```
import 'package:cloud_firestore/cloud_firestore.dart';
import 'package:firebase_ui_firestore/firebase_ui_firestore.dart';
```

Do it! 실습
5가지 앱을 직접 만들며 공부해요! 이지스퍼블리싱 홈페이지나 저자 깃허브에서 실습 파일을 내려받을 수 있어요.

2. 13년 차 개발자의 팁으로 한 걸음 더 나아가고!

한걸음 더! 상용화 서비스에서는 A/B 테스트를 어떻게 활용하나요?

A/B 테스트는 상용 앱에서 아주 많이 사용합니다. 특히 1일 활성 사용자[DAU]가 10만 명 이상인 앱이라면 A/B 테스트했을 때 효과가 좋습니다. 외부 요인이나 다른 요인으로 판단하기 어려울 때가 있는데, 모집단이 크다면 테스트할 때 외부 요인의 영향이 없다고 판단할 수 있는 근거가 됩니다.

카카오톡이나 토스처럼 사용자가 많은 서비스는 A/B 테스트로 새로운 서비스를 노출할지를 정하기도 하고, 광고 위치나 광고 내용도 이 테스트를 통해 사용자의 클릭을 유도할 수 있는 방법을 연구합니다.

한 걸음 더!
앱 개발 실력을 한 걸음 더! 내딛고 싶다면 꼭 읽어 보세요. 오류 해결 방법은 물론, 상용 서비스에서 활용할 수 있는 팁도 담았습니다.

3. 앱을 나만의 서비스로 발전시켜 보세요!

상용화 체크리스트

☑ 상용화에 필요한 기능을 추가해 나만의 앱으로 발전시켜 보세요!

☐ 로그인 기능을 이용한 데이터 확보와 개인 정보 수집 동의 관련 내용

☐ 머티리얼 디자인Meterial Design을 이용한 디자인 업그레이드

☐ 애드몹을 연결하여 광고 게시하기

상용화 체크리스트
배운 내용을 바탕으로 나만의 앱을 발전시켜 보세요! 앱별로 상용화에 필요한 체크리스트를 제공합니다.

플러터의 **핵심** 기능과 **고급** 기능을 활용해 만드는
5가지 앱을 소개합니다!

1
심리 테스트 앱

애널리틱스   리모트 컨피그   실시간 데이터베이스

여러 심리 테스트를 관리할 수 있는 심리 테스트 앱입니다.
서버에서 데이터를 실시간으로 가져오고 인터넷이 연결되
지 않을 때 알림을 표시할 수 있도록 만듭니다. 앱 사용 데
이터를 수집하고 활용하는 방법을 알아봅니다.

2
부동산 실거래가 조회 앱

애널리틱스   크래시리틱스   파이어스토어
클라우드 함수   구글 지도

부동산 실거래가를 조회할 수 있는 앱입니다.
공공 API를 이용해 데이터베이스를 설정하고
구글 지도를 활용한 검색 기능을 만듭니다.
즐겨찾기 기능과 개인 설정 페이지를 구현합니다.

3

클래식 사운드 앱

애널리틱스 | 파이어스토어 | 스토리지 | 인증
SQLite | 오디오 플레이어

클래식 음악을 감상하고 태그로 원하는 음악을 찾을 수 있는 앱입니다. 로그인, 재생 목록, 나의 취향 페이지 기능을 포함한 여러 부가 기능뿐 아니라 설정 페이지와 라이선스 페이지까지 만들어 봅니다.

4

SNS 앱

구글 애널리틱스 | 클라우드 파이어스토어 | 스토리지
크래시리틱스 | 인증 | 클라우드 함수 | 클라우드 메시징
알림 | 데이터베이스 | SharedPreferences | SQLite | 로티

취미 공유를 목적으로 하는 SNS 앱입니다. SNS의 기본 기능과 함께 정해진 조건일 때 알림을 보내는 푸시 기능을 구현합니다. 사용자에게 표시되는 앱 아이콘과 이름을 설정하고 동적 애니메이션을 활용한 인트로 페이지를 만듭니다.

5

마켓 앱

구글 애널리틱스 | 클라우드 파이어스토어 | 스토리지
크래시리틱스 | 인증 | 클라우드 함수 | 클라우드 메시징
알림 | 앱 체크 | 리모트 컨피그 | 호스팅
SharedPreferences | 로티 | 구글 로그인 | 구글 광고

수공예품을 판매할 수 있는 마켓 앱입니다. 구글 광고로 수익화 모델을 구현하는 방법을 알아보고, 파이어베이스의 고급 기능을 활용하여 푸시 알림을 선택하면 특정 페이지로 이동하는 기능을 만듭니다.

실습 파일 제공 — 이 책에서 사용하는 소스 파일을 내려받으세요

이 책에서 사용하는 실습 파일과 결과 파일을 준비했으니 이지스퍼블리싱 홈페이지나 저자 깃허브에서 내려받으세요. 자신이 직접 작성한 실습 파일, 결과 파일과 비교하며 공부하면 학습 효과를 거둘 수 있을 거예요!

- 이지스퍼블리싱 홈페이지: www.easypub.co.kr → [자료실] 클릭 → 이 책 제목으로 검색
- 저자 깃허브: github.com/rollcake86/do_it_flutter_makeApp

이지스 플랫폼 — 연결하면 더 큰 가치를 만들 수 있어요

이지스 유튜브 구독하면 IT 강의 무료 수강!

youtube.com/easyspub

이지스퍼블리싱
@easyspub
구독자 2.75만명 · 동영상 1.3천개
'사람을 구체적으로 도와주는 책'을 만드는 >

easyspub.co.kr 외 링크 3개

🔔 구독중 ∨

동영상   Shorts   라이브   재생목록   커뮤니티

추가된 날짜(최신순) ∨

'Do it! 스터디룸' 카페에서 친구들과 함께 공부!

cafe.naver.com/doitstudyroom

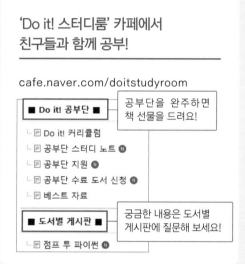

■ Do it! 공부단 ■ — 공부단을 완주하면 책 선물을 드려요!
└ 🖹 Do it! 커리큘럼
└ 🖹 공부단 스터디 노트 N
└ 🖹 공부단 지원 N
└ 🖹 공부단 수료 도서 신청 N
└ 🖹 베스트 자료

■ 도서별 게시판 ■ — 궁금한 내용은 도서별 게시판에 질문해 보세요!
└ 🖹 점프 투 파이썬 N

인스타그램 팔로우하면 이벤트 소식 확인!

instagram.com/easyspub_it

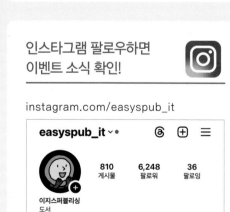

easyspub_it ∨ ·   ⊚ ⊕ ☰

810   6,248   36
게시물   팔로워   팔로잉

이지스퍼블리싱
도서
사람을 구체적으로 도와주는 책!
이지스퍼블리싱 출판사 IT실용서입니다 😄
Do it! 시리즈 l 된다! } 시리즈
⬇️이지스퍼블리싱⬇️
마포구 잔다리로 109 이지스빌딩 3층, Seoul, Korea
🔗 linktr.ee/easyspub_it

온라인 독자 설문 참여하면 6가지 혜택!

의견도 보내고 선물도 받고!

❶ 추첨을 통해 소정의 선물 증정
❷ 이 책의 업데이트 정보 및 개정 안내
❸ 저자가 보내는 새로운 소식
❹ 출간될 도서의 베타테스트 참여 기회
❺ 출판사 이벤트 소식
❻ 이지스 소식지 구독 기회

혼자서도 체계적으로 공부하고 싶다면 추천해요!
— 강의에도 활용할 수 있는 15회 코스

플러터 앱 개발, 혼자서 어떻게 공부해야 할지 막막한가요? 이 계획표에 따라 15번만 공부하면 앱 기획부터 출시까지 전 과정을 배울 수 있습니다. 목표한 날짜를 기록하며 계획한 대로 꾸준히 공부해 보세요. 15일 뒤엔 플러터 앱 개발의 개념을 이해하고 여러분만의 모바일 앱을 만들 수 있는 앱 개발자로 한 걸음 나아갈 수 있을 거예요. 이 계획표는 한 학기 수업 커리큘럼으로도 활용할 수 있습니다.

회 차	진도	주요 내용	목표 날짜
1회	01장	플러터 준비하기	(/)
2회	02-1~02-2절	다트 언어 살펴보기	(/)
3회	02-3~02-4절	다트로 데이터 다루기, 간단한 프로그램 만들기	(/)
4회	03장	다트 라이브러리와 파이어베이스 추가하기	(/)
5회	04-1~04-2절	심리 테스트 앱 만들기(1)	(/)
6회	04-3~04-5절	심리 테스트 앱 만들기(2)	(/)
7회	05-1~05-3절	부동산 실거래가 조회 앱 만들기(1)	(/)
8회	05-4절	부동산 실거래가 조회 앱 만들기(2)	(/)
9회	06-1~06-3절	클래식 사운드 앱 만들기(1)	(/)
10회	06-4~06-5절	클래식 사운드 앱 만들기(2)	(/)
11회	07-1~07-2절	SNS 앱 만들기(1)	(/)
12회	07-3~07-4절	SNS 앱 만들기(2)	(/)
13회	08-1~08-3절	마켓 앱 만들기(1)	(/)
14회	08-4~08-5절	마켓 앱 만들기(2)	(/)
15회	09장	앱 배포하기	(/)

셋째
마당

플러터 고급 기능으로
앱 개발자 되기

플러터와 다트
기초 다지기

01

플러터 준비하기

이번 마당에서는 플러터와 다트의 장점과 특징을 중심으로 기초를 다지고 개발 환경을 준비합니다. 그리고 앱을 만들 때 유용한 라이브러리 사용 방법과 프로젝트에 파이어베이스를 추가하는 방법도 함께 알아봅니다.

02

다트 언어 살펴보기

03

라이브러리와
파이어베이스 알아보기

01

플러터 준비하기

개발 환경 안드로이드 스튜디오 플러터 SDK 에뮬레이터

이 장에서는 플러터의 장점과 특징을 알아보고, 안드로이드 스튜디오를 이용하여 앱 개발 환경을 준비합니다. 이렇게 플러터를 올바르게 이해하고 개발 환경을 준비한다면 이후 이어지는 실습도 순조로울 겁니다.

01-1 플러터에 주목하는 이유

플러터를 상징하는 3가지 특징이라면 높은 개발 효율, 역동적이고 유연한 사용자 인터페이스, 네이티브 앱만큼 빠른 속도를 들 수 있습니다. 이번 절에서는 전 세계 개발자를 사로잡는 플러터의 장점과 특징을 알아보겠습니다.

전 세계 개발자를 사로잡은 플러터!

플러터Flutter는 구글이 개발한 크로스 플랫폼 프레임워크로, 오픈 소스로 제공합니다. 많은 개발자들이 왜 그토록 플러터로 앱을 개발하는지 알아볼까요?

하나, 높은 개발 효율

플러터를 이용해 코드를 작성하면 안드로이드와 iOS 모바일 앱 모두 한 번에 개발할 수 있어서 효율적입니다. 이렇게 개발한 앱은 어떤 운영체제에서도 똑같은 사용자 인터페이스UI, user interface와 사용자 경험UX, user experience을 제공합니다. 또한 플러터의 **핫 리로드**hot reload 기능 덕분에 소스를 수정한 후 번거로운 빌드 과정 없이 화면에 수정 결과를 바로 표시하므로 개발 시간을 줄일 수 있습니다.

둘, 역동적이고 유연한 사용자 인터페이스

역동적이고 유연한 사용자 인터페이스는 플러터의 큰 장점입니다. 플러터는 다양한 **위젯**widget을 제공하므로 사용자 맞춤형 앱을 쉽게 만들 수 있습니다. 위젯이란 사용자 인터페이스를 선언하고 구성하는 방법입니다. 위젯은 현재 구성과 상태에 따라 뷰에서 어떻게 보일지를 설명합니다. 상태가 바뀌면 위젯은 설명을 다시 작성하고 프레임워크는 이전 설명과 차이를 비교하여 다음 상태로 전환하는 데 필요한 최소 변경 사항을 결정합니다. 플러터의 위젯을 활용하면 iOS에서 구글의 머티리얼 디자인을 적용한 앱을 만들거나, 반대로 안드로이드에서 iOS 스타일 앱을 개발할 수도 있습니다.

▶ 플러터에서는 iOS 스타일 위젯을 쿠퍼티노(cupertino) 스타일이라고 합니다.

쿠퍼티노 스타일 위젯(출처: https://docs.flutter.dev/ui/widgets/cupertino)

셋, 네이티브 앱만큼 빠른 속도

플러터는 전체 화면을 그릴 때 **스키아**skia 엔진을 이용합니다. 그리고 플러터 3.10 버전에서는 **임펠러**Impeller 엔진을 새로 발표하여 더 빠르게 렌더링할 수 있는 환경을 만들었습니다.

▶ 스키아는 C++로 개발한 2D 그래픽 엔진 오픈 소스로, 플러터뿐만 아니라 크롬·안드로이드·파이어폭스·리브레오피스 등 다양한 플랫폼과 제품에서 사용합니다.

예를 들어 노란색 배경에 아이콘을 그릴 때 예전 같으면 화면 전체에 노란색을 칠한 뒤 아이콘을 그리는 식으로 작업을 2번 했지만, 플러터에서는 이 작업을 한 번에 수행합니다. 그래서 초당 60프레임 이상의 속도로 화면을 빠르게 변경할 수 있습니다. 이처럼 빠르고 자연스러운 화면 전환 덕분에 네이티브 앱과 속도 차이를 거의 느낄 수 없습니다.

플러터의 야망, 웹을 품다

구글은 연례 개발자 행사인 '구글 I/O 2019'에서 퓨시아Fuchsia를 공개하면서 다트를 기반으로 한 차세대 운영체제라고 발표했습니다. 구글 전문 매체인 9to5google.com에 따르면, 구글은 구글 I/O 개발자 키노트에서 플러터의 SDK를 모바일 앱에서 웹으로 더욱 확장한다고 발표했습니다.

플러터의 최종 목표는 플러터를 이용해 웹과 데스크톱 앱까지 만드는 것입니다. 이제 웹은 거의 릴리즈가 가능할 정도로 다양한 라이브러리와 사용성을 제공합니다. 데스크톱은 아직 C#, 스위프트Swift를 이용한 프로그래밍보다 베타의 성격에 가깝지만 가벼운 데스크톱 앱이라면 제작하여 배포할 수 있을 정도까지 되었고, 추후 지속적인 발전으로 구글이 원하는 원 소스 멀티 유즈가 가능한 시스템이 될 것입니다.

플러터의 최종 목표

'구글 I/O 2023'에서는 게임 엔진을 선보이면서 플러터로 게임을 만들 수 있다는 것도 보여 주었습니다. 비록 당장은 화려하지 않은 간단한 미니 게임이지만, 강력한 이미지 처리 엔진으로 60프레임의 화질을 구현하여 자연스럽게 게임을 플레이할 수 있도록 했습니다. 이번에 소개한 플립Flip이라는 게임은 인공지능AI이 그림을 그리고, 그 이미지를 카드 형식으로 간단히 만든 것으로, 다양한 애니메이션과 3D 효과 등을 응용하면 멋진 게임을 완성할 수 있다는 것을 보여 주었습니다. 이 소스는 모두 깃Git에서 내려받을 수 있으므로 여러분도 한번 실행해 보세요. 웹이든 모바일이든 간단하게 실행할 수 있습니다.

▶ 구글 I/O 플립 게임 소스: https://github.com/flutter/io_flip

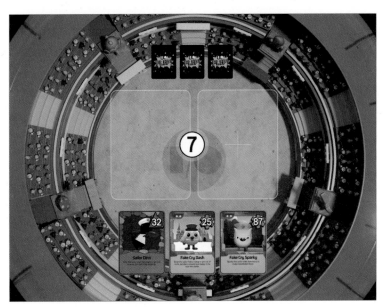

구글 I/O 플립 게임(출처: flip.withgoogle.com)

그렇다면 현재 플러터의 위상은 어떨까요? 구글 트렌드에서 힌트를 얻을 수 있습니다. 다음 그림은 2017년 8월부터 2024년 3월까지 구글에서 'flutter'와 'react native'로 검색한 결과를 비교한 것입니다. 위는 전 세계, 아래는 우리나라를 대상으로 비교한 결과입니다.

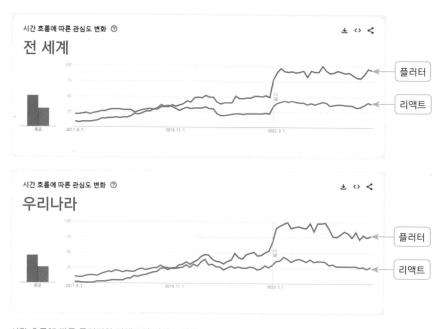

시간 흐름에 따른 플러터와 리액트의 관심도 변화

그래프를 보면 2019년을 기점으로 플러터가 리액트 네이티브를 앞지르기 시작한 것을 알 수 있습니다. 전망은 더 밝습니다. 구글에서 매주 새로운 위젯과 가이드를 제공하면서 플러터에 힘을 실어 주고 있기 때문이죠.

01-2 플러터 개발 환경 준비하기

플러터를 이용해 모바일 앱을 만들려면 비주얼 스튜디오 코드^{Visual Studio Code}, 인텔리제이 ^{IntelliJ}, 안드로이드 스튜디오^{Android Studio} 등의 통합 개발 환경이 필요하며 맥과 윈도우에 모두 설치할 수 있습니다. 통합 개발 환경은 특징과 비용에 따라 선택하여 설치하면 됩니다.이 책에서는 쉽게 이용할 수 있는 **안드로이드 스튜디오**로 실습을 진행합니다.

▶ 비주얼 스튜디오 코드는 윈도우 데스크톱 앱을 개발할 때 필요하지만, 이 책에서는 데스크톱 앱을 다루지 않으므로 따로 설치하지 않습니다.

통합 개발 환경	특징과 개발 방법	비용
비주얼 스튜디오 코드	• 마이크로소프트(MS)에서 만든 개발 도구 • 플러터와 다트 SDK 설치 후 개발	무료
인텔리제이	• 자바를 개발하기 위해 만든 개발 도구 • 다트 SDK 설치 후 개발	유료 (커뮤니티 에디션은 무료)
안드로이드 스튜디오	• 안드로이드 전용 개발 도구 • 플러터와 다트 SDK 설치 후 개발	무료

Do it! 실습 안드로이드 스튜디오 설치하기

안드로이드 스튜디오 웹 사이트(https://developer.android.com/studio)에 접속해서 [Download Android Studio Jellyfish]를 클릭합니다.

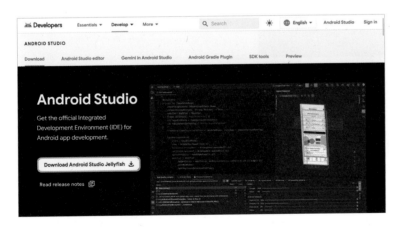

안내 화면이 나타나면 아래로 스크롤 하여 약관에 동의하고 설치 파일을 내려받습니다.

내려받기가 끝나면 설치 파일을 실행한 후 〈Next〉를 클릭해 설치를 시작합니다. 기본값 상태에서 〈Next〉와 〈Install〉을 차례로 클릭합니다. 잠시 후 설치가 끝나면 〈Finish〉를 클릭합니다.

안드로이드 스튜디오를 시작하고 설정 마법사의 안내에 따라 안드로이드 앱 개발에 필요한 추가 구성 요소와 도구를 내려받고 설치합니다.

안드로이드 스튜디오를 설치한 후 플러터 앱을 개발하는 데 필요한 플러그인을 설치해야 합니다. 안드로이드 스튜디오를 실행하고 화면 왼쪽의 [Plugins]를 선택합니다. 그리고 화면 위 검색창에 'flutter'를 입력하여 찾은 플러터 플러그인 항목에서 〈Install〉 버튼을 클릭합니다.

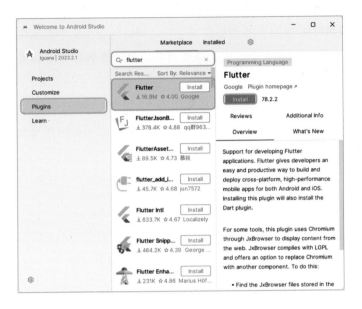

안드로이드 스튜디오 프로그램을 다시 실행해 다음 화면이 나타나면 플러터 앱을 만드는 데 필요한 기본 준비를 모두 마친 것입니다.

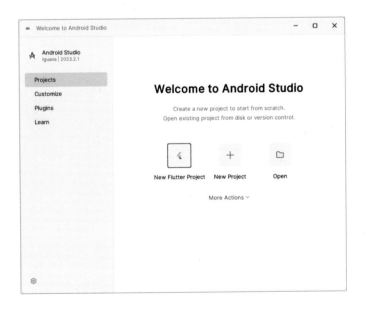

Do it! 실습 플러터 SDK 설치하기

안드로이드 스튜디오를 설치했으니 이제 플러터 SDK를 설치해 볼까요? SDK^{software development} ^{kit}란 우리말로 소프트웨어 개발 키트라고 하며 프로그램을 만들 때 도움이 되는 개발 도구를 모은 것입니다. **플러터 SDK**는 네이티브 앱 수준의 성능을 제공하고 하나의 코드로 안드로이드와 iOS를 동시에 지원합니다. 다트 SDK도 포함하므로 다트 언어로 모바일 앱을 빠르고 효율적으로 개발할 수 있습니다.

플러터 SDK는 안드로이드 스튜디오에서 바로 설치할 수도 있지만, 이 책에서는 나중에 비주얼 스튜디오 코드를 이용해 개발할 때를 고려해서 웹 사이트에서 내려받아 설치하는 방법으로 진행하겠습니다.

윈도우에 설치하기

플러터 설치 웹 사이트(https://flutter-ko.dev/get-started/install)에 접속해서 자신이 사용하는 운영체제를 선택합니다. 이 책은 윈도우에서 실습하므로 [Windows]를 선택합니다.

이어지는 화면에서 압축 파일을 내려받을 수 있는 버튼이 보입니다. 이 버튼을 클릭해서 안정된 플러터 SDK 최신 버전 설치 파일을 내려받습니다.

내려받은 플러터 SDK 설치 파일의 압축을 해제합니다. 이 책에서는 D:\ 드라이브에 압축을 해제했습니다. 그러면 flutter라는 폴더가 생성되고 그 안에 다음과 같은 파일이 만들어집니다.

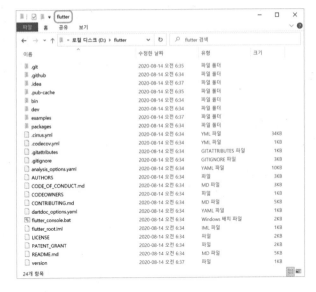

이제 환경 변수를 설정해 보겠습니다. 윈도우 시작 아이콘(▦)을 누르고 검색 창에 '환경 변수'를 입력하여 [시스템 환경 변수 편집]을 실행합니다.

실행한 시스템 속성 창의 [고급] 탭에서 〈환경 변수(N)〉 버튼을 클릭합니다.

사용자 변수의 [Path] 항목을 선택하고 〈편집(E)〉 버튼을 클릭하여 앞서 설치한 플러터 SDK 의 bin 폴더 위치를 추가합니다. 경로를 입력하고 아래에 있는 〈확인〉 버튼을 누르면 환경 변수 설정이 끝납니다.

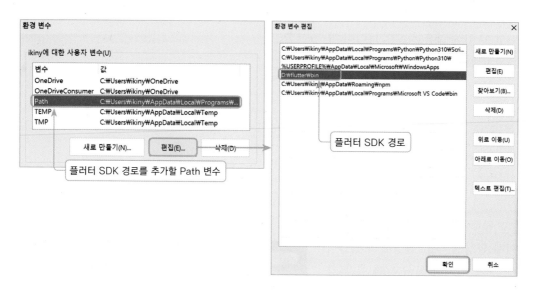

맥에 설치하기

macOS에서 플러터를 설치하는 과정은 윈도우와 조금 다릅니다. 먼저 플러터 설치 웹 사이트에 접속해서 운영체제로 macOS를 선택합니다.

인텔 프로세서, 애플 실리콘 M 시리즈 등 자신의 CPU에 맞는 플러터 SDK를 내려받습니다.

내려받은 플러터 SDK 설치 파일의 압축을 해제하고 안드로이드 스튜디오의 [SDK Manager → Flutter] 항목에 위치를 지정합니다. 여기에서는 ~/Documents 디렉터리에 압축을 풀었습니다.

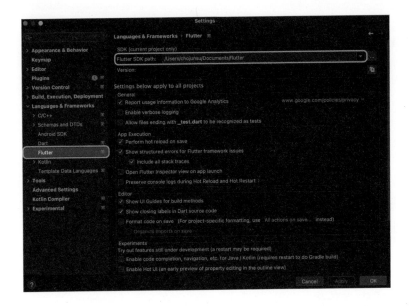

터미널에서 flutter 명령어를 사용하려면 PATH에 경로를 추가해야 합니다. 터미널을 열고 다음과 같이 Z 셸 환경 설정 파일인 ~/.zshenv에 플러터 SDK의 bin 디렉터리 위치를 추가하고 터미널을 다시 시작합니다. 파일이 없다면 새로 만듭니다. 환경 설정이 끝나면 터미널에서 flutter 명령어를 사용할 수 있습니다.

• ~/.zshenv

```
export PATH=$HOME/Documents/flutter/bin:$PATH
```

Do it! 실습 ▶ 플러터 개발 환경 검사하고 문제 해결하기

플러터를 올바르게 설치했는지 확인해 볼까요?

먼저 윈도우 검색 창에 'cmd' 또는 '명령 프롬프트'를 입력하고 Enter 를 눌러 명령 프롬프트 창을 엽니다. 그리고 d: 를 입력해 D:\ 드라이브로 이동한 후 cd 명령으로 bin 폴더로 이동합니다.

```
C:\  명령 프롬프트                                                    —  □  ✕

 C:\Users\user> d:
 D:\> cd flutter\bin
```

명령 프롬프트 창에서 플러터 개발 환경을 검사하는 **flutter doctor** 명령을 실행합니다.

▶ 플러터 SDK의 bin 폴더 위치를 환경 변수에 추가했다면 어디서든 명령을 실행할 수 있습니다.

```
C:\  명령 프롬프트                                                    —  □  ✕

 D:\flutter\bin> flutter doctor
```

그러면 다음처럼 결과가 나타납니다. 통과한 항목은 녹색 [√] 기호로, 통과하지 못한 항목은 빨간색 [X] 기호로, 주의해야 하는 항목은 주황색 [!] 기호로 표시합니다.

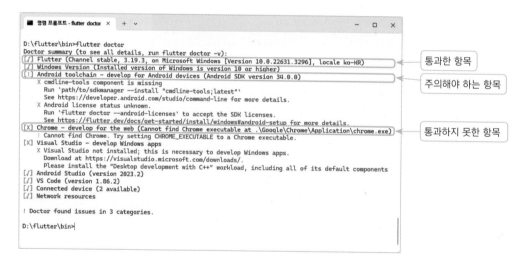

크롬 브라우저 설치하기

안내에 따라 통과하지 못한 항목을 하나씩 해결해 볼까요? 먼저 웹 빌드를 하려면 크롬 브라우저가 필요하므로 설치하지 않았다면 지금 바로 설치를 진행합니다. 크롬 브라우저를 설치하면 [Chrome] 줄 앞의 빨간색 [X] 기호가 녹색 [√] 기호로 바뀝니다.

▶ 크롬 브라우저 설치 파일 내려받기: https://www.google.com/intl/ko_kr/chrome

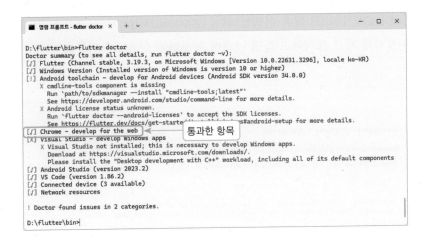

안드로이드 SDK 명령줄 도구 설치하기

주황색 [!] 기호는 안드로이드 스튜디오에서 개발하거나 빌드할 때는 문제가 되지 않습니다. 하지만 명령 프롬프트로 빌드할 때 문제가 발생할 수 있으니 안드로이드 SDK 명령줄 도구를 설치하겠습니다.

안드로이드 스튜디오 시작 화면에서 [More Actions]를 클릭하고 [SDK Manager]를 선택해 SDK 관리자를 엽니다.

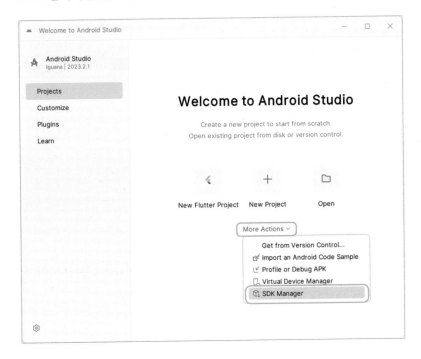

표시된 Settings 창에서 [SDK Tools] 탭을 선택합니다. [Android SDK Command-line Tools]의 왼쪽 박스를 클릭해 체크 표시하고 화면 아래에 활성화된 〈Apply〉 버튼을 클릭해 설치합니다.

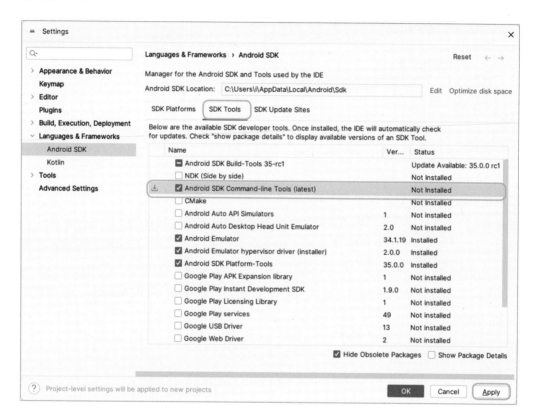

안드로이드 라이선스 동의하기

명령 프롬프트 창을 열어 다음과 같이 입력합니다.

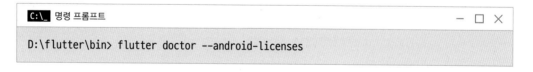

안드로이드 라이선스에 동의하는지를 묻는 질문이 표시되면 y를 입력하여 동의합니다. 이 과정을 거쳐야 안드로이드 장치나 에뮬레이터를 실행할 수 있습니다.

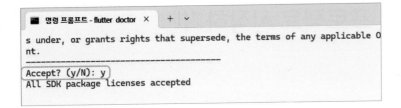

다시 명령 프롬프트 창에 `flutter doctor` 명령을 입력해 검사하면 다음과 같은 화면이 나옵니다.

▶ 남은 빨간색 [X] 기호는 비주얼 스튜디오 코드를 설치하면 해결됩니다. 이 책에서는 사용하지 않으므로 설치하지 않아도 됩니다.

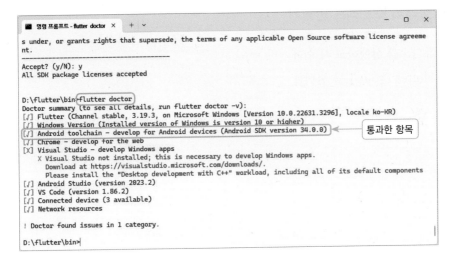

01-3 플러터 프로젝트 시작하기

첫 번째 플러터 프로젝트를 시작해 볼까요? 플러터는 새 프로젝트를 시작하면 기본 구조를 갖춘 데모 앱을 만들어 줍니다. 이번 절에서는 플러터가 제공하는 데모 앱을 실행하면서 플러터와 친해져 봅시다.

Do it! 실습 ▶ 플러터 프로젝트 만들기

안드로이드 스튜디오를 실행하고 시작 화면에서 [New Flutter Project]를 선택합니다.

다음 New Project 창이 나타나면 [Flutter]를 선택하고 〈Next〉 버튼을 클릭합니다. 이때 플러터 SDK 경로(Flutter SDK path)는 01-2절에서 플러터 SDK 압축 파일을 내려받아 해제한 폴더, 즉 D:\flutter로 지정합니다.

다음 화면에서 프로젝트 이름(Project name)을 'first_flutter_app'이라고 입력합니다. 그리고 프로젝트를 저장할 위치(Project location)와 간단한 설명(Description)을 적절하게 설정합니다. 필자는 프로젝트 저장 위치를 C:\Users\user\StudioProjects\first_flutter_app 폴더로 지정했으며, 프로젝트 설명은 기본값 그대로 두었습니다. 모두 입력했으면 〈Create〉 버튼을 클릭합니다.

▶ 프로젝트 이름은 소문자와 밑줄(_)만 사용할 수 있습니다.

필요한 파일을 모두 가져왔다면 다음 화면처럼 프로젝트가 열립니다.

▶ 컴퓨터에 저장된 폴더 구조처럼 표시하려면 왼쪽 위에 있는 보기 방식을 'Project'로 바꿉니다.

이제 플러터 앱을 개발할 준비를 마쳤습니다. 다음으로 프로젝트를 실행할 에뮬레이터를 만들어 보겠습니다.

Do it! 실습 에뮬레이터에서 앱 실행하기

에뮬레이터emulator란 앱을 실행할 수 있는 가상 장치로, 이를 사용하면 스마트폰에서 실행하는 것처럼 컴퓨터에서 앱을 쉽게 테스트할 수 있습니다. 하지만 안드로이드 스튜디오에 에뮬레이터까지 실행하면 자원을 많이 소비하므로 컴퓨터 사양이 낮으면 실행 속도가 느려질 수 있습니다. 이럴 때는 USB 케이블로 스마트폰을 컴퓨터에 연결해서 직접 테스트하면 됩니다. 이 책에서는 2가지 방법 모두 소개합니다. 먼저 에뮬레이터에서 앱을 실행하는 방법을 실습하겠습니다.

안드로이드 스튜디오에서 오른쪽 끝에 있는 가상 장치 관리자 아이콘(▣)을 클릭합니다. 안드로이드 가상 장치android virtual device, AVD 관리자 화면이 나타나면 왼쪽 위에 있는 가상 장치 만들기 아이콘(+)을 클릭해 새로운 장치를 생성합니다.

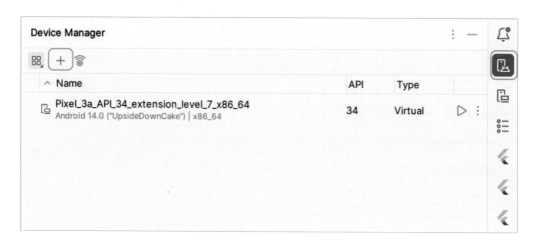

하드웨어 선택 화면이 나타나면 원하는 안드로이드 장치를 선택합니다. 먼저 왼쪽 [Category]에서 [Phone]을 선택합니다. 그리고 오른쪽 목록에서 스마트폰의 기종을 선택합니다. 여기서는 플레이 스토어에서 앱을 설치할 수 있는 기종 중 [Pixel 3]을 선택하겠습니다. 이어서 〈Next〉 버튼을 클릭합니다.

▶ 스마트폰 기종 이름 오른쪽의 아이콘(▷•)은 플레이 스토어를 이용해 앱을 설치할 수 있다는 뜻입니다.

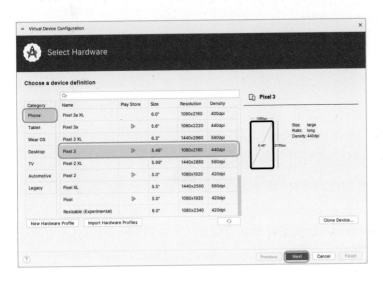

다음은 안드로이드 가상 장치에 설치할 시스템 이미지, 즉 안드로이드 SDK 버전을 선택합니다. 여기서는 Q 버전을 설치하겠습니다. Q 버전 바로 옆에 있는 내려받기 아이콘(⬇)을 클릭해 설치한 뒤, 이어서 Q 버전을 선택한 상태로 〈Next〉 버튼을 클릭합니다.

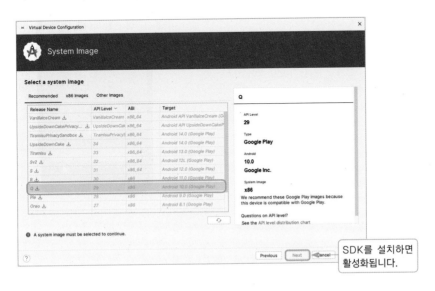

마지막으로, 안드로이드 가상 장치의 이름을 입력하고 설정을 확인한 다음, 〈Finish〉 버튼을
클릭합니다.

이로써 안드로이드 가상 장치를 만드는 설정이 모두 끝났습니다. AVD 관리자에서 실행 버튼
(▷)을 누르면 에뮬레이터가 실행됩니다.

안드로이드 스튜디오의 위쪽에서 'Pixel 3 API 29 (mobile)'이라는 에뮬레이터 이름을 확인할 수 있습니다. 앞으로 이 에뮬레이터를 이용해 앱을 실행합니다. 실행 버튼(▷)을 클릭해 플러터 데모 앱을 실행해 봅시다.

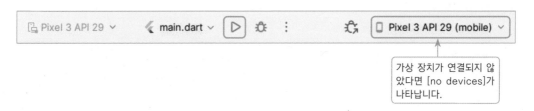

가상 장치가 연결되지 않았다면 [no devices]가 나타납니다.

잠시 기다리면 빌드가 끝나고 다음 그림처럼 Pixel 3 에뮬레이터에 플러터 데모 앱이 실행됩니다. 플러터 데모 앱의 오른쪽 아래 ● 버튼을 클릭하면 숫자가 올라가는 간단한 앱입니다.

▶ 이후 실습 역시 윈도우에서 실행한 안드로이드 에뮬레이터 기준으로 진행합니다.

이 버튼을 클릭하면 화면 중앙의 숫자가 올라갑니다.

이제 여러분은 첫 번째 플러터 프로젝트를 만들어서 실행까지 해봤습니다. 아직은 데모 앱을 실행해 본 수준이지만, 앞으로 하나씩 배우다 보면 여러분이 바라는 앱을 만들 수 있습니다.

Do it! 실습 스마트폰에서 앱 실행하기

에뮬레이터가 너무 느리다면 개발한 앱을 실물 스마트폰에 설치해서 실행할 수도 있습니다. 이 책에서는 안드로이드 스마트폰으로 실습하겠습니다.

먼저 실물 안드로이드 스마트폰을 준비합니다. 그리고 스마트폰의 [설정]을 실행해 [휴대전화 정보 → 소프트웨어 정보]를 선택하고 [빌드 번호]를 연속해서 5번 터치하면 개발자 모드가 활성화됩니다. 이어서 설정 메뉴의 [개발자 옵션]을 선택하고 [USB 디버깅]을 사용하는 것으로 설정합니다.

스마트폰에 맞는 USB 드라이버가 필요합니다. 자신의 스마트폰 제조사 웹 사이트에 접속해서 해당 기종의 USB 드라이버를 내려받아 설치합니다.

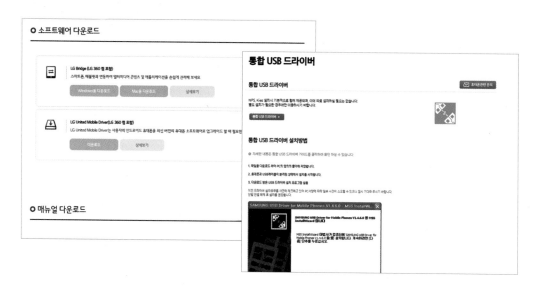

이제 안드로이드 스튜디오가 설치된 컴퓨터에 USB 케이블로 스마트폰을 연결합니다. 스마트폰 화면에 USB 디버깅을 허용하겠는지를 물으면 〈확인〉을 누릅니다. 그러면 안드로이드 스튜디오의 위쪽 에뮬레이터를 나타내는 부분에 사용자의 스마트폰 기종명이 나타납니다.

스마트폰에서 앱을 실행해 보겠습니다. 먼저 앞에서 실습한 대로 안드로이드 스튜디오의 위쪽에서 [main.dart] 오른쪽에 있는 실행 버튼(▷)을 누릅니다. 잠시 후 빌드가 끝나면 자동으로 스마트폰에 앱을 설치하고 실행합니다.

▶ 실행 버튼(▷) 대신 안드로이드 스튜디오의 메뉴에서 [Run → Run 'main.dart'] 를 선택해도 됩니다.

이로써 플러터를 개발할 환경 설정을 모두 마쳤습니다. 이후 다트 언어를 간단히 알아보고 라이브러리와 파이어베이스를 추가하는 방법을 살펴본 다음, 본격적으로 다양한 앱을 만들어 보겠습니다.

다트 언어 살펴보기

(다트 언어) (비동기 처리) (JSON) (스트림)

이 장에서는 플러터로 앱을 개발할 때 사용하는 프로그래밍 언어인 다트를 간략하게 살펴봅니다.
프로그래밍 언어의 특징을 잘 이해하면 코드를 알기 쉽고 효율적으로 코딩할 수 있답니다.

02-1 카멜레온 같은 언어, 다트!

다트Dart는 구글이 웹 프런트엔드를 구현할 목적으로 개발한 프로그래밍 언어로, 2011년 10월에 공개되었습니다. 다트는 마치 주변 환경에 따라 색이 바뀌는 카멜레온처럼 서버, 웹 앱, 모바일 앱 등을 만들 때 다양하게 이용할 수 있습니다. 앱 개발을 준비하는 첫걸음으로 플러터에서 사용하는 다트 언어는 어떤 특징이 있는지 빠르게 살펴보겠습니다.

다트 언어의 10가지 특징

다트는 다른 언어와 비교해 볼 때 다음 10가지 특징이 있습니다. 이 책의 주제는 플러터이므로 다트를 자세히 다루지 않지만, 이러한 특징을 알면 다트 언어를 배우고 플러터 앱을 만드는 데 큰 도움이 됩니다.

다트 로고

① 다트는 main() 함수로 시작합니다.
② 다트는 어디에서나 변수를 선언하고 사용할 수 있습니다.
③ 다트에서 모든 변수는 객체이므로 Object 클래스를 상속합니다.
④ 다트는 자료형이 엄격한 언어입니다.
⑤ 다트는 제네릭 타입을 이용해 개발할 수 있습니다.
⑥ 다트는 public, protected 같은 키워드가 없습니다.
⑦ 다트에서 변수나 함수는 밑줄(_)이나 영문자로 시작하고, 숫자를 포함할 수 있습니다.
⑧ 다트는 삼항 연산자를 사용할 수 있습니다.
⑨ 다트는 널 안정성null safety을 지원합니다.
⑩ 다트는 비동기 처리 방식을 지원합니다.

다트 언어 이해하기

이제부터 이들 특징 중 다트 언어의 중요한 특징인 main() 함수, 자료형, 삼항 연산자, 널 안정성을 간단한 코드와 함께 살펴볼까요? ▶ 비동기 처리 방식은 02-2절에서 따로 설명합니다.

main() 함수

다트로 만든 프로그램의 시작점은 자바나 C 언어처럼 main() 함수입니다. 다음 간단히 작성한 코드 예시를 보며 다트의 특징을 살펴보겠습니다.

▶ 간단한 다트 코드를 실행해 보려면 웹 브라우저에서 dartpad.dev를 이용하면 편리해요.

```
// 함수 정의하기
printInteger(int aNumber) {
  print('The number is $aNumber.'); // 콘솔에 출력하기
}

// 프로그램의 시작점은 main() 함수
main() {
  var number = 42;        // 동적 타입 변수 지정하기
  printInteger(number);   // 함수 호출하기
}
```

▶ 실행 결과

```
The number is 42.
```

main() 함수의 내용을 살펴보면 먼저 number라는 이름의 변수 하나를 선언하고 숫자 42를 넣었습니다. 이때 var 키워드는 자료형을 특정하지 않고 변수를 선언할 때 사용합니다. 자료형을 정하고 싶다면 int, String, double 등 다트가 제공하는 자료형으로 선언합니다.

▶ var 키워드로 변수를 선언하면 해당 변수에 저장하는 값의 유형에 따라 자료형을 정합니다. 이것을 자료형 추론(type inference)이라고 해요.

그리고 number 변수를 인수로 printInteger() 함수를 호출합니다. 이 함수는 int형 변수를 매개변수로 받아서 콘솔 화면에 출력하는 사용자 정의 함수입니다. 콘솔 화면에 출력할 때는 다트 내장 함수인 print()를 사용했습니다.

다트에서 문자열을 표현할 때는 큰따옴표(")나 작은따옴표(')를 이용하는데, 이때 따옴표 안에 **${표현식}**과 같은 형태로 사용하면 표현식에 변수를 직접 넣을 수 있습니다.

자료형

다음은 다트 언어가 제공하는 주요 자료형입니다.

구분	자료형	설명
숫자	int	정수형 숫자를 입력받는 자료형입니다. (예: 1, -500, 0)
	double	소수형 숫자를 입력받는 자료형입니다. (예: 3.14, -7.1)
	num	소수형이든 정수형이든 상관없이 입력받는 자료형입니다.

문자열	String	텍스트 기반 문자를 입력받는 자료형입니다.
불리언	bool	true 또는 false 자료형입니다.
자료형 추론	var	입력받은 값에 따라 자료형을 결정합니다. 한 번 정한 자료형은 변경할 수 없습니다.
	dynamic	입력받은 값에 따라 자료형을 결정합니다. 다른 변수를 입력하여 자료형을 변경할 수 있습니다.

삼항 연산자

다음 코드에서 첫 번째 줄을 보면 isPublic이 참이면 'public'을, 아니면 'private'를 반환하여 visibility에 저장합니다. 두 번째 줄은 매개변수로 전달받은 name이 null이면 'Guest'를, 아니면 매개변수로 전달받은 값을 그대로 반환합니다.

```
var visibility = isPublic ? 'public' : 'private';
String playerName(String name) => name ?? 'Guest';
```

널 안정성

널 안정성null safety이란 변수를 선언할 때 사용하는 기능으로, 컴파일하기 전에 널 예외를 확인하여 널 오류가 발생하지 않도록 합니다. 다트 2.0 버전에 새롭게 추가된 이 기능을 이용하면 컴파일하기 전에 널 예외null exception를 알 수 있으므로 널 오류가 발생하지 않도록 작업할 수 있습니다.

예를 들어 자료형 다음에 ?를 붙이면 널null이 가능하고, 반대로 ?를 붙이지 않으면 널이 불가능합니다. 그리고 식 다음에 !를 붙여 널이 아님을 직접 나타낼 수 있습니다.

> **• 널 확인 코드 예**
>
> ```
> int? couldReturnNullButDoesnt() => -3;  // null을 넣을 수 있음
>
> void main() {
>   int? couldBeNullButIsnt = 1;  // null로 변경할 수 있음
>   List<int?> listThatCouldHoldNulls = [2, null, 4]; // List의 int에 null 포함 가능
>   List<int>? nullsList;                    // List 자체가 null일 수 있음
>   int a = couldBeNullButIsnt;        // null을 넣으면 오류
>   int b = listThatCouldHoldNulls.first;    // int b는 ?가 없으므로 오류
>   int b = listThatCouldHoldNulls.first!;   // null이 아님을 직접 표시
> ```

```
    int c = couldReturnNullButDoesnt().abs();    // null일 수도 있으므로 abs()에서 오류
    int c = couldReturnNullButDoesnt()!.abs();   // null이 아님을 직접 표시
    print('a is $a.');
    print('b is $b.');
    print('c is $c.');
  }
```

널 안정성을 사용하는 이유는 프로그램을 실행할 때 널 예외가 발생하면 도중에 중지하는데, 이를 코드 단계에서 구분하여 작성할 수 있도록 하기 위해서입니다. 이런 이유로 최근에는 널 안정성을 제공하는 프로그래밍 언어가 많습니다.

다트 언어의 키워드

다트 언어가 제공하는 다음 키워드를 살펴보면 자바와 많이 겹친다는 것을 알 수 있습니다. 각 키워드의 설명과 예시는 다트 개발자 웹 사이트에서 살펴볼 수 있습니다.

▶ 다트 개발자 웹 사이트: https://dart.dev/language/keywords

abstract	as	assert	async	await	base
break	case	catch	class	const	continue
covariant	default	deferred	do	dynamic	else
enum	export	extends	extension	external	factory
false	final (var)	final (class)	finally	for	Function
get	hide	if	implements	import	in
interface	is	late	library	mixin	new
null	of	on	operator	part	required
rethrow	return	sealed	set	show	static
super	switch	sync	this	throw	true
try	type	typedef	var	void	when
with	while	yield			

이 책의 목적은 다트 언어를 전문적으로 배우는 것보다 플러터 앱 개발에 있으므로 그때그때 필요한 키워드를 자세히 살펴보겠습니다.

그래도 다트 언어의 핵심은 알고 넘어가는 것이 좋겠죠? 플러터 앱을 본격적으로 개발하기에 앞서 다트 언어가 제공하는 몇 가지 핵심 프로그래밍 기법을 살펴봅시다.

02-2 비동기 처리 방식 알아보기

다트 언어는 비동기 처리 방식을 지원합니다. **비동기**asynchronous란 언제 끝날지 모르는 작업을 기다리지 않고 다음 작업을 처리하게 하는 것을 의미합니다. 비동기를 지원하지 않고 동기synchronous 방식으로만 처리한다면 어떤 작업을 하는데 시간이 오래 걸릴 경우 사용자는 실행이 멈춘 것으로 생각하고 프로그램을 종료할 수 있습니다.

일반적으로 네트워크에서 데이터를 가져오거나 데이터베이스 쓰기, 파일 읽기 등의 작업은 상황에 따라 언제 끝날지 알 수 없으므로 비동기로 처리합니다. 다음 첫 번째 그림은 작업을 순서대로 처리하는 동기 방식을, 두 번째 그림은 어떤 작업이 끝나기를 기다리지 않고 다른 작업을 처리하는 비동기 방식을 나타낸 것입니다.

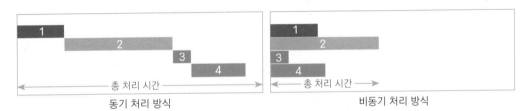

동기 처리 방식과 비동기 처리 방식 비교

비동기 처리의 작동 방식

다트는 `async`와 `await` 키워드를 이용해 비동기 처리를 구현합니다. 먼저 함수 본문 앞에 `async` 키워드를 붙인 다음, 언제 끝날지 모르는 작업을 `await` 키워드로 지정합니다. 이때 값을 여러 개 반환한다면 Future 클래스를, 값이 연속적이라면 Stream 클래스를 활용합니다.

다음 코드는 비동기 처리 방식을 구현합니다. 천천히 읽고 출력 결과를 예측해 보세요.

> • 비동기 처리 예

```
void main() {
  checkVersion();
  print('end process');
}


Future checkVersion() async {
```

```
    var version = await lookUpVersion();
    print(version);
}


int lookUpVersion() {
    return 12;
}
```

일반적인 생각으로 코드를 보면, main() 함수에서 가장 먼저 checkVersion() 함수를 호출했으므로 checkVersion() 함수에 있는 lookUpVersion() 함수가 호출되어 12를 전달받아 출력한 다음, 다시 main() 함수로 돌아와서 'end process'를 출력할 것 같습니다. 하지만 실제 출력 결과는 다음과 같습니다.

▶ 실행 결과

```
end process
12
```

왜 이런 결과가 나올까요? 먼저 checkVersion() 함수를 보면 이름 앞뒤로 Future와 async가 붙었습니다. 이렇게 하면 checkVersion() 함수를 비동기로 동작하도록 처리하겠다는 의미입니다. 즉, checkVersion() 함수 안에 await가 붙은 함수를 따로(비동기로) 처리해서 그 결과를 Future 클래스에 저장해 둘 테니 먼저 checkVersion() 함수를 호출한 main() 함수의 나머지 코드를 모두 실행하라('end process' 출력)는 의미입니다.

```
Future checkVersion() async {          ┌─ Future 클래스로 저장할 비동기 함수
    var version = await lookUpVersion();│  임을 지정합니다.
    print(version);                    └─ 반환 결과를 기다릴 함수입니다.
}
```

그리고 main() 함수를 모두 실행했으면 그때 Future 클래스에 저장해 둔 결과를 이용해서 checkVersion() 함수의 나머지 코드를 실행합니다(12 출력).

lookUpVersion() 함수 앞의 await 키워드는 처리를 완료하고 결과를 반환할 때까지 이후 코드의 처리를 멈추도록 합니다. 따라서 lookUpVersion() 함수를 호출한 후 반환하여 version 변수에 12가 저장된 다음에야 비로소 print() 함수로 이를 출력합니다.

마찬가지로 이후 처리 과정에서 어떤 결괏값이 필요하다면 해당 코드를 await로 지정합니다. 그러면 네트워크 지연 등으로 제대로 된 값을 반환받지 못하더라도 이후 과정이 실행되지 않도록 막을 수 있습니다.

이처럼 비동기 처리 방식을 이용하면 서버에서 데이터 통신을 하는 동안 앱이 멈추지 않고 다른 동작을 할 수 있습니다.

비동기 함수가 반환하는 값 활용하기

비동기 함수가 반환하는 값을 처리하려면 then() 핸들러 함수를 이용합니다. 다음 코드를 살펴볼까요?

• 비동기 함수 반환값 활용 예

```
void main() {
  getVersionName().then((value) => {print(value)});
  print('end process');
}

Future<String> getVersionName() async {
  var versionName = await lookUpVersionName();
  return versionName;
}

String lookUpVersionName() {
  return "Android Q";
}
```

> 비동기 함수는 then() 핸들러 함수로 반환값을 처리합니다.

▶ 실행 결과

```
end process
Android Q
```

코드를 보면 Future<String>이라는 반환값을 지정한 getVersionName()이라는 함수가 있습니다. 이 함수에는 async 키워드를 지정했으므로 비동기 함수입니다. 그리고 비동기 함수가 데이터를 성공적으로 반환하면 호출한 쪽에서는 then() 핸들러 함수로 반환값을 처리합니다. then() 이외에 error() 핸들러도 이용할 수 있는데, error() 핸들러는 함수 실행 과정에서 오류가 발생했을 때 실행하여 예외를 처리합니다.

다트와 스레드

다트는 하나의 **스레드**^{thread}로 작동하는 프로그래밍 언어입니다. 그러므로 앞서 살펴본 await 키워드를 잘 사용해야 합니다. 다음 코드를 살펴봅시다.

▶ 스레드란 프로그램의 실행 흐름을 의미합니다. 즉, 다트 언어는 하나의 실행 흐름으로만 프로그램이 작동합니다.

• await 키워드 예

```
void main() {
  printOne();
  printTwo();
  printThree();
}

void printOne() {
  print("One");
}

void printThree(){
  print("Three");
}

void printTwo() async {
  Future.delayed(Duration(seconds: 1), () {   ← await를 지정하지 않은 코드
    print("Future!!");
  });
  print("Two");
}
```

Future.delayed() 함수는 Duration()에 지정한 시간 동안 기다리고 나서 진행하라는 뜻이므로, 여기서는 1초 후에 진행합니다. Duration()에는 분, 나노초 등 다양한 값을 넣을 수 있습니다. 이 코드의 실행 결과는 다음과 같습니다.

```
▶ 실행 결과
One
Two
Three
Future!!
```

'One' 출력 이후에 printTwo() 함수에 진입하면 Future를 1초 지연했으므로 async로 정의한 비동기 함수의 특징에 따라 'Two'를 먼저 출력합니다. 그리고 'Three'를 출력하고 'Future!!'를 마지막으로 출력합니다. 그럼 printTwo() 함수를 다음처럼 수정하면 어떻게 될까요?

```dart
(... 생략 ...)
void printTwo() async {
  await Future.delayed(Duration(seconds: 2), () {      ◀── await를 지정한 코드
    print("Future!!");
  });
  print("Two");
}
```

Future.delayed() 코드 앞에 await 키워드를 붙였으므로 이후 코드의 실행이 끝날 때까지 기다립니다. 따라서 printTwo() 함수를 벗어나 main() 함수의 나머지 코드를 모두 실행하고, 그다음에 await 이후 코드를 차례대로 실행합니다.

```
▶ 실행 결과
One
Three
Future!!
Two
```

이처럼 await 키워드를 이용하면 await가 속한 함수를 호출한 쪽(예: main() 함수)의 프로세스가 끝날 때까지 기다리므로 이를 잘 고려해서 프로그램을 작성해야 합니다.

02-3 다트로 데이터 다루기

앱을 개발하다 보면 서버와의 통신이 중요합니다. 앱에서는 수많은 데이터가 통신하면서 상호 작용을 하고 화면에 데이터를 출력합니다. 데이터를 교환할 때 문자열 형태나 XML을 직접 이용하기도 하지만, 가장 많이 쓰는 형식은 편리하면서 파일 크기도 작은 JSON입니다. 다트는 이러한 JSON 통신을 간편하게 지원합니다.

JSON 데이터 주고받기

서버와의 통신은 대부분 JSON 데이터를 이용합니다. XML이나 Byte를 이용하여 직접 전달하기도 하지만 JSON을 이용하면 키와 값을 통해 정확한 의미를 유추할 수 있고 눈으로 보기에도 쉽습니다.

JSON을 사용하려면 코드에 **dart:convert** 라이브러리를 포함해야 합니다. JSON 형식의 문자열을 다루는 코드를 살펴볼까요?

• 서버에서 가져온 JSON 데이터 처리하기

```
import 'dart:convert';

void main() {
  var jsonString = '''
    [
      {"score": 40},
      {"score": 80}
    ]
  ''';
  var scores = jsonDecode(jsonString);
  print(scores is List);
  var firstScore = scores[0];
  print(firstScore is Map);
  print(firstScore['score'] == 40);
}
```

이 코드에서 **jsonString** 변수에 저장된 데이터가 JSON 형태의 문자열입니다. 이 데이터를 **dart:cconvert** 라이브러리의 **jsonDecode()** 함수에 전달하고 그 결과를 **scores** 변수에 저장했습니다.

jsonDecode() 함수는 JSON 형태의 데이터를 **dynamic** 형식의 리스트로 변환해서 반환합니다. **scores** 변수가 리스트인지는 **true**나 **false**로 확인할 수 있습니다. **scores is List** 코드는 **scores** 변수가 리스트라면 **true**를 반환합니다.

▶ dynamic 형식이란 컴파일 시점에서 형식 검사를 하지 않고, 런타임 시점에서 형식 검사를 수행하는 형식입니다.

그리고 **scores** 리스트의 첫 번째 값을 **firstScore**에 저장합니다. 이 값은 키^{key}와 값^{value}이 있는 **Map** 형식입니다. **firstScore['score'] == 40** 코드는 **firstScore** 데이터의 **score** 키에 해당하는 값이 40인지를 확인합니다. 이처럼 **jsonDecode()** 함수를 이용하면 서버에서 가져온 JSON 데이터를 처리할 수 있습니다.

이제 앱에서 서버로 데이터를 보내는 예도 살펴보겠습니다. 이때는 데이터를 **jsonEncode()** 함수를 이용해 JSON 형식으로 변환합니다.

· JSON 데이터 파싱하여 주고 받기

```dart
import 'dart:convert';

var scores = [
  {'score': 40},
  {'score': 80},
  {'score': 100, 'overtime': true, 'special_guest': null}
];

void main() {
  var jsonText = jsonEncode(scores);
  print(jsonText ==
      '[{"score":40},{"score":80},'
          '{"score":100,"overtime":true,'
          '"special_guest":null}]');
}
```

---

scores 데이터는 배열로 이루어지며, 첫 두 항목은 **score**값을, 마지막은 **overtime**값과 **special_guest**값을 추가하여 구성합니다. 이때 **scores** 데이터에서는 **{'score': 40}**처럼 키를 작은따옴표로 묶어 JSON 형식으로 만들었습니다.

이 **scores** 데이터를 인수로 **jsonEncode()** 함수를 호출하면 키를 큰따옴표로 묶고 전체 데이터를 작은따옴표로 묶은 JSON 형식을 만듭니다.

어떤 API를 호출해서 사용할 때 scores 같은 JSON 데이터를 서버에서 보내줄 것입니다. 이 데이터를 바탕으로 각 데이터를 추출하여 사용할 수 있습니다. 이처럼 다트는 간단하게 JSON을 만들고 파싱하여 데이터를 주고받는 기능을 제공합니다.

스트림 통신하기

앱을 개발하다 보면 데이터를 순서대로 주고받아야 할 때가 있습니다. 데이터를 순서대로 주고 받도록 화면을 구성했는데 네트워크나 와이파이에서 연결이 끊기거나 특정 API 호출이 늦어져 순서가 달라지면 앱이 원하는 흐름대로 작동하지 않을 수도 있습니다.

이처럼 데이터를 주고받는 순서를 보장받고 싶을 때 **스트림**stream을 이용합니다. 스트림은 처음에 넣은 데이터가 꺼낼 때도 가장 먼저 나오는 데이터 구조입니다. 즉, 스트림을 이용하면 데이터를 순서대로 주고받는 코드를 작성할 수 있습니다. 스트림 통신을 코드로 살펴볼까요?

• async로 스트림 통신하기

```
import 'dart:async';

Future<int> sumStream(Stream<int> stream) async {
  var sum = 0;
  await for (var value in stream) {
    print('sumStream : $value');
    sum += value;
  }
  return sum;
}

Stream<int> countStream(int to) async* {
  for (int i = 1; i <= to; i++) {
    print('countStream : $i');
    yield i;
  }
}

main() async {
  var stream = countStream(10);
  var sum = await sumStream(stream);
  print(sum); // 55
}
```

main() 함수를 살펴보면 먼저 countStream(10) 함수를 호출합니다. 이 함수는 async*와 yield 키워드를 이용해 비동기 함수로 만들었습니다. 이 함수는 for 문을 이용해 1부터 int 형 매개변수 to로 전달받은 숫자까지 반복합니다. async* 명령어는 앞으로 yield를 이용하여 데이터를 지속적으로 전달하겠다는 뜻입니다. 그러므로 함수가 종료되거나 하지 않습니다. 이 코드에서 yield는 int형 i를 반환하는데, return은 한 번 반환하면 함수가 끝나지만 yield 는 반환한 후에도 함수를 계속 유지합니다. 예를 들어 배달 앱에서 라이더 위치를 실시간으로 확인할 때 한 번으로 끝나지 않죠? GPS 위치 정보를 계속 확인하고자 할 때 yield를 사용한 다고 보면 됩니다.

이렇게 받은 yield값을 인수로 sumStream() 함수를 호출하면 이 값을 전달할 때마다 sum 변수에 누적해서 반환합니다. 그리고 main() 함수에서 이 값을 받아 출력한 값이 55입니다. 출력 결과를 보면 함수가 어떤 흐름으로 진행되는지 알 수 있습니다. 이처럼 스트림을 이용하면 데이터를 순서대로 받아서 처리할 수 있습니다.

▶ 실행 결과

```
countStream : 1
sumStream : 1
countStream : 2
sumStream : 2
(... 생략 ...)
countStream : 9
sumStream : 9
countStream : 10
sumStream : 10
55
```

이어서 then() 핸들러 함수를 이용한 스트림 통신을 살펴보겠습니다. 다음은 then() 핸들러 함수로 스트림을 다루는 코드입니다.

• then() 핸들러 함수로 스트림 통신하기

```
main() {
  var stream = Stream.fromIterable([1, 2, 3, 4, 5]);

  // 첫 번째 데이터: 1
  stream.first.then((value) => print("first: $value"));
```

```
    // 마지막 데이터: 5
    stream.last.then((value) => print("last: $value"));
    // 현재 스트림이 비었는지 확인: false
    stream.isEmpty.then((value) => print("isEmpty: $value"));
    // 전체 길이: 5
    stream.length.then((value) => print("length: $value"));
}
```

코드를 보면 Stream 클래스를 이용한 데이터 배열을 하나 만들고 값을 가져온 다음, 얻은 데이터는 then() 핸들러 함수를 이용하여 사용합니다. 이 코드를 실행한 결과는 다음과 같습니다.

▶ 실행 결과

```
first: 1
isEmpty: false
last: 5
length: 5
```

스트림은 실시간으로 서버를 살펴보다가 서버에서 데이터가 변경되면 화면을 새로 고침 하지 않더라도 변경된 데이터를 자동으로 반영하고자 할 때 유용한 클래스입니다. 아직은 어색하더라도 하나씩 배우면서 익숙해지도록 합시다.

02-4 간단한 프로그램 만들기

지금까지 다트 프로그래밍의 주요 기법을 간략하게 살펴봤습니다. 이번에는 다트 언어로 간단한 프로그램을 만들어 볼까요? 문제 3개를 함께 풀면서 다트 프로그래밍 첫발을 내디뎌 봅시다.

Do it! 실습 ▶ 구구단 만들기

구구단 프로그램을 만들어 봅시다. 변수를 선언하고 for 문을 이용하여 2단부터 9단까지 출력하는 프로그램입니다. 먼저 책을 잠시 덮고 어떻게 프로그래밍하면 좋을지 고민해 보세요. 그리고 나서 코드를 작성한 뒤, 이 책과 비교하면 더 도움이 될 겁니다.

다음과 같이 코드를 입력합니다. 이 문제를 푸는 힌트는 2중 for 문입니다. 2중 for 문은 for 문 안에 for 문을 만들어서 반복하는 것을 말합니다. 첫 번째 for 문은 2단에서 9단을 표시하는 첫 숫자를 출력하고 다음 for 문은 1에서 9까지의 숫자의 차례대로 출력하여 행렬에 채워 넣습니다.

```dart
// gugudan.dart
void main() {
  int i;
  int j;

  for (i = 2; i <= 9; i++) {
    for (j = 1; j <= 9; j++) {
      print('$i * $j = ${i * j}');
    }
  }
}
```

이 코드를 실행하면 다음처럼 2단부터 9단까지의 구구단을 출력합니다.

Do it! 실습 ▶ 자동차 할인가 계산기 만들기

이번에는 자동차 할인가 계산기를 만들어 볼까요? 할인가 계산기는 자동차의 정보가 포함된 클래스를 만들고 이 클래스를 활용해 할인가를 계산합니다. 클래스 이름은 Car이고 최고 속도 (maxSpeed), 가격(price), 차 이름(name)이 필요합니다. Car 클래스 안에는 호출할 때마다 자동차 가격의 10%를 할인하는 saleCar() 메서드를 하나 만듭니다. main() 함수에는 다음처럼 3 종류의 자동차를 선언합니다.

maxSpeed	price	name
320	100000	BMW
250	70000	TOYOTA
200	80000	FORD

그리고 가격이 100,000원인 BMW를 3번 할인하고자 bmw 객체의 saleCar() 메서드를 3번 호출하고 그 결과를 출력합니다. 코드를 정리하면 다음과 같습니다.

• car.dart

```
void main() {
  Car bmw = Car(320, 100000, 'BMW');
  Car toyota = Car(250, 70000, 'TOYOTA');
  Car ford = Car(200, 80000, 'FORD');

  bmw.saleCar();
  bmw.saleCar();
  bmw.saleCar();
  print(bmw.price);
}
```

```
class Car {
  int maxSpeed = 0;
  num price = 0;
  String name = '';

  Car(int maxSpeed, num price, String name) {
    this.maxSpeed = maxSpeed;
    this.price = price;
    this.name = name;
  }

  int saleCar() {
    price = price * 0.9;
    return price.toInt();
  }
}
```

코드를 실행하면 다음처럼 100,000원이 10%씩 3번 할인된 결과가 출력됩니다.

▶ 실행 결과

72900

여기서는 클래스 안에 할인한 가격을 반환하는 메서드를 만들었습니다. 클래스를 이용하여 새로운 인스턴스를 선언할 때 자바에서는 **new**라는 키워드를 사용하지만 다트에서는 필요 없으므로 사용하지 않습니다.

Do it! 실습 로또 번호 생성하기

다트를 이용하여 로또 번호 생성기를 만들어 봅시다. 번호를 랜덤으로 생성하는 Random() 함수를 이용하려면 먼저 dart:math를 불러와야 합니다. 이때 as math는 불러온 dart:math 라이브러리를 math라는 별칭으로 호출하여 사용한다는 뜻입니다.

```
import 'dart:math' as math;
```

이 math를 이용하여 무작위 숫자 6개를 생성하는 로또 번호 생성기를 만들어 봅시다.

```dart
                                                                      • lottery.dart
import 'dart:math' as math;

void main() {
  var rand = math.Random();
  Set<int> lotteryNumber = Set();

  while (lotteryNumber.length < 6) {
    lotteryNumber.add(rand.nextInt(45));
  }

  print(lotteryNumber);
}
```

코드를 실행하면 다음처럼 6개의 숫자를 무작위로 생성합니다. 이 코드는 실행할 때마다 다른 숫자를 출력합니다.

▶ 실행 결과
```
{33, 13, 7, 31, 27, 14}
```

Set는 중복을 허용하지 않는 리스트라고 보면 됩니다. 즉, 중복되면 데이터를 더 이상 추가하지 않습니다. 중복되기 전까지 while 문을 이용하여 무작위 숫자를 계속 만들다가 중복하지 않는 무작위 숫자 6개를 완성하면 출력하는 식으로 코드를 구현했습니다.

이 외에 다른 방법으로도 로또 번호를 만들 수 있습니다. 여러분이 작성한 코드도 정답이 될 수 있습니다. 계속 공부하면서 더 좋은 코드를 만들 수 있도록 함께 고민해 봅시다.

03

라이브러리와 파이어베이스 알아보기

라이브러리   파이어베이스

누군가가 개발한 라이브러리가 있다면 힘들게 직접 구현하지 않아도 원하는 기능을 간단하게 적용할 수 있습니다. 이번 장에서는 라이브러리를 가져오는 방법과 이를 이용하는 방법을 살펴봅니다.

03-1 다트 라이브러리 추가하기

pub.dev는 다트 라이브러리를 모은 웹 사이트로, 이 역시 플러터로 만들었습니다. 웹 사이트 (https://pub.dev)에 접속하면 다음과 같은 페이지가 표시됩니다.

pub.dev 웹 사이트

표시된 검색 창에 원하는 라이브러리 이름 전체나 일부를 입력하면 쉽게 다트 라이브러리를 찾을 수 있습니다. 여기서는 가장 많이 사용하는 'http'를 검색해 봤습니다.

검색 창에서 'http' 검색하기

처음 사용하는 독자라면 pub.dev 웹 사이트 사용 방법이 어려울 수도 있으니 하나씩 살펴보 겠습니다. 먼저 화면 왼쪽 메뉴부터 볼까요?

라이브러리 검색 화면의 왼쪽 메뉴 살펴보기

http 라이브러리 검색 창의 왼쪽 메뉴

① [Platforms]: 자신이 사용하는 운영체제를 선택하면 해당 운영체제에서 사용할 수 있는 라이브러리만 표시합니다.

특정 라이브러리를 사용하고자 할 때 iOS는 지원하지 않고 안드로이드만 지원한다면 잠깐 보류하는 것이 좋습니다. 안드로이드 앱만 만든다면 상관없지만, 이는 플러터 사용 목적인 '원 소스 멀티 유즈one source multi use'를 하지 않겠다는 말과 같으니 어느 정도 확장성을 고려한 라이브러리를 선택하는 것이 바람직합니다.

② [SDKs]: 이 라이브러리가 다트와 플러터에 종속적인지를 선택합니다. 다트는 [Platforms]에 표시된 운영체제에서 모두 구현할 수 있으므로 [SDKs]에 다트가 있으면 다양한 운영체제에서 사용할 수 있다고 이해해도 좋습니다. 플러터만 있는 라이브러리라면 네이티브 코드로 만든 라이브러리이므로 일반적으로는 사용할 수 있는 운영체제가 한정됩니다.

③ [License]: 라이선스가 있는 라이브러리만 표시합니다. MIT, Apache-2.0 정도의 라이선스는 자유롭게 사용할 수 있습니다. 유료로 사용하거나 이를 이용하여 만든 코드라면 공개해야 하는 라이선스도 있으니 자세히 살펴보고 사용하세요.

④ [Advanced]: 라이브러리를 검색할 때 사용하는 다양한 요소 중 하나입니다. 앞으로 사용할 라이브러리는 대부분 검증된 라이브러리이므로 이 부분은 넘어가겠습니다.

라이브러리 검색 결과 화면 살펴보기

이제 화면 오른쪽으로 눈을 옮겨 검색 결과 화면을 볼까요?

http 라이브러리 검색 결과 화면

① http 라이브러리의 LIKES, PUB POINTS, POPULARITY를 확인해 보니 다른 라이브러리 수치보다 높다는 것을 알 수 있습니다. 이 수치가 클수록 여러 사람이 추천하고 사용하는 라이브러리라는 뜻입니다.

만약 여러분이 사용하려는 라이브러리의 수치가 다음과 같이 낮다면 사용 여부를 다시 생각해야 할 수도 있습니다. 플러터 업데이트와 함께 라이브

4	100	9%
LIKES	PUB POINTS	POPULARITY

라이브러리 항목별 수치

러리도 지속적으로 유지보수를 해야 하는데, 수치가 낮다면 유지보수를 잘 하지 않거나 버그가 있을 확률이 높기 때문입니다.

② http 라이브러리를 설명하는 곳으로 다양한 정보를 확인할 수 있습니다. 이 라이브러리는 버전이 1.0.0이고 dart.dev에서 검증된 라이브러리네요. BSD-3 라이브러리는 무료 라이선스라고 생각하면 되고, Dart 3 compatible은 최근 발표한 다트 3 버전을 준수하여 만든 라이브러리라는 뜻입니다.

③ SDK와 PLATFORM을 보면 앞서 설명한 대로 http 라이브러리는 다양한 운영체제를 지원한다는 것을 알 수 있습니다.

라이브러리 자세히 살펴보기

이제 http 라이브러리를 클릭하여 자세한 내용을 알아봅시다. http 라이브러리는 [Readme], [Changelog], [Example], [Installing], [Versions], [Scores]의 6개 탭으로 구성됩니다. 탭 메뉴를 하나씩 살펴볼까요?

① [Readme]: 대부분 라이브러리를 설치하고 사용하는 방법을 설명합니다. 앱이라면 권한을 받는 작업이 있으니 이런 작업을 수행하는 방법도 함께 표기하곤 합니다.

[Readme] 탭

② [Changelog]: 버전 업데이트에 따른 변경 사항과 어떤 버전을 사용하는지를 알 수 있습니다. 현재 http는 1.0.0 버전인 것을 알 수 있습니다.

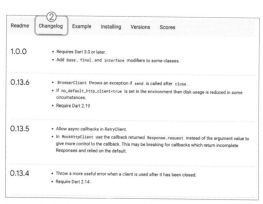

[Changelog] 탭

③ **[Example]**: 해당 라이브러리를 사용한 간단
한 예제가 있습니다. 라이브러리의 모든 기능
을 포함하지는 않지만, 이 예제를 통해 어떻게
사용하면 좋을지 방향을 제시합니다.

[Example] 탭

④ **[Installing]**: 라이브러리 사용 방법을 간단히
설명합니다. GPS나 블루투스 등 다양한 권한
이 필요하다면 관련 내용이 길어질 수도 있습
니다.
⑤ **[Versions]**: 버전 이력 관리에 관한 내용을 기
록합니다.
⑥ **[Scores]**: 점수에 관한 내용을 기록합니다.

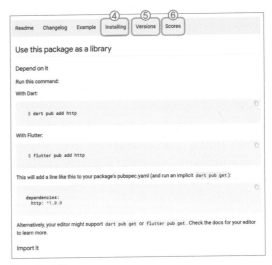

[Installing] 탭

Do it! 실습 ▶ http 라이브러리 설치하기

이제 [Installing] 탭의 내용을 참고해 http 라이브러리를 설치해 보겠습니다. 안드로이드 스
튜디오 프로젝트 창에서 오른쪽 아래 터미널 아이콘(▷)을 클릭하면 다음과 같이 해당 프로
젝트 폴더에서 터미널 창이 열립니다.

이 창에서 `flutter pub add http` 명령을 입력합니다. 플러터 관련 키워드가 지정되지 않았다는 오류가 나타나면 01-2절 '플러터 SDK 설치하기' 실습에서 본 것처럼 플러터 설치 폴더를 환경 변수에 추가합니다.

그러면 플러터 라이브러리를 자동으로 내려받기 시작하고 끝나면 다음과 같은 메시지를 표시한 후 입력 프롬프트가 다시 나오는 것을 확인할 수 있습니다.

```
C:\ 명령 프롬프트                                              □ ×

C:\Users\user\StudioProjects\first_flutter_app> flutter pub add http
Resolving dependencies...
+ http 1.2.1
+ http_parser 4.0.2
(... 생략 ...)
+ typed_data 1.3.2
  vm_service 13.0.0 (14.1.0 available)
Changed 3 dependencies!
8 packages have newer versions incompatible with dependency constraints.
Try `flutter pub outdated` for more information.
PS C:\Users\user\StudioProjects\first_flutter_app>
```

안드로이드 스튜디오에서 pubspec.yaml 파일을 열어 보면 http 라이브러리가 자동으로 추가되었음을 확인할 수 있습니다.

```
                                                        • pubspec.yaml

(... 생략 ...)
dependencies:
  flutter:
    sdk: flutter
  cupertino_icons: ^1.0.6
  http: ^1.2.1 ◄─── 자동으로 추가된 라이브러리입니다.
(... 생략 ...)
```

이로써 라이브러리를 사용할 준비를 모두 마쳤습니다. http는 따로 권한이 필요한 라이브러리가 아니지만, 훗날 사용할 다양한 라이브러리 중에는 권한뿐만 아니라 네이티브 코드를 수정하거나 추가해야 하는 것도 있습니다. 이 내용은 어렵지 않으므로 함께 공부하면서 따라 하면 충분히 응용할 수 있을 겁니다.

03-2 파이어베이스 추가하기

플러터는 구글에서 만든 플랫폼입니다. 그만큼 자사 서비스와의 연결을 염두에 두었기에 구글 서비스와 연계도 훌륭하고 업데이트도 빠른 편입니다. 구글 지도, 로그인 서비스, 어떤 페이지에 많이 접근했는지 알 수 있는 분석 도구, 그리고 광고 서비스까지 사용할 수 있게 제공하는 모바일 앱 개발 플랫폼이 바로 **파이어베이스**입니다. 이를 이용하면 푸시 서비스나 웹 데이터베이스, 서버 스토리지, 회원 인증 로직 등을 간단히 구현하고 이를 사용자에게 제공할 수 있습니다. 이번 절에서는 파이어베이스를 이용하는 방법을 배워봅시다.

Do it! 실습 ▶ 앱에 파이어베이스 추가하기

파이어베이스는 구글에서 인수한 서비스로 모바일용 분석, 편리한 라이브러리 등을 제공합니다. 특히 서버 없이 앱을 만들 때 이용하면 좋습니다. 테스트에서 발생하는 사용량 정도는 무료로 이용할 수 있습니다.

파이어베이스를 이용하려면 먼저 파이어베이스 서비스에 가입해야 하는데, 이때 구글 아이디가 필요합니다. 파이어베이스 웹 사이트(https://firebase.google.com)에 접속한 뒤 구글 아이디로 파이어베이스에 로그인하고 〈시작하기〉, 〈프로젝트 만들기〉 버튼을 차례대로 클릭합니다.

프로젝트 이름을 설정합니다. 여기서
는 'googleExample'이라고 입력했
습니다.

애널리틱스 사용 설정을 활성화하고
계속 진행합니다.

애널리틱스 계정을 선택하고 〈프로젝
트 만들기〉 버튼을 클릭합니다.
여기서는 파이어베이스 기본 계정인
[Default Account for Firebase]를
선택했습니다.

잠시 후 프로젝트가 준비되었다는 메시지가 화면에 나타나면 〈계속〉 버튼을 클릭합니다. googleExample 프로젝트가 표시되는데, 여기에서 플러터 로고 아이콘()을 클릭합니다.

그럼 다음과 같은 화면이 나옵니다. 먼저 안내에 따라 파이어베이스 프로젝트를 관리, 조회, 배포하는 명령줄 인터페이스인 Firebase CLI를 설치하겠습니다. [Firebase CLI] 링크를 클릭하고 설명을 참고로 설치를 진행합니다.

▶ CLI란 command-line interface의 줄임말로, 사용자가 글자를 입력하여 컴퓨터에 명령을 내려 상호 작용하는 방식을 말합니다. 대표적인 예로 DOS, 명령 프롬프트 등이 있습니다.

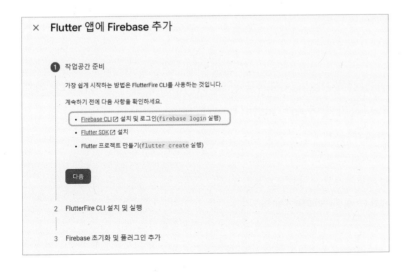

2가지 옵션 중에 하나를 선택하는 창이 나타납니다. [독립 실행형 바이너리]는 자동으로 설치되어 편리하지만, 환경 설정을 잘못하면 오류로 고생할 수도 있고, 추후 업데이트가 되었을 때 다시 내려받아야 하는 문제가 있을 수 있습니다. 그러므로 여기에서는 노드 패키지 관리자인 [npm] 방식을 사용하겠습니다. 추천 대상이 Node.js 사용자이지만 설치 과정이 어렵지 않으니 하나씩 따라 해 보겠습니다. [Node.js] 링크를 클릭합니다.

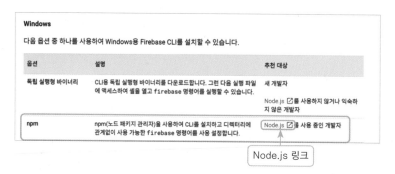

Node.js 웹 사이트(https://nodejs.org)가 나타나면 LTS 버전을 내려받습니다.

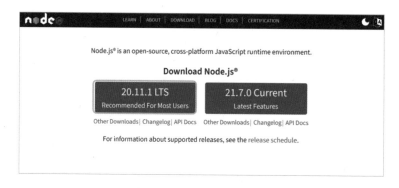

내려받은 LTS 버전 파일을 실행해 Node.js 설치를 완료하면 npm도 함께 설치됩니다. 이제 명령 프롬프트를 실행하고 다음과 같이 `npm install -g firebase-tools` 명령어를 입력하면 명령줄 인터페이스를 설치합니다.

명령줄 인터페이스가 모두 설치되면 파이어베이스를 설정할 플러터 프로젝트 폴더로 이동하여 다음 명령을 입력합니다. 안드로이드 스튜디오의 왼쪽 아래에 있는 터미널 아이콘(▶)을 클릭하면 해당 폴더에서 바로 터미널을 열 수 있습니다.

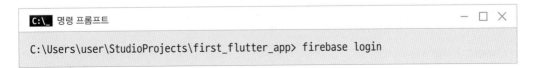

C:_ 명령 프롬프트   — □ ✕

C:\Users\user\StudioProjects\first_flutter_app> dart pub global activate flutterfire_cli

▶ 명령을 실행했는데 오류가 발생한다면 플러터 설치 폴더인 D:\flutter\bin을 환경 변수 PATH에 추가하세요.

▶ "Unable to find git in your PATH." 오류가 발생한다면 https://git-scm.com에서 자신의 운영체제에 맞는 git을 내려 받아 설치하고 필요하다면 `git config --global --add safe.directory '*'` 명령어로 폴더도 추가하세요.

설치가 끝났다면 다음 명령으로 로그인을 진행합니다.

C:_ 명령 프롬프트   — □ ✕

C:\Users\user\StudioProjects\first_flutter_app> firebase login

로그인이 완료되면 다음 명령으로 플러터에 추가할 파이어베이스 프로젝트를 선택하고 플러터 앱에 이를 설정합니다.

C:_ 명령 프롬프트   — □ ✕

C:\Users\user\StudioProjects\first_flutter_app> flutterfire configure

▶ 명령을 실행했는데 오류가 발생한다면 안내에 따라 %USERPROFILE%\AppData\Local\Pub\Cache\bin을 환경 변수 PATH에 추가하세요.

설정이 완료되면 프로젝트에 firebase_options.dart 파일을 자동으로 추가합니다. 지금은 firebase_options.dart 파일에 빨간 줄이 표시되어 있는데, **firebase_core**가 아직 없어서 그렇습니다.

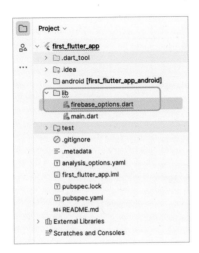

프로젝트 폴더 터미널에서 다음 명령을 입력합니다.

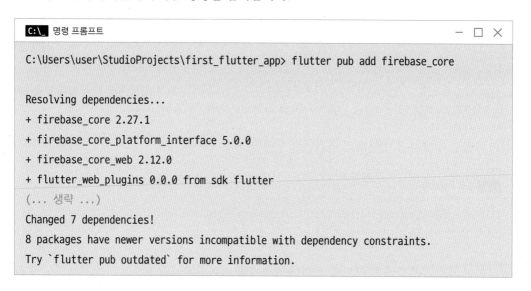

```
C:\Users\user\StudioProjects\first_flutter_app> flutter pub add firebase_core

Resolving dependencies...
+ firebase_core 2.27.1
+ firebase_core_platform_interface 5.0.0
+ firebase_core_web 2.12.0
+ flutter_web_plugins 0.0.0 from sdk flutter
(... 생략 ...)
Changed 7 dependencies!
8 packages have newer versions incompatible with dependency constraints.
Try `flutter pub outdated` for more information.
```

명령을 실행하고 pubspec.yaml 파일로 이동하면
firebase_core가 추가된 것을 알 수 있습니다. 그리고
firebase_options.dart 파일의 빨간 줄도 사라집니다.
pubspec.yaml 파일에 패키지 이름과 버전을 추가하고,
코드 입력 창 오른쪽 위 〈Pub get〉을 클릭해도 필요한 패
키지를 자동으로 설치합니다.

• pubspec.yaml

```
(... 생략 ...)
dependencies:
  flutter:
    sdk: flutter
  cupertino_icons: ^1.0.6
  firebase_core: ^2.27.1  ← 추가하고 〈Pub get〉을 클릭하면 패키지를
                             설치합니다.
(... 생략 ...)
```

패키지나 자원을 추가했다면 꼭
〈Pub get〉을 클릭하세요.

이것으로 파이어베이스 설정이 모두 끝났습니다. 파이어베이스 콘솔에 접속하면 다음과 같이 프로젝트가 추가된 것을 확인할 수 있습니다.

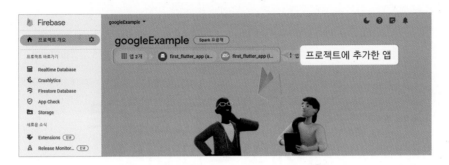

지금은 다른 데이터는 빈칸이고 아직 사용 전이지만 프로젝트를 추가하고 필요한 기능을 설정하면 파이어베이스를 이용한 **서버리스**serverless 시스템을 구현할 수 있습니다.

프로젝트 설정과 관련된 내용은 이 정도로 끝내고, 다음 둘째마당부터는 실제로 앱을 만들면서 플러터와 함께 파이어베이스를 어떻게 활용하고 적용하는지를 배워 보겠습니다.

플러터 핵심 기능으로
앱 개발 트레이닝

04

심리 테스트 앱 만들기

둘째마당부터는 플러터 앱 3가지를 직접 만들어 봅니다. 파이어베이스의 기본 기능과 구글 지도 등을 이용하여 성격 유형을 알아보는 심리 테스트 앱, 아파트 실거래가를 조회할 수 있는 부동산 앱, 음악을 내려받고 감상할 수 있는 클래식 음악 서비스 앱을 제작해 보겠습니다.

05

부동산 실거래가 조회
앱 만들기

06

클래식 사운드
앱 만들기

심리 테스트 앱 만들기

애널리틱스   리모트 컨피그   실시간 데이터베이스

정해진 형식에 따라 만들어진 다양한 심리 테스트 콘텐츠를 앱 하나로 관리할 수 있습니다. 이번 장에서는 이러한 심리 테스트 앱의 기본 구조와 파이어베이스를 활용한 부가 기능을 만들어 보겠습니다.

04-1 심리 테스트 앱 기획하기

요즘 MBTI가 대세라고 하죠. 연인이나 친구끼리 심심풀이로 심리 테스트를 하기도 합니다. 이런 심리 테스트 앱은 대부분 형식이 비슷합니다. 예를 들어 MBTI 검사라면 제시한 질문 40여 개의 대답을 조합하여 성격 유형을 정합니다. 필자는 ENFJ가 나오더군요.

이처럼 정해진 형식에 특정한 주제만 있으면 다양한 심리 테스트를 만들어 앱에서 관리할 수 있습니다. 이번 절에서는 심리 테스트 앱의 기본 구조를 기획해 보겠습니다. 이를 바탕으로 여러 가지 테스트를 추가하는 등 다양하게 응용할 수 있습니다.

목적과 기능 정의하기

먼저 앱의 전체 흐름과 기능을 생각해 볼까요? 우리는 1인 기업이라 생각하고 필수 기능 중심으로 앱을 만들어 보겠습니다. 이번 장에서 개발할 심리 테스트 앱의 요구 사항은 다음처럼 정리할 수 있습니다.

> **[심리 테스트 앱의 요구 사항]**
>
> ① 앱을 실행하면 심리 테스트 목록이 나옵니다.
>
> ② 심리 테스트 목록에서 원하는 테스트를 클릭하면 상세 페이지를 실행합니다.
>
> ③ 상세 페이지에는 선택한 테스트의 질문이 나옵니다.
>
> ④ 질문에 답변을 완료하면 심리 테스트의 결과를 보여 줍니다.

흐름도 그리기

심리 테스트 앱의 요구 사항을 그림으로 표현하면 다음과 같습니다.

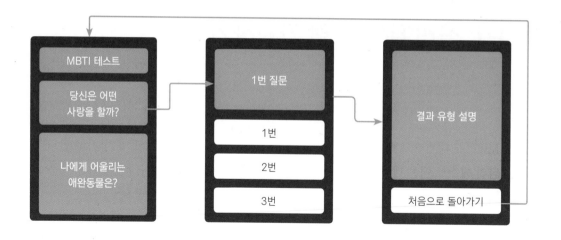

이 밖에도 시작, 로그인, 결과 저장 화면 등 다양한 기능을 추가할 수도 있지만, 지금은 기본에 충실한 앱을 만드는 것에 초점을 맞추겠습니다.

04-2 프로젝트 생성하고 메인 페이지 구성하기

이제 앞에서 기획한 요구 사항을 따라 심리 테스트 앱을 만들기 위해 프로젝트를 생성하고 메인 페이지를 구성해 보겠습니다.

> **Do it! 실습** ▷ 새로운 프로젝트 만들기

앱을 제작하려면 새로운 프로젝트를 만들어야 합니다. 먼저 안드로이드 스튜디오에서 [New Flutter Project]를 선택합니다. 프로젝트 이름(Project name)에는 'personality_test'를 입력하고, 대상 플랫폼(Platforms)으로는 [Android]와 [iOS]를 선택한 뒤 〈Create〉 버튼을 누릅니다.

03-2절 '앱에 파이어베이스 추가하기' 실습에서 살펴본 대로 프로젝트에 파이어베이스를 추가합니다. 여기서는 파이어베이스 로그인 과정까지 끝냈다고 가정하고 이어서 실습합니다. 프로젝트 창의 오른쪽 아래에 있는 터미널 아이콘(▶)을 클릭하여 터미널 창을 엽니다. 그리고 다음 명령을 입력하여 파이어베이스를 추가합니다.

심리 테스트를 하려면 질문과 이에 답변한 내용을 분석할 수 있는 데이터가 필요하겠죠. 이러한 데이터는 회사나 사이트에서 API로 제공하기도 하고 개인이 직접 만들어서 데이터베이스를 구축하기도 합니다. 이 프로젝트에서는 필자가 간단하게 만든 JSON 형식의 심리 테스트 파일을 이용하겠습니다. 총 3개의 심리 테스트를 준비했습니다. 파일 중 하나의 코드를 살펴보겠습니다.

▶ JSON 파일은 필자의 깃(Git)이나 이지스퍼블리싱 웹 사이트 자료실에서 내려받을 수 있습니다(필자 깃(Git): github.com/rollcake86/do_it_flatter_makeApp, 이지스퍼블리싱: www.easyspub.co.kr → [자료실] 클릭 → 이 책 제목으로 검색).

▶ 이미 출시된 앱의 데이터를 허락 없이 사용하면 지적 재산권 침해가 될 수 있으니 주의합시다.

• res/api/mbti.json

```json
{
  "title": "5초 MBTI I/E 편",
  "question": "친구와 함께 간 미술관 당신이라면?",
  "selects": [
    "말이 많아짐",
    "생각이 많아짐"
  ],
  "answer": [
    "당신의 성향은 E",
    "당신의 성향은 I"
  ]
}
```

간단한 JSON 형식으로, 선택지마다 **answer**가 있습니다. 어떤 대답을 선택하는지에 따라 종합적으로 MBTI를 결정하게 됩니다.

프로젝트 안에 JSON 파일을 넣겠습니다. 먼저 res 폴더를 생성하고 그 아래에 api 폴더를 만든 다음, 내려받은 mbti.json, test1.json, test2.json 파일을 넣습니다.

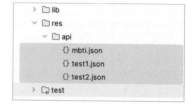

이제 pubspec.yaml 파일의 **assets** 항목에 해당 내용을 추가합니다. 그런 다음, 〈Pub get〉 버튼을 클릭하여 추가한 패키지나 자원을 사용할 수 있도록 설정합시다.

• pubspec.yaml

```
(... 생략 ...)
# To add assets to your application, add an assets section, like this:
assets:
  - res/api/mbti.json
  - res/api/test1.json
  - res/api/test2.json
(... 생략 ...)
```

이것으로 심리 테스트 3가지를 준비했습니다. 서버에서 API 통신을 통해 화면에 표시하는 것이 일반적인 방법이지만, 아직 서버를 준비하지 않았으므로 지금은 임시로 파일을 이용하겠습니다. 잠시 후 04-4절에서 NoSQL 클라우드 데이터베이스인 실시간 데이터베이스Realtime Database를 다룰 때 서버에 저장한 정보를 가져오는 방법도 알아보겠습니다.

Do it! 실습 테스트 목록 페이지 만들기

심리 테스트를 준비했으니 심리 테스트를 선택할 수 있는 목록 페이지를 만들어 보겠습니다. 먼저 lib 폴더 아래에 main 폴더를 생성하고 새로운 mainlist_page.dart 파일을 만듭니다. 그리고 다음 내용을 입력하여 새로운 스테이트풀 위젯을 만듭니다.

▶ 스테이트풀 위젯(stateful widget)은 동적 데이터를 관리하며, 데이터가 변경됨에 따라 UI가 함께 변화합니다.

• lib/main/mainlist_page.dart

```dart
import 'package:flutter/material.dart';

class MainPage extends StatefulWidget {
  const MainPage({super.key});

  @override
  State<StatefulWidget> createState() {
    return _MainPage();
  }
}
```

```
class _MainPage extends State<MainPage> {
  @override
  Widget build(BuildContext context) {
    return Scaffold();
  }
}
```

이제 자동으로 생성된 main.dart 파일에서 MyHomePage() 부분은 삭제하고 home으로
MainPage를 호출하도록 다음처럼 수정합니다.

```
import 'main/mainlist_page.dart';    ← 추가
(... 생략 ...)
Widget build(BuildContext context) {
  return MaterialApp(
    title: 'Personality Test',    ← 수정
    theme: ThemeData(
      colorScheme: ColorScheme.fromSeed(seedColor: Colors.deepPurple),
      useMaterial3: true,
    ),
    home: const MainPage(),    ← 수정
  );
}
(... 생략 ...)
```

빌드하면 아직은 아무것도 없는 빈 화면만 나오는 것을 확인할 수 있습니다. 이제 화면에 표
시할 메인 목록 페이지를 구현해야 하는데, 우리는 심리 테스트가 3개라는 것을 알지만 컴퓨
터는 몇 개인지 알 방법이 없습니다. 그래서 list.json 파일을 이용하여 어떤 심리 테스트가 있
는지를 알려줘야 화면에 표시할 수 있습니다. list.json 파일을 만들어 심리 테스트 목록 코드
를 다음처럼 작성하고 심리 테스트 데이터와 함께 내려받습니다.

```
{
  "questions": [
    {
```

```
      "title": "MBTI",
      "file":"mbti"
    },
    {
      "title": "당신은 어떤 사랑을 하고 싶나요?",
      "file":"test2"
    },
    {
      "title": "당신이 좋아하는 애완동물은?",
      "file":"test1"
    }
  ],
  "count": 3
}
```

해당 파일을 res/api 폴더에 넣은 다음, 이 내용을 pubspec.yaml 파일에 추가하고 〈Pub get〉을 클릭하여 파일을 불러옵니다. 이후 파일이 많아지면 폴더 단위로 **assets**를 추가할 수도 있습니다. api 폴더에 JSON 파일을 여러 개 넣고 다음과 같이 코드를 변경하고 나서 〈Pub get〉을 클릭해도 됩니다.

• pubspec.yaml

```
(... 생략 ...)
# To add assets to your application, add an assets section, like this:
assets:
  - res/api/  ←  개별 파일이 아닌 폴더를 지정했습니다.
(... 생략 ...)
```

이 list.json 파일을 읽어 오는 코드를 mainlist_page.dart 파일에 추가합니다.

• lib/main/mainlist_page.dart

```
(... 생략 ...)
import 'package:flutter/services.dart';  ←  추가
(... 생략 ...)
class _MainPage extends State<MainPage> {
  Future<String> loadAsset() async {  ←  추가
```

```
        return await rootBundle.loadString('res/api/list.json');
    }
(... 생략 ...)
```

JSON 데이터를 UI로 표시할 때는 **FutureBuilder** 위젯을 사용합니다. 이 위젯은 비동기 형식으로, 미리 정의한 화면이 아닌 API, JSON, 파일 등의 데이터를 가져와 동적인 UI를 만들때 사용합니다. 위젯을 사용하고자 다음처럼 코드를 작성합니다.

• lib/main/mainlist_page.dart

```
import 'dart:convert';  ◀─[ 추가 ]
(... 생략 ...)
return Scaffold(
  body: FutureBuilder(  ◀─[ 추가 ]
    builder: (context, snapshot) {
      switch (snapshot.connectionState) {
        case ConnectionState.active:
          return const Center(
            child: CircularProgressIndicator(),
          );
        case ConnectionState.done:
          Map<String, dynamic> list = jsonDecode(snapshot.data!);
          return ListView.builder(
            itemBuilder: (context, value) {
              return InkWell(
                child: SizedBox(
                  height: 50,
                  child: Card(
                    child:
                    Text(list['questions'][value]['title'].toString()),
                  ),
                ),
                // 파이어베이스 로그 이벤트 호출하기
                onTap: (){},
              );
            },
            itemCount: list['count'],
          );
        case ConnectionState.none:
```

```
        return const Center(
          child: Text('No Data'),
        );
    case ConnectionState.waiting:
        return const Center(
          child: CircularProgressIndicator(),
        );
    }
  },
  future: loadAsset(),
  ),
);
(... 생략 ...)
```

future에서 loadAsset()을 호출합니다. future는 비동기 방식의 함수로, 파일 입출력, 서버와의 통신, 데이터베이스 조회 등 언제 끝날지 모르는 작업에서 사용하면 좋습니다. loadAsset() 함수를 통해 assets에서 list.json 파일을 가져와서 문자열로 반환합니다. 그리고 이 문자열을 Map 형식의 JSON 데이터로 디코딩합니다. 해당 코드는 다음과 같습니다.

```
Map<String, dynamic> list = jsonDecode(snapshot.data!);
```

이제 ListView.builder를 이용하여 list.json 파일 title 키의 값을 목록으로 표시합니다. 빌드하면 다음 화면을 확인할 수 있습니다.

서버 개발자와 JSON 형식을 미리 정의한다면 API 등 통신 방법으로도 이러한 목록 화면을 출력할 수 있습니다.

▶ 실행 결과

이제 앞에서 만든 목록을 선택했을 때 표시될 질문 페이지를 만들어 보겠습니다. 해당 페이지를 위해 필요한 코드를 먼저 살펴보겠습니다. 앞에서 만든 StatefulWidget을 상속한 기본적인 QuestionPage 클래스를 만들고 매개변수 question을 받을 수 있도록 구현합니다.

```
class QuestionPage extends StatefulWidget {
  final String question;
  const QuestionPage({super.key, required this.question});

  @override
  State<StatefulWidget> createState() {
    return _QuestionPage();
  }
}
```

이 클래스에도 assets 파일을 읽어 오는 코드를 작성합니다. 다음은 파일 이름인 fileName을 매개변수로 받는 함수를 만들고 파일 내용을 읽어 문자열로 반환하도록 loadAsset() 함수를 수정하는 코드입니다.

```
Future<String> loadAsset(String fileName) async {
  return await rootBundle.loadString('res/api/$fileName.json');
}
```

이번에는 파일을 호출하여 FutureBuilder 위젯으로 화면에 표시하는 부분을 살펴보겠습니다. 특히 파일을 가져온 이후에 위젯을 표시하는 로직을 만들어야 합니다. test1.json 파일을 보면 title은 제목을, question은 해당 심리 테스트 질문을, selects는 질문의 보기를, 마지막 answer는 선택한 보기에 따른 답임을 알 수 있습니다. 이 내용을 바탕으로 문자열을 Map 형식으로 작성하고 이를 위젯으로 만듭니다.

```
{
  "title": "당신이 좋아하는 애완동물은",
  "question": "당신이 무인도에 도착했는데 마침 떠내려온 상자를 열었을 때 보이는 이것은?",
  "selects": [
            "생존 키트",
            "휴대폰",
```

```
      "텐트",
      "무인도에서 살아남기"
   ],
   "answer": [
      "당신은 현실주의 동물은 안 키운다!!",
      "당신은 늘 함께 있는 걸 좋아하는 강아지가 딱입니다.",
      "당신은 같은 공간을 공유하는 고양이",
      "당신은 낭만을 좋아하는 앵무새"
   ]
}
```

List<Widget>을 이용하여 보기를 만듭니다. JSON 데이터를 디코딩하여 질문과 선택지를 추출하고, 추출한 데이터를 바탕으로 라디오 버튼을 포함한 위젯을 동적으로 생성합니다. 그리고 사용자가 값을 클릭하면 onChanged() 함수로 UI를 업데이트합니다.

▶ 라디오 버튼은 여러 개의 선택지 중애 1개만 선택할 수 있는 버튼입니다..

```
Map<String, dynamic> questions = jsonDecode(snapshot.data!);
title = questions['title'].toString();
List<Widget> widgets;

widgets = List<Widget>.generate(
    (questions['selects'] as List<dynamic>).length,
    (int index) => SizedBox(
        height: 100,
        child: Column(
          children: [
            Text(questions['selects'][index]),
            Radio(
                value: index,
                groupValue: selectNumber,
                onChanged: (value) {
                  setState(() {
                    selectNumber = index;
                  });
                })
          ],
        ),
      ));
```

이렇게 만든 위젯을 Column 위젯 안에 차곡차곡 넣어 줍니다. 보기는 문제에 따라 많을 수도, 적을 수도 있으므로 Expanded() 함수를 사용하여 표시합니다.

```
Expanded(
  child: ListView.builder(
    itemCount: widgets.length,
    itemBuilder: (context, index) {
      final item = widgets[index];
      return item;
    },
  ),
),
```

lib/sub 폴더를 생성하고 이곳에 question_page.dart 파일을 만들고 지금까지 배운 내용을 포함해 다음과 같이 코드를 입력합니다.

• lib/sub/question_page.dart

```
import 'dart:convert';

import 'package:flutter/cupertino.dart';
import 'package:flutter/material.dart';
import 'package:flutter/services.dart';

class QuestionPage extends StatefulWidget {
  final String question;
  const QuestionPage({super.key, required this.question});

  @override
  State<StatefulWidget> createState() {
    return _QuestionPage();
  }
}

class _QuestionPage extends State<QuestionPage> {
  String title = '';
  int selectNumber = -1;

  Future<String> loadAsset(String fileName) async {
```

```
    return await rootBundle.loadString('res/api/$fileName.json');
}

@override
void initState() {
  super.initState();
}

@override
Widget build(BuildContext context) {
  return FutureBuilder(
    builder: (context, snapshot) {
      if (snapshot.hasData == false) {
        return const CircularProgressIndicator();
      } else if (snapshot.hasError) {
        return Padding(
          padding: const EdgeInsets.all(8.0),
          child: Center(
            child: Text(
            'Error: ${snapshot.error}',
            style: const TextStyle(fontSize: 15),
          )),
        );
      } else {
        Map<String, dynamic> questions = jsonDecode(snapshot.data!);
        title = questions['title'].toString();
        List<Widget> widgets;

        widgets = List<Widget>.generate(
          (questions['selects'] as List<dynamic>).length,
          (int index) => SizedBox(
              height: 100,
              child: Column(
                children: [
                  Text(questions['selects'][index]),
                  Radio(
                      value: index,
                      groupValue: selectNumber,
                      onChanged: (value) {
                        setState(() {
```

```
                              selectNumber = index;
                            });
                        })
                  ],
                ),
              ));

        return Scaffold(
            appBar: AppBar(
              title: Text(title),
            ),
            body: Column(
              children: [
                Text(questions['question'].toString()),
                Expanded(
                  child: ListView.builder(
                    itemCount: widgets.length,
                    itemBuilder: (context, index) {
                      final item = widgets[index];
                      return item;
                    },
                  ),
                ),
                selectNumber == -1
                    ? Container()
                    : ElevatedButton(
                        onPressed: () {
                          // 결과 페이지로 이동하기
                        },
                        child: const Text('성격 보기'))
              ],
            ));
      }
    },
    future: loadAsset(widget.question),
  );
}
}
```

목록 페이지인 mainlist_page.dart 파일에 질문 페이지로 이동하는 코드도 함께 추가합니다.

• llib/main/mainlist_page.dart

```
import '../sub/question_page.dart';  ← 추가
(... 생략 ...)
onTap: () async {  ← 수정
  Navigator.of(context)
      .push(MaterialPageRoute(builder: (context) {
    return QuestionPage(question: list['questions'][value]['file'].toString());
  }));
},
(... 생략 ...)
```

실행 중인 앱을 중지한 후 다시 빌드하고 test2 문제를 선택하면 다음 화면이 출력됩니다. 보기를 선택하기 전까지는 〈성격 보기〉 버튼을 숨겼다가 보기를 선택하면 결과를 볼 수 있습니다.

▶ 실행 결과

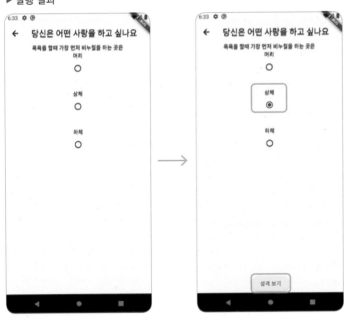

Do it! 실습 결과 페이지 만들기

이번에는 심리 테스트의 결과를 표시하는 화면을 만들어 볼까요? lib 폴더 아래에 detail 폴더를 추가하고 이곳에 detail_page.dart 파일을 생성하고 나서 화면에 결과를 표시하는 클래스를 만듭니다.

질문인 question과 보기 선택에 따른 결과인 answer를 표시해야 하며, 클릭하면 다시 목록 페이지로 돌아갈 수 있도록 〈돌아가기〉 버튼도 추가합니다.

• lib/detail/detail_page.dart

```dart
import 'package:flutter/material.dart';

class DetailPage extends StatefulWidget {
  final String question;
  final String answer;

  const DetailPage({super.key, required this.answer, required this.question});

  @override
  State<StatefulWidget> createState() {
    return _DetailPage();
  }
}

class _DetailPage extends State<DetailPage> {
  @override
  Widget build(BuildContext context) {
    return Scaffold(
      body: Center(
        child: Column(
          mainAxisAlignment: MainAxisAlignment.center,
          children: [
            Text(widget.question),
            Text(widget.answer),
            ElevatedButton(
                onPressed: () {
                  Navigator.of(context).pop();
                },
                child: const Text('돌아가기'))
          ],
```

```
        ),
      ),
    );
  }
}
```

그리고 question_page.dart 파일에서 〈성격 보기〉 버튼의 **onPress()** 함수를 처리합니다. 이 때 현재 페이지를 저장하지 않고 이동하는 **pushReplacement()**로 처리한 이유는 결과를 본 후 〈돌아가기〉 버튼을 클릭했을 때 다시 심리 테스트 질문 페이지로 돌아갈 필요가 없기 때문입니다. push()로 처리한다면 〈돌아가기〉 버튼을 눌렀을 때 질문 페이지인 **QuestionPage** 화면을 호출할 겁니다.

• lib/sub/question_page.dart

```
(... 생략 ...)
import '../detail/detail_page.dart';  ← 추가
(... 생략 ...)
ElevatedButton(
    onPressed: () {
      // 결과 페이지로 이동하기
      Navigator.of(context)  ← 추가
          .pushReplacement(MaterialPageRoute(builder: (context) {
        return DetailPage(
            answer: questions['answer'][selectNumber],
            question: questions['question']);
      }));
    },
    child: const Text('성격 보기'))
(... 생략 ...)
```

▶ 실행 결과

빌드한 후 〈성격 보기〉 버튼을 클릭하면 다음과 같은 내용이 출력되는 것을 확인할 수 있습니다.

이로써 심리 테스트의 기본 로직을 만들었습니다. 다음 절에서는 파이어베이스를 이용한 이벤트 처리와 리모트 컨피그 Remote Config를 이용한 원격 설정값의 적용 방법을 알아보겠습니다.

04-3 파이어베이스로 서비스 개선하기

파이어베이스를 이용하면 다양한 기능을 갖춘 서버리스 시스템을 구현할 수 있습니다. 이 외에도 마케팅이나 오류를 찾을 때 편리하게 사용할 수 있는 도구를 제공합니다. 이번 절에서는 그중에 상용화 서비스에 필요한 애널리틱스, 리모트 컨피그를 활용한 기능을 구현해 보겠습니다.

Do it! 실습 ▷ 애널리틱스 로그 이벤트 설정하기

파이어베이스 콘솔로 들어가 앞서 만들었던 googleExample 프로젝트로 이동합니다. 왼쪽 메뉴에서 [애널리틱스]를 클릭하면 여러 가지 하위 메뉴가 나옵니다. 이 중에 먼저 [Dashboard]를 선택해 보겠습니다.

▶ 파이어베이스 설정은 03-2절을 참고하세요.

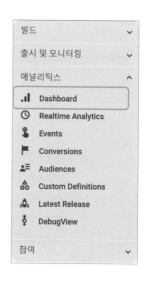

애널리틱스 대시보드에 현재는 아무 내용이 없습니다. 개발하는 동안에는 사용자 활동이 거의 표시되지 않을 겁니다. 앱을 사용하는 많은 고객이 모이고 파이어베이스로 이 고객의 활동을 기록하면 의미 있는 데이터가 수집됩니다. 이 데이터를 활용하여 상용화에 필요한 맞춤 고객 서비스를 고민하며 앱을 발전시키는 데 필요한 것이 바로 이 애널리틱스 대시보드입니다.

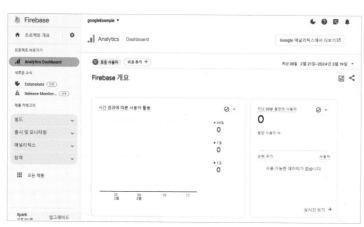

그러면 지금까지 만든 심리 테스트 앱에 이 파이어베이스 애널리틱스를 적용해 볼까요? 안드로이드 스튜디오에서 해당 프로젝트의 터미널을 열고 다음 명령을 입력해 애널리틱스에 필요한 패키지를 추가합니다.

```
C:\_ 명령 프롬프트                                    — □ ×

project_folder> flutter pub add firebase_analytics
```

pubspec.yaml 파일에 패키지를 추가하고 〈Pub get〉 버튼을 클릭해도 됩니다.

```
                                                    • pubspec.yaml

(... 생략 ...)
firebase_analytics: ^10.8.10
(... 생략 ...)
```

그러면 자동으로 `firebase_analytics` 패키지를 추가하는 것을 확인할 수 있습니다. 이제 이 패키지를 이용하여 파이어베이스 이벤트를 추가해 보겠습니다. 먼저 프로젝트의 파이어베이스를 초기화해야 합니다. main.dart로 이동하여 다음 코드를 추가합니다.

```
                                                    • lib/main.dart

import 'package:firebase_core/firebase_core.dart';  ← 추가
import 'firebase_options.dart';  ← 추가
(... 생략 ...)
void main() async {  ← 수정
  WidgetsFlutterBinding.ensureInitialized();  ← 수정
  await Firebase.initializeApp(
    options: DefaultFirebaseOptions.currentPlatform,
  );
  runApp(MyApp());
}
(... 생략 ...)
```

이로써 파이어베이스를 이용할 준비는 끝났습니다. 이제 데이터 수집과 처리를 위한 코드를 구현해야 하는데, 다음 실습으로 넘어가기 전에 이 심리 테스트 앱의 어느 부분에서 데이터를 수집하는 게 좋을지 고민해 보세요.

다음 2가지 데이터를 수집하면 좋을 것 같습니다.

> ① 어떤 심리 테스트를 많이 선택했는지?
>
> ② 심리 테스트 질문에서 어떤 보기를 많이 선택했는지?

그러면 이 2가지 로그 이벤트를 추가해 볼까요? 파이어베이스를 초기화하면 자동으로 추가되는 이벤트가 있습니다. 이와 함께 앞에서 제시한 2가지 이벤트를 추가합니다. mainlist_page.dart 파일에서 목록의 클릭을 담당하는 위젯인 **Inkwell**에서 **onTap()**을 클릭했을 때 로그 이벤트를 호출하는 코드를 다음과 같이 작성해 봅시다.

• lib/main/mainlist_page.dart

```dart
import 'package:firebase_analytics/firebase_analytics.dart';  ← 추가
(... 생략 ...)
// 파이어베이스 로그 이벤트 호출하기
onTap: () async {
  await FirebaseAnalytics.instance.logEvent(  ← 수정
    name: "test_click",
    parameters: {
      "test_name":
          list['questions'][value]['title'].toString(),
    },
  ).then((result) {
    Navigator.of(context)
        .push(MaterialPageRoute(builder: (context) {
      return QuestionPage(
        question: list['questions'][value]['file'].toString(),
      );
    }));
  });
},
(... 생략 ...)
```

코드를 살펴보겠습니다. `Firebase.instance.logEvent()`를 통해 로그 이벤트를 파이어베이스에 쌓도록 합니다. 여기서 name은 이벤트 이름을 말하며 검색할 때 사용합니다. `parameters`는 어떤 심리 테스트를 클릭했는지를 `test_name`이라는 키 이름으로 기록합니다. 이 데이터를 서버에 보내고 `then()` 핸들러 함수를 이용하여 다음 동작을 수행합니다. 여기서는 로그를 기록하고 나서 심리 테스트 질문 페이지로 이동하도록 로직을 만들었습니다.

이제 question_page.dart로 이동하여 〈성격 보기〉 버튼에도 다음과 같이 로그 이벤트를 처리하도록 합니다.

• lib/sub/question_page.dart

```dart
import 'package:firebase_analytics/firebase_analytics.dart';  ← 추가
(... 생략 ...)
ElevatedButton(
    onPressed: () async {  ← 수정
      await FirebaseAnalytics.instance.logEvent(
        name: "personal_select",
        parameters: {"test_name": title, "select": selectNumber},
      ).then((result) => {
            Navigator.of(context).pushReplacement(
                MaterialPageRoute(builder: (context) {
              return DetailPage(
                  answer: questions['answer'][selectNumber],
                  question: questions['question']);
            }))
          });
    },
    child: const Text('성격 보기'))
(... 생략 ...)
```

파이어베이스는 구글 계정으로 로그인했을 때만 정상으로 동작하므로 에뮬레이터에서는 로그를 제대로 기록하지 못할 수도 있습니다. 구글플레이를 지원하고 구글 로그인이 된 에뮬레이터에서는 정상으로 동작합니다. 이런 환경이 아니라면 실제 장치로 테스트해야 합니다.

또한 파이어베이스 애널리틱스는 실시간으로 데이터를 확인할 수 없습니다. 데이터를 취합하고 다양한 형태의 로직을 통해 어뷰징이나 기타 쓰레기 데이터 등을 필터링한 다음에 대시보드에서 보여 주므로 하루 정도 시간이 걸린다고 생각하면 좋습니다.

▶ 어뷰징(abusing)이란 시스템이 의도와 목적과 다르게 왜곡되어 사용되는 것을 말합니다.

기록 후엔 다음과 같은 이벤트가 기록되는 걸 확인할 수 있습니다. first_open이나 screen_view 등 파이어베이스 애널리틱스에서 기본으로 제공하는 이벤트가 있고 test_click처럼 사용자가 만든 이벤트도 확인할 수 있습니다.

여기서 first_open은 앱을 처음 열 때 발생하는 이벤트로, 설치 동향을 추적할 수 있습니다. screen_view는 사용자가 특정 화면을 봤을 때 발생합니다. 이를 통해 사용자가 어떤 화면을 가장 많이 방문하고 어떤 경로를 사용하는지 알 수 있습니다. test_click은 테스트 목적으로 사용자가 특정 버튼을 클릭했을 때 발생합니다. 이런 기능 등을 통해 사용자의 활동을 이해하고 앱을 개선할 수 있습니다.

기존 이벤트					
이벤트 이름 ↑	수	변동률(%)	사용자	변동률(%)	전환으로 표시 ⑦
first_open	2	-	2	-	
screen_view	4	-	2	-	
session_start	3	-	2	-	
test_click	1	-	1	-	

한걸음 더! **파이어베이스 애널리틱스는 상용화 서비스에서 어떻게 활용하나요?**

파이어베이스 애널리틱스는 개발자보다 주로 마케팅 담당자가 활용합니다. 마케팅 분석 도구로 많이 사용되는 구글 애널리틱스와 자동으로 연동되기도 하고, 이 데이터를 바탕으로 전체 전략을 세우고 앱의 사용자 등을 분석해 디자인이나 앱의 방향성을 변경하기도 합니다.

예를 들어 특정 앱에 새로운 기능을 추가할 때 파이어베이스 애널리틱스와 로그 이벤트를 이용해 최적의 위치를 찾기도 합니다. 이와 관련한 내용을 다룬 책이 따로 있을 만큼 이 분야는 공부할수록 어렵습니다. 코드 한 줄 늘어나는 것이 귀찮을 수도 있지만, 회사의 상용 서비스로서는 꼭 필요한 기능입니다.

Do it! 실습 리모트 컨피그로 앱 기본 정보 설정하기

이제 **리모트 컨피그**Remote Config를 이용해 앱 기본 정보를 설정하는 방법과 앱을 테스트하는 방법을 배워 보겠습니다.

리모트 컨피그는 앱을 업데이트하지 않아도 파이어베이스에 저장한 원격 설정값으로 앱의 로직을 처리하는 기능입니다. 구글에서는 특정 게임의 레벨이 너무 어려워 사용자가 줄어드는 문제가 생기자 리모트 컨피그에 저장한 난이도 설정값을 조절하여 앱 사용자에게 더 좋은 경험을 제공한 사례가 있습니다. 그럼 리모트 컨피그를 우리가 만든 앱에 어떻게 적용하고 사용할 수 있는지 확인해 볼까요?

리모트 컨피그에 매개변수 추가하기

먼저 파이어베이스 콘솔에 접속하고 오른쪽 메뉴에서 [Remote Config]를 선택합니다. 그리고 [매개변수] 탭의 오른쪽 아래에 있는 〈매개변수 추가〉 버튼을 클릭합니다.

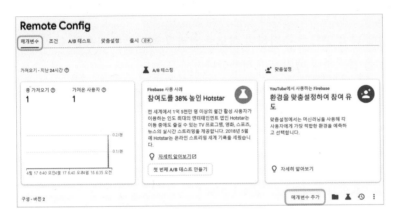

매개변수의 이름(키)과 그 매개변수의 데이터 유형, 그리고 Default value(기본값)를 설정할 수 있습니다. 여기에서는 [banner], [item_height], [welcome] 등 3가지 변수를 먼저 생성했습니다.

유형별로 값을 설정한 후 화면 오른쪽 위의 〈변경 사항 게시〉 버튼을 클릭하면 그때부터 리모트 컨피그에 설정한 값을 사용할 수 있습니다.

이제 파이어베이스 콘솔에서 설정 작업은 끝났으니, 다시 안드로이드 스튜디오로 돌아가 프로젝트에 리모트 컨피그를 처리하는 로직을 추가해 보겠습니다.

프로젝트에 리모트 컨피그 처리 로직 추가하기

먼저 pubspec.yaml 파일에 다음 코드를 추가하여 리모트 컨피그 패키지를 사용할 수 있도록 합니다. 그리고 〈Pub get〉을 클릭하여 패키지를 적용합니다.

```
                                                                    • pubspec.yaml
(... 생략 ...)
firebase_core: ^2.14.0
firebase_analytics: ^10.4.3
firebase_remote_config: ^4.2.3  ←  이 패키지를 추가합니다.
(... 생략 ...)
```

mainlist_page.dart로 이동하여 다음 코드를 추가합니다.

```
                                                        • lib/main/mainlist_page.dart
import 'package:firebase_remote_config/firebase_remote_config.dart';  ←  추가
(... 생략 ...)
final FirebaseRemoteConfig remoteConfig = FirebaseRemoteConfig.instance;  ←  추가

class _MainPage extends State<MainPage> {
(... 생략 ...)
```

FirebaseRemoteConfig를 호출하여 이 정보를 저장합니다. 이제 initState() 함수를 하나 만들어 _MainPage 클래스에 넣고, 이 함수에 리모트 컨피그에서 가져온 정보를 넣겠습니다.

```
                                                        • lib/main/mainlist_page.dart
(... 생략 ...)
class _MainPage extends State<MainPage> {
  String welcomeTitle = '';  ←  추가
  bool bannerUse = false;
  int itemHeight = 50;

  @override
```

```
  void initState() {
    super.initState();
    remoteConfigInit();
  }

  void remoteConfigInit() async {
    await remoteConfig.fetchAndActivate();
    welcomeTitle = remoteConfig.getString("welcome");
    bannerUse = remoteConfig.getBool("banner");
    itemHeight = remoteConfig.getInt("item_height");
  }
(... 생략 ...)
```

이제 리모트 컨피그에서 데이터를 가져와 변수에 넣고, 이 값을 이용해 화면에 표시하도록 수정합니다. 여기서는 제목을 출력하는 **AppBar()**를 추가하고 높이를 변경했습니다.

```
                                                    • lib/main/mainlist_page.dart
(... 생략 ...)
return Scaffold(
  appBar: bannerUse
      ? AppBar(
          title: Text(welcomeTitle),    ←┤ 추가
        )
      : null,
(... 생략 ...)
return ListView.builder(
  itemBuilder: (context, value) {
    return InkWell(
      child: SizedBox(
        height: itemHeight.toDouble(),    ←┤ 수정
        child: Card(
(... 생략 ...)
```

실행 중인 앱을 중지하고 다시 빌드하면 다음 화면이 나오는 것을 확인할 수 있습니다.

보기에 어떤가요? 앱바를 추가하여 제목을 표시하고 목록 아이템의 높이도 커졌습니다. 이처럼 리모트 컨피그를 이용하면 앱 사용자에게 목록 아이템의 높이를 바꾸면서 최적의 높이를 제공할 수 있으며, 특정 날짜까지 이벤트를 진행하다가 일주일 연기해야 할 때 앱을 업데이트하지 않고도 일정을 변경할 수 있습니다.

다만, 설정을 변경한 이후 바로 적용되지 않는다는 점을 알아 두세요. 설정을 변경하면 보통 24시간 정도 지나 적용된다고 하는데, 더 걸리는 때도 있으므로 실시간으로 변경을 적용한다기보다 애널리틱스와 더불어 사용하면 시너지가 생긴다는 데 의미가 있습니다.

▶ 실행 결과

Do it! 실습 ▶ 리모트 컨피그로 A/B 테스트하기

이번에는 리모트 컨피그를 이용하여 A/B 테스트를 진행해 보겠습니다. 여기서는 앞에서 만든 앱바가 75%의 사용자에게는 보이고 25%의 사용자에게는 보이지 않게 실험을 설정해 보겠습니다.

▶ A/B 테스트는 2가지 이상의 상황 중 어떤 상황이 더 효과적인지를 비교하는 테스트 방식입니다.

먼저 파이어베이스 콘솔에 접속하고 오른쪽 메뉴에서 [Remote Config]를 선택합니다. 그리고 [A/B 테스트] 탭을 선택하고 〈원격 구성 실험 만들기〉 버튼을 클릭합니다.

다음 화면이 나오면 [실험 이름]과 [실험 설명] 아래에 다음처럼 해당 내용을 각각 적고 〈다음〉 버튼을 클릭합니다.

앱을 선택하고 얼마나 노출할지를 선택합니다. [25%]를 선택한 후 〈다음〉 버튼을 클릭합니다.

목표를 설정합니다. 사용자가 정의한 목표도 설정할 수 있는데, 여기서는 [유지(15일 이상)]를 선택했습니다. 원하는 목표를 설정하고 〈다음〉 버튼을 클릭합니다.

마지막으로 테스트 실험을 설정합니다. 리모트 컨피그에서 설정한 매개 변수를 지정하여 실험할 데이터를 변경합니다. 그리고 [값]에는 다르게 표시할 내용을 입력하고 〈검토〉 버튼을 누르면 A/B 테스트 실험 설정은 마무리됩니다. 여기서는 빈 값으로 설정했습니다.

앱을 내려받고 사용하는 사람의 25%는 앱바가 보이지 않을 것입니다. 이 실험으로 유지율 등을 보며 사용자를 분석하고 어떻게 구현하면 사용자가 더 편하게 사용할 수 있는지를 확인할 수 있습니다.

한걸음 더!

상용화 서비스에서는 A/B 테스트를 어떻게 활용하나요?

A/B 테스트는 상용화 서비스에서 아주 많이 사용합니다. 특히 1일 활성 사용자^{DAU}가 10만 명 이상인 앱이라면 A/B 테스트했을 때 효과가 좋습니다. 외부 요인이나 다른 요인으로 판단하기 어려울 때가 있는데, 모집단이 크다면 테스트할 때 외부 요인의 영향이 없다고 판단할 수 있는 근거가 됩니다.

카카오톡이나 토스처럼 사용자가 많은 서비스는 A/B 테스트로 새로운 서비스를 노출할지를 정하기도 하고, 광고 위치나 광고 내용도 이 테스트를 통해 사용자의 클릭을 유도할 수 있는 방법을 연구합니다.

04-4 실시간으로 서버에서 데이터 받기

지금까지는 JSON 데이터를 로컬에 저장해서 사용하는 방법을 익혔습니다. JSON 데이터를 이용하여 앱을 만들기도 하지만 새로운 심리 테스트가 계속 추가되는 앱의 특성상 내용을 자주 업데이트해야 합니다. 이를 위해 파이어베이스에 있는 실시간 데이터베이스^{Realtime}Database를 이용하여 심리 테스트 데이터를 가져오도록 변경해 보겠습니다.

Do it! 실습 실시간 데이터베이스 설정하기

실시간 데이터베이스를 사용하려면 먼저 사용 승인이 필요합니다. 파이어베이스 콘솔로 이동하여 〈데이터베이스 만들기〉 버튼을 클릭합니다.

데이터베이스 설정을 진행합니다. 첫 단계로 [실시간 데이터베이스 위치]를 미국으로 설정하고 〈다음〉 버튼을 클릭합니다 글로벌 서비스가 목표라면 위치를 미국으로 해야 속도도 빠르고 안정적입니다.

보안 규칙을 선택할 차례입니다. 기본은 [잠금 모드로 시작]으로 되어 있는데, 이는 '모든 데이터의 읽기와 쓰기를 지원하지 않는다'는 뜻이므로 여기서는 [테스트 모드에서 시작]을 선택합니다. 이어서 〈사용 설정〉 버튼을 클릭합니다. ▶ 테스트 모드는 30일 동안 적용합니다.

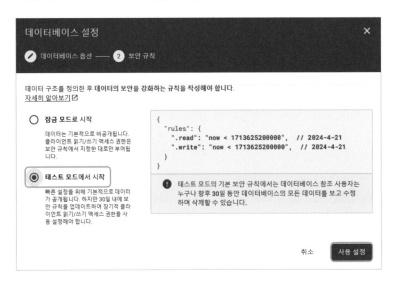

안드로이드 스튜디오의 프로젝트 창으로 돌아와 pubspec.yaml 파일을 열고 데이터베이스 패키지를 추가합니다.

• pubspec.yaml

```yaml
dependencies:
  flutter:
    sdk: flutter
  (... 생략 ...)
  firebase_database: ^10.2.5 ← 추가
```

마지막으로 〈Pub get〉 버튼을 클릭하면 실시간 데이터베이스를 사용할 준비가 모두 끝납니다.

한걸음 더! **파이어베이스 보안 규칙**

데이터베이스 또는 앞으로 배울 구글 클라우드를 기반으로 하는 NoSQL 데이터베이스인 파이어스토어Firestore, 콘텐츠 저장 서비스인 스토리지Storage는 인증을 거쳐 자신이 등록한 데이터만 사용하게 하거나 그 밖에 다양한 규칙rules을 설정할 수도 있습니다. 파이어베이스 보안 규칙은 다음 문서를 참고하세요.

▶ 파이어베이스 보안 규칙: https://firebase.google.com/docs/rules?hl=ko

Do it! 실습 코드에 데이터베이스 적용하기

이제 데이터베이스에 심리 테스트 데이터를 넣어볼까요? 심리 테스트를 추가할 때는 관리자 페이지를 이용하는 것이 정석이지만, 아직 웹이나 관리자 페이지를 구현하지 않았으므로 여기서는 빌드한 앱에서 바로 추가하는 방식으로 만들겠습니다. 나중에 앱을 출시할 때는 데이터 입력 부분을 주석 처리하면 됩니다.

mainlist_page.dart에 데이터를 추가하는 기능을 수행하는 플로팅 액션 버튼을 추가하겠습니다. floatingActionButton() 함수를 추가합니다.

• lib/main/mainlist_page.dart

```dart
import 'package:firebase_database/firebase_database.dart'; ← 추가
(... 생략 ...)
  future: loadAsset(),
), // FutureBuilder
floatingActionButton: FloatingActionButton( ← 추가
  child: const Icon(Icons.add),
  onPressed: () { },
), // floatingActionButton
(... 생략 ...)
```

해당 버튼을 클릭했을 때 데이터를 넣는 코드를 onPressed: () { } 안에 작성합니다.

• lib/main/mainlist_page.dart

```dart
(... 생략 ...)
floatingActionButton: FloatingActionButton(
  child: const Icon(Icons.add),
  onPressed: () {
    FirebaseDatabase database = FirebaseDatabase.instance; ← 추가
    DatabaseReference _testRef = database.ref('test');
    _testRef.push().set("""{
"title": "당신이 좋아하는 애완동물은?",
"question": "당신이 무인도에 도착했는데, 마침 떠내려온 상자를 열었을 때 보이는 이것은?",
"selects": [
  "생존 키트",
  "휴대폰",
  "텐트",
```

```
      "무인도에서 살아남기"
    ],
    "answer": [
      "당신은 현실주의! 동물은 안 키운다!!",
      "당신은 늘 함께 있는 걸 좋아하는 강아지",
      "당신은 같은 공간을 공유하는 고양이",
      "당신은 낭만을 좋아하는 앵무새"
    ]
}""");
            _testRef.push().set("""{
    "title": "5초 MBTI I/E 편",
    "question": "친구와 함께 간 미술관 당신이라면?",
    "selects": [
      "말이 많아짐",
      "생각이 많아짐"
    ],
    "answer": [
      "당신의 성향은 E",
      "당신의 성향은 I"
    ]
}""");
            _testRef.push().set("""{
    "title": "당신은 어떤 사랑을 하고 싶나요?",
    "question": "목욕을 할 때 가장 먼저 비누칠을 하는 곳은?",
    "selects": [
      "머리",
      "상체",
      "하체"
    ],
    "answer": [
      "당신은 자만추를 추천해요.",
      "당신은 소개팅에서 새로운 사람을 소개받는 걸 좋아합니다.",
      "당신은 길 가다가 우연히 지나친 그런 인연을 좋아합니다."
    ]
}""");
    },
), // FloatingActionButton
```

▶ 실행 결과

삼중 따옴표(""")를 사용하면 그 안에 입력한 대로 문자열을 만들 수 있습니다. 그러면 _test
Ref.push().set() 함수로 앞서 이용한 mbti.json, test1.json, test2.json 파일 내용을 데이
터베이스에 모두 넣습니다.

빌드한 후 오른쪽 아래에 있는 플로팅 버튼(+)을 클릭하면 실시간 데이터베이스에 다음 내
용이 추가된 것을 확인할 수 있습니다. 추가한 데이터가 test 문서 아래에 특정 해시값으로 저
장됩니다.

이제 데이터베이스를 읽어 화면에 표시해 볼까요? 실시간 데이터베이스를 사용하려면 먼저
FirebaseDatabase 클래스를 선언해야 합니다. _MainPage 클래스 안에서 다음과 같이 호출합
니다.

• lib/main/mainlist_page.dart

```
(... 생략 ...)
class _MainPage extends State<MainPage> {
  FirebaseDatabase database = FirebaseDatabase.instance;  ← 추가
  late DatabaseReference _testRef;
  late List<String> testList = List.empty(growable: true);
(... 생략 ...)
```

그리고 initState() 함수에서 _testRef 변수를 초기화해서 앱이 실행될 때 데이터베이스와
의 연결을 설정하고, 이후에 해당 데이터베이스에 대한 작업을 수행할 수 있도록 합니다.

• lib/main/mainlist_page.dart

```
(... 생략 ...)
@override
void initState() {
  super.initState();
  remoteConfigInit();
  _testRef = database.ref('test');  ← 추가
}
(... 생략 ...)
```

앞서 사용한 loadAsset() 함수도 다음과 같이 수정합니다. DatabaseReference 형식인 _test Ref에서 get() 함수로 데이터를 가져와 then() 핸들러 함수로 비동기 처리합니다. 이때 가져온 값을 value로 두는데, 데이터베이스 안에 있는 데이터이므로 여러 개의 데이터로 구성됩니다. 자식이라는 뜻의 children 속성으로 test 문서에 있는 모든 데이터를 가져와 testList에 추가합니다.

• lib/main/mainlist_page.dart

```dart
(... 생략 ...)
Future<List<String>> loadAsset() async {          ← 수정
  await _testRef.get().then((value) => value.children.forEach((element) {
      testList.add(element.value.toString());
    }));
  return testList;
}
(... 생략 ...)
```

testList에는 문자열 요소를 추가하므로, 이 값을 JSON 형식으로 디코딩하는 코드를 main list_page.dart 파일에 추가합니다.

• lib/main/mainlist_page.dart

```dart
(... 생략 ...)
Map<String, dynamic> list = jsonDecode(snapshot.data!);     ← 삭제
return ListView.builder(
  itemBuilder: (context, value) {
    Map<String, dynamic> item = jsonDecode(snapshot.data![value]);     ← 추가
    return InkWell(
      child: SizedBox(
        height: remoteConfig.getInt("item_height").toDouble(),
        child: Card(
          color: Colors.amber,
          child: Text(item['title'].toString()),
        ),
      ),
      onTap: () async {
        await FirebaseAnalytics.instance.logEvent(
          name: "test_click",
          parameters: {
            "test_name": item['title'].toString(),
```

```
        },
      ).then((result) {
        Navigator.of(context)
            .push(MaterialPageRoute(builder: (context) {
          return QuestionPage(question: item);
        }));
      });
    },
  ); },
  itemCount: snapshot.data!.length,
);
(... 생략 ...)
```

문자열을 Map 형식으로 변경하고 키를 이용하여 화면에 데이터를 표시합니다. 제목을 클릭했을 때 이동할 question_page.dart 파일의 QuestionPage 클래스와 _QuestionPage 클래스도 다음처럼 변경합니다.

• lib/sub/question_page.dart

```
(... 생략 ...)
class QuestionPage extends StatefulWidget {
  final Map<String, dynamic> question;   ← 수정
  const QuestionPage({super.key, required this.question});

  @override
  State<StatefulWidget> createState() {
    return _QuestionPage();
  }
}

class _QuestionPage extends State<QuestionPage> {
  String title = '';
  int selectNumber = -1;
  Future<String> loadAsset(String fileName) async {
    return await rootBundle.loadString('res/api/$fileName.json');   ← 삭제
  }
  @override
  void initState() {
    super.initState();
  }
```

```
@override  ←── 수정
Widget build(BuildContext context) {
  List<Widget> widgets = List<Widget>.generate(
      (widget.question['selects'] as List<dynamic>).length,
      (int index) => SizedBox(
          height: 100,
          child: Column(
            children: [
              Text(widget.question['selects'][index]),
              Radio(
                value: index,
                groupValue: selectNumber,
                onChanged: (value) {
                  setState(() {
                    selectNumber = index;
                  });
                })
            ],
          ),
        ));

  return Scaffold(
    appBar: AppBar(
      title: Text(title),
    ),
    body: Column(
      children: [
        Text(widget.question['question'].toString()),  ←── 수정
        Expanded(
          child: ListView.builder(
            itemCount: widgets.length,
            itemBuilder: (context, index) {
              final item = widgets[index];
              return item;
            },
          ),
        ),
        selectNumber == -1
            ? Container()
            : ElevatedButton(
                onPressed: () async {
```

```
          await FirebaseAnalytics.instance.logEvent(
            name: "personal_select",
            parameters: {"test_name": title, "select": selectNumber},
          ).then((result) => {
                Navigator.of(context).pushReplacement(
                    MaterialPageRoute(builder: (context) {
                    return DetailPage(
                        answer: widget.question['answer'][selectNumber],
                        question: widget.question['question']);   ← 수정
                  }))
                });
          },
          child: const Text('성격 보기'))
      ],
    ),
    future: loadAsset(widget.question),   ← 삭제
  );
 }
}
```

빌드하면 다음과 같은 UI 화면을 볼 수 있습니다. 그러나 이번에는 안에 저장한 JSON 파일이 아니라 실시간 데이터베이스에서 가져온 데이터를 이용했다는 점에 차이가 있습니다.

▶ 실행 결과

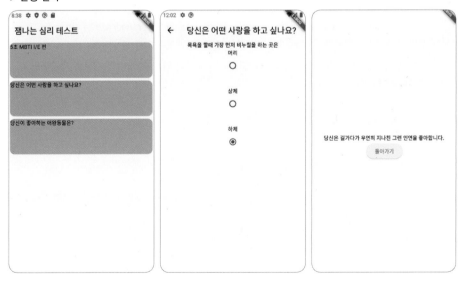

빌드했더니 dex 파일 오류가 발생하는데, 어떻게 하나요?

많은 패키지를 추가하다 보면 하나의 dex 파일로는 처리할 수 없다는 Multidex 지원 문제가 발생하곤 합니다. 이럴 때는 프로젝트 창에서 android/app/build.gradle 파일로 이동하여 다음 코드를 추가합니다.

• android/app/build.gradle

```
(... 생략 ...)
defaultConfig {
    applicationId "com.example.personality_test"
    minSdkVersion flutter.minSdkVersion
    targetSdkVersion flutter.targetSdkVersion
    versionCode flutterVersionCode.toInteger()
    versionName flutterVersionName
    multiDexEnabled true ← Multidex 지원을 활성화합니다.
}
(... 생략 ...)
```

또는 프로젝트 폴더 터미널(▶_)에서 `flutter run --debug` 명령으로 Multidex 지원을 설정할 수도 있습니다.

```
C:\ 명령 프롬프트                                          — □ ✕

project folder> flutter run --debug
(... 생략 ...)
Do you want to continue with adding multidex support for Android? [y¦n]: y
```

콘솔에 출력한 오류 메시지도 문제를 해결하는 데 도움이 되는 여러 가지 정보를 제공하므로 꼭 참고하세요.

04-5 인터넷이 연결되지 않을 때 처리 방법

비행기 모드 등 인터넷이 연결되지 않는 환경에서 앱을 실행할 때가 있습니다. 인터넷이 연결되면 파이어베이스나 서버 통신으로 데이터를 받을 수 있으나 그렇지 않다면 앱이 먹통이 될 수 있습니다. 우리가 만든 앱은 비행기 모드에서 실행하면 다음처럼 원형 진행 바만 돌아가는 상태가 표시됩니다. 따라서 인터넷이 안 될 때는 다른 방식으로 서비스를 제공하도록 합니다. 이번 절에서는 인터넷이 연결되지 않는 상황에서도 앱을 실행할 수 있도록 처리해 보겠습니다.

비행기 모드에서 앱 실행

Do it! 실습 ▶ 오프라인일 때 안내 메시지 띄우기

인터넷에 연결되었는지 확인하려면 플러터 플러그인을 사용합니다. connectivity_plus라는 패키지로, 다음 코드처럼 checkInternetConnection()를 활용하여 모바일 데이터나 와이파이가 연결되었는지 확인합니다.

```
void checkInternetConnection() async {
  var connectivityResult = await Connectivity().checkConnectivity();
  if (connectivityResult == ConnectivityResult.mobile ||
      connectivityResult == ConnectivityResult.wifi) {
    // 인터넷에 연결됨
  } else {
    // 인터넷에 연결되지 않음
  }
}
```

이 방법을 이용하여 오프라인일 때 앱이 작동하도록 처리해 볼까요? pubspec.yaml 파일에 connectivity_plus 패키지를 추가합니다. 그리고 〈Pub get〉 버튼으로 추가한 패키지를 가져옵니다.

```yaml
                                                        • pubspec.yaml
dependencies:
  flutter:
    sdk: flutter
  (... 생략 ...)
  connectivity_plus: ^4.0.2 ◄─── 추가
```

그런 다음, mainlist_page.dart 파일로 이동하여 loadAsset() 함수를 다음처럼 수정합니다. loadAsset() 함수는 인터넷 연결 상태를 확인하고, 연결되어 있을 경우 데이터베이스에서 데이터를 가져와서 testList에 추가하고, 연결되어 있지 않을 경우 사용자에게 알림을 표시합니다.

```dart
                                          • lib/main/mainlist_page.dart
import 'package:connectivity_plus/connectivity_plus.dart'; ◄─── 추가
(... 생략 ...)
Future<List<String>> loadAsset() async {
  var connectivityResult = await Connectivity().checkConnectivity(); ◄─── 수정
  if (connectivityResult == ConnectivityResult.mobile ||
      connectivityResult == ConnectivityResult.wifi) {
    await _testRef.get().then((value) => value.children.forEach((element) {
        testList.add(element.value.toString());
      }));
  } else { ◄─── 추가
    if (mounted) {
      showDialog(
        context: context,
        builder: (BuildContext context) {
          return AlertDialog(
            title: Text('심리 테스트 앱'),
            content: Text(
                '지금 인터넷에 연결되지 않아 심리 테스트 앱을 '
                    '사용할 수 없습니다. 나중에 다시 실행해 주세요.'),
          );
        },
      );
```

```
      }
    }
    return testList;
  }
(... 생략 ...)
```

이제 비행기 모드를 실행한 후 빌드하면 다음 화면이 나오는 것을 알 수 있습니다.

네트워크 유형 확인하기

금융 앱은 인터넷에 연결되지 않으면 사용할 수 있는 기능이 거의 없지만, 카카오톡 같은 앱은 로컬 데이터베이스를 이용해 기존 카카오톡 대화 내용을 확인할 수 있습니다. 요즘은 인터넷 속도도 빠르고 무제한 요금제를 사용하므로 큰 문제가 없지만, 예전에 3G일 때는 인터넷 속도와 용량 문제가 아주 큰 골칫거리이기도 했습니다. 게임도 와이파이 상태에서만 추가 데이터를 내려받게 처리하곤 했으니까요. 그만큼 와이파이가 연결되었는지를 확인하는 함수는 중요합니다.

플러터의 `connectivity_plus` 패키지를 이용하면 이 문제를 쉽게 처리할 수 있습니다. 다음 코드를 사용하면 네트워크 연결 상태를 확인하고 변경 사항을 감지할 수 있습니다.

```
final FirebaseRemoteConfig remoteConfig = FirebaseRemoteConfig.instance;

// Connectivity 클래스 생성하기
final Connectivity _connectivity = Connectivity();

// 네트워크 환경이 바뀔 때마다 알리도록 구독하기
StreamSubscription<ConnectivityResult> _connectivitySubscription;

// 선언한 클래스 초기화하기
@override
void initState() {
  super.initState();
  _connectivitySubscription =
      _connectivity.onConnectivityChanged.listen(_updateConnectionStatus);
}
```

```
// 상태가 바뀔 때마다 호출하는 함수
void _updateConnectionStatus(ConnectivityResult result) {
  switch (result) {
    case ConnectivityResult.wifi:
      // 와이파이일 때
      break;
    case ConnectivityResult.mobile:
      // 모바일 데이터(3G, 4G, 5G)일 때
      break;
    case ConnectivityResult.none:
      // 인터넷에 연결되지 않았을 때
      break;
    default:
      // 이 외의 상태일 때
      break;
  }
}
```

와이파이가 연결되었는지 쉽게 확인할 수 있습니다. 또한 connectivity_plus 패키지는 네트워크 유형을 확인하는 기능도 제공합니다. 예를 들어 다음 코드를 사용하면 현재 연결된 네트워크가 3G, 4G, 5G 등 어떤 것인지를 알 수 있습니다.

```
Future<void> _getNetworkType() async {
  // 네트워크 유형 가져오기
  NetworkType networkType = await _connectivity.getNetworkType();

  switch (networkType) {
    case NetworkType.wifi:        // 와이파이일 때
      break;
    case NetworkType.cellular_2g: // 2G일 때
      break;
    case NetworkType.cellular_3g: // 3G일 때
      break;
    case NetworkType.cellular_4g: // 4G일 때
      break;
    case NetworkType.cellular_5g: // 5G일 때
      break;
```

```
    case NetworkType.unknown:        // 알 수 없는 네트워크일 때
      break;
    default:
    // 이 외의 유형일 때
      break;
  }
}
```

이처럼 플러터 앱은 네트워크 유형에 따라 다른 동작을 수행할 수 있습니다. 예를 들어 네트워크 유형이 3G라면 추가 데이터를 내려받지 않고, 와이파이나 5G일 때만 내려받도록 처리할 수도 있습니다. connectivity_plus 패키지를 사용하면 플러터 앱의 네트워크 연결 상태와 유형을 쉽게 관리할 수 있습니다.

이로써 심리 테스트 앱의 기본 구조를 완성했습니다. 앱의 기능을 구현하는 것은 물론 상용화를 위한 여러 기능도 추가해 보았습니다. 이 앱을 발전시켜 출시하고 싶다면 다음 체크리스트를 활용해보세요. 이 체크리스트에 소개된 대부분의 기능은 이어지는 실습에서 배울 예정이니 이를 활용하면 상용화할 수 있는 여러분만의 심리테스트 앱을 완성할 수 있을 겁니다.

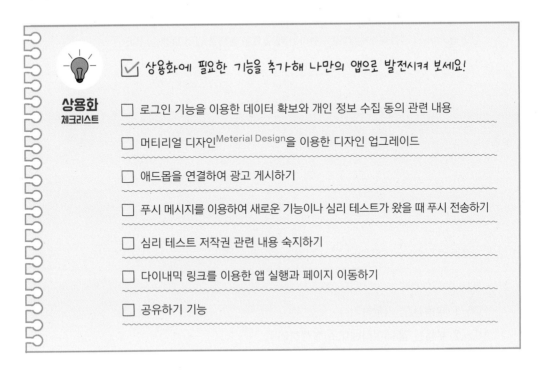

☑ 상용화에 필요한 기능을 추가해 나만의 앱으로 발전시켜 보세요!

상용화
체크리스트

☐ 로그인 기능을 이용한 데이터 확보와 개인 정보 수집 동의 관련 내용

☐ 머티리얼 디자인Meterial Design을 이용한 디자인 업그레이드

☐ 애드몹을 연결하여 광고 게시하기

☐ 푸시 메시지를 이용하여 새로운 기능이나 심리 테스트가 왔을 때 푸시 전송하기

☐ 심리 테스트 저작권 관련 내용 숙지하기

☐ 다이내믹 링크를 이용한 앱 실행과 페이지 이동하기

☐ 공유하기 기능

05

부동산 실거래가 조회 앱 만들기

애널리틱스 크래시리틱스 파이어스토어 클라우드 함수 구글 지도

이번 장에서는 부동산 관련 서비스 앱을 만들면서 다양한 플러터 기능을 살펴봅니다. 이를 통해 자신만의 서비스 강점을 살린 앱을 구현하는 데 필요한 능력을 길러 보겠습니다.

05-1 부동산 앱 기획하기

부동산은 언제나 많은 사람이 주목하는 분야입니다. 이에 따라 청약이나 부동산 관련 서비스나 앱이 많이 출시되었죠. 아파트 실거래가를 조회하는 앱인 '호갱노노'나 '네이버 부동산', '아실' 등 아파트, 빌라, 토지 경매 정보를 제공하는 앱이 인기를 끌었습니다.

각 서비스는 고유한 특징이 있어 차별화되었습니다. '호갱노노'는 전국 아파트 실거래가, 분양, 매매 정보를 통합해 편리하게 조회할 수 있었고, '네이버 부동산'은 공인 중개사가 직접 올린 실제 매물 정보를 모아 현재 거래 중인 가격을 비교할 수 있었습니다. 이처럼 서비스별로 강점을 잘 살려 다양한 정보를 제공했죠.

성공적인 앱 개발을 위해서는 자신만의 서비스 강점을 찾는 것이 중요합니다. 이번 절에서는 부동산 앱을 기획해 보겠습니다.

부동산 앱을 기획할 때는 다음과 같은 4단계를 거쳐야 합니다.

> ① 부동산 앱의 목적과 기능 정의하기
> ② 부동산 앱의 화면 구성과 흐름도 작성하기
> ③ 부동산 앱의 디자인 가이드라인 선정하기
> ④ 부동산 앱에 필요한 데이터 모델과 API 설계하기

하나씩 살펴보도록 할까요?

목적과 기능 정의하기

부동산 앱을 만들기 전에 먼저 어떤 앱이 있는지 시장 조사가 필요하겠죠? 다양한 앱이 시장에 나와있습니다. 다루는 종류도 아파트, 빌라, 상가, 토지로 다양하고, 거래 유형도 매매, 전세, 월세 등이 있습니다. 앱 사용자 중에는 사려는 사람과 팔려는 사람이 있고 이를 중개하는 사람도 있습니다. 따라서 개발하려는 앱의 목적과 대상을 명확히 정의하는 것이 중요합니다.

첫째, 부동산 앱의 차별화 요소를 고민해야 합니다. 어떤 서비스를 제공할지, 어떤 사용자의 요구를 충족시킬지, 어떤 가치를 전달할지 등을 정의해야 합니다.

둘째, 부동산 앱의 경쟁력을 분석해야 합니다. 부동산 앱이 시장에서 어떤 위치를 차지하는지, 각각의 앱이 어떤 강점과 약점이 있는지 등을 파악해야 합니다.

분석 방법의 하나로 SWOT 분석을 사용할 수 있습니다. SWOT 분석은 강점strengths, 약점 weaknesses, 기회opportunities, 위협threats을 각각 확인하여 전략을 수립하는 방법입니다. 예를 들어, 만들려는 부동산 앱의 강점이 실시간 매물 정보 제공이라면 특정 매물을 눈여겨보는 사용자에게 매력적일 겁니다.

플러터의 다양한 기능을 활용하여 부동산 앱을 제작하는 것을 바탕으로 SWOT 분석을 해보겠습니다. 간단한 SWOT 분석이지만, 이를 이용하여 전략을 세우고 어떤 서비스로 확장할지 등을 고민해 볼 수 있습니다. 이 장에서 만든 앱을 업그레이드하고자 한다면 꼭 SWOT 분석을 해보세요.

S	W
• 앱을 개발하며 전반적인 플러터 기능을 배울 수 있다. • 부동산 앱을 만들어 볼 수 있다.	• 상용화하려면 추가 기능이 필요하다.
O	T
• 플러터로 보기 좋은 디자인의 부동산 앱을 만들어 본다.	• 기능이 단순하여 단조로운 서비스가 되기 쉽다.

부동산 앱의 SWOT 분석

Do it! 실습 draw.io로 흐름도 그리기

이제 부동산 앱의 페이지 구성과 흐름도를 작성해 보겠습니다. 흐름도란 앱을 실행했을 때 어떤 흐름으로 작동하는지를 나타낸 간단한 그림입니다. 흐름도를 그리고 페이지를 구성하는 데 도움이 되는 몇 가지 도구를 소개하고 이를 이용해서 화면을 구체적으로 구성해 보겠습니다.

draw.io(app.diagrams.net)

무료로 사용할 수 있는 온라인 다이어그램 작성 도구입니다. 흐름도뿐만 아니라 ERD, UML, BPMN 등 다양한 다이어그램을 작성할 수 있습니다.

▶ 다이어그램(diagram)은 시각적으로 정보를 나타내어 시스템 구조, 프로세스, 상호 작용 등을 이해하고 문서화하는 도구입니다.

오븐(ovenapp.io)

무료로 사용할 수 있는 온라인 와이어프레임 작성 도구입니다. 카카오에서 만들어서 한글 지원이 탁월합니다. 와이어프레임을 활용하면 앱의 화면 구성과 흐름을 시각적으로 표현할 수 있습니다. 이를 통해 앱의 전반적인 설계와 기능을 미리 가늠해볼 수 있어 개발 과정에서 큰 도움이 됩니다.

▶ 와이어프레임(wireframe)이란 사용자 인터페이스나 기능을 단순한 선과 도형으로 나타낸 도표를 뜻합니다.

피그마(figma.com)

무료로 사용할 수 있는 온라인 UI/UX 디자인 도구입니다. 와이어프레임보다 더 세밀하고 현실적인 부동산 앱 화면을 디자인할 수 있습니다. 또한, 프로토타입 기능을 이용하여 부동산 앱의 흐름도를 실제로 작동하듯이 시뮬레이션할 수 있습니다.

여기서는 draw.io로 흐름도 구성해 보겠습니다. draw.io 웹 사이트에 접속합니다(https://app.diagrams.net). 처음 표시되는 화면은 다이어그램 저장 위치를 설정하는 부분으로, 여기서는 사용자 기기에 저장하겠습니다. [사용자 기기]를 선택하고 〈새로운 다이어그램 만들기〉 버튼을 클릭합니다.

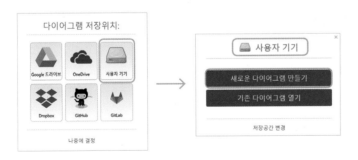

그러면 다이어그램 선택 화면이 나오는데, [새 다이어그램]을 선택하고 〈만들기〉 버튼을 클릭하면 다음과 같은 화면이 나옵니다.

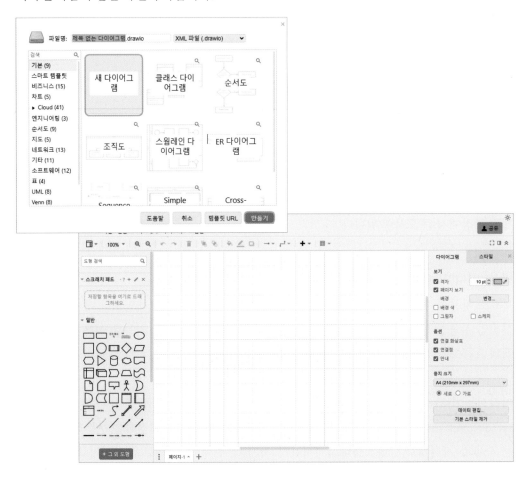

이제 이 화면 왼쪽에 있는 그리기 도구를 이용해서 화면을 그립니다. 다음은 간단히 그려본 부동산 실거래가 조회 앱의 흐름도입니다.

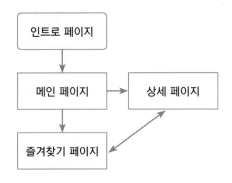

이번엔 앞에서 그린 흐름도를 기반으로 오븐을 이용해 화면을 구성해 보겠습니다. 먼저 오븐
웹 사이트에 접속합니다(https://ovenapp.io). 오른쪽 위 〈새 계정 만들기〉 버튼을 클릭하여 새
로운 계정을 만들고 로그인합니다.

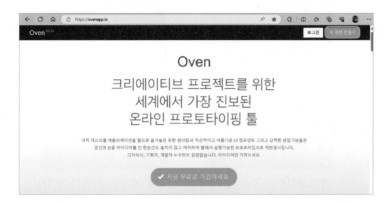

그리고 〈새로운 프로젝트 만들기〉 버튼을 클릭하여 필요한 내용을 입력합니다.

새로운 프로젝트를 만들고 해당 프로젝트를 선택하면 다음과 같은 화면이 나옵니다.

빈 캔버스 오른쪽에 있는 다양한 위젯을 이용해서 화면을 만들 수 있습니다. 앞에서 그린 기본적인 앱의 흐름도를 참고로 각각의 앱 화면을 그립니다.

인트로 페이지

이 페이지는 인터넷 연결 상태를 확인합니다. 온라인 상태라면 앱의 이름과 아이콘을 보여준 후, 2초 후에 메인 페이지로 자동 전환됩니다.

메인 페이지 — 지도 페이지

구글 지도 플랫폼을 이용하여 지도를 표시합니다.

상세 페이지1 — 필터 페이지

돋보기 아이콘을 터치하면 검색 필터를 표시하여 검색 조건을 설정합니다.

상세 페이지2 — 검색 결과 페이지

사용자 정의 아이콘을 이용하여 지도에 검색 결과를 표시합니다. 아이콘을 터치하면 자세한 내용을 확인할 수 있습니다.

즐겨찾기 페이지

자신의 즐겨찾기에 아파트를 등록합니다. 여기서는 로그인 상태라고 가정하고 즐겨찾기에 아파트를 저장해 봅니다.

메모를 이용하면 기능에 대한 설명을 추가할 수 있습니다. 다음은 인트로 페이지에 메모를 추가한 모습입니다.

인트로 페이지에서 인터넷 연결을 확인하고 2초 후 메인 페이지로 이동하는 로직을 만들어야 한다는 메모입니다. 기능뿐 아니라 오른쪽에서 왼쪽으로 2초 동안 움직이는 애니메이션을 추가하라는 UI 관련 메시지도 적을 수 있겠죠?

디자인 가이드라인을 위한 원칙 선정하기

디자인 가이드라인이란 디자인의 일관성을 유지하고 표준화하기 위한 문서로, 사용자 경험을 향상시키는 데 필요합니다. 부동산 앱을 디자인할 때 고려해야 할 원칙을 살펴보겠습니다. 부동산 앱은 사용자가 원하는 매물을 쉽고 빠르게 찾을 수 있어야 하며 상세 정보, 사진, 위치, 가격 등을 한눈에 볼 수 있어야 합니다. 또한, 사용자가 매물에 대해 문의하거나 예약할 수 있는 기능도 제공해야 합니다. 따라서 부동산 앱의 디자인 가이드라인은 다음 원칙을 따라야 합니다.

상호 작용성

사용자가 앱과 자연스럽게 상호 작용할 수 있도록 UI 요소를 설계해야 합니다. 예를 들어, 터치 동작을 위해 설계된 버튼, 슬라이더, 스위치 등을 사용하고 터치하기 쉬운 크기와 간격을 유지해야 합니다. 또한, 사용자가 원하는 정보를 쉽게 검색하고 필터링할 수 있도록 검색 바와 필터 옵션을 제공해야 합니다.

가독성

사용자가 텍스트를 확대하지 않고도 선명하게 볼 수 있도록 텍스트 크기와 색상, 배경, 간격 등을 고려해야 합니다. 예를 들어, 텍스트 크기는 11포인트 이상이며 서체 색상과 배경 간 대비가 명확해야 하고 행 높이와 문자 간격을 늘려 가독성을 높여야 합니다.

그래픽 명확성

선명하고 왜곡되지 않는 이미지를 제공하기 위해 고해상도 버전의 이미지 자원을 사용하고 의도한 가로세로 비율로 표시해야 합니다. 예를 들어, @2x 또는 @3x가 아닌 이미지는 레티나 디스플레이에서 흐릿하게 나타나므로 고해상도 버전을 제공해야 합니다. 또한, 이미지 크기나 비율을 마음대로 바꾸지 않고 원본 그대로 표시하는 것이 좋습니다.

콘텐츠 형식 지정

사용자가 콘텐츠를 한눈에 파악하고 이해할 수 있도록 적절한 형식과 구성으로 표시해야 합니다. 예를 들어, 매물의 상세 정보는 표나 목록과 같은 구조화된 형식으로 표시하고 중요한 정보는 굵은 글씨나 색상으로 강조합니다. 또한, 이동하고자 하는 버튼을 콘텐츠 가까이에 배치하여 읽기 쉬운 레이아웃을 생성해야 합니다.

다음은 애플이 제공하는 UI 디자인 기본 원칙의 예입니다.
이미지만 보아도 어떤 앱 레이아웃이 편한지 한눈에 알 수 있습니다. 간단하지만 꼭 지켜야 하는 디자인 가이드를 고민하면 좋은 앱을 만들 수 있습니다.

▶ 애플 UI 디자인 기본 원칙: https://developer.apple.com/kr/design/tips/

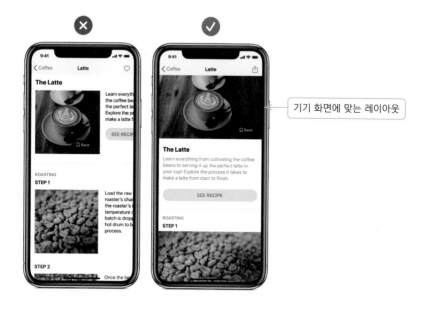

기기 화면에 맞는 레이아웃

05-2 부동산 앱 데이터베이스 설정하기

화면을 구성하고 흐름도를 작성했다면 필요한 데이터 모델과 API를 설계해 보겠습니다.

Do it! 실습 ▶ 부동산 데이터베이스와 데이터 모델 설정하기

부동산 앱에 사용할 데이터베이스를 구축해 보겠습니다. API를 활용하는 방법과 파일을 내려받아 데이터베이스를 직접 만드는 방법 2가지를 알아보겠습니다.

공공 API 사용하기

먼저 어떤 부동산 정보를 제공할지 결정해 볼까요? 부동산 관련 정보를 얻을 수 있는 곳으로는 공공 데이터 포털(https://data.go.kr)이 있습니다. 이 웹 사이트는 국가 데이터를 수집하고 이를 파일이나 API로 제공합니다. 부동산 정보는 정부에서 취합하는 데이터가 가장 정확하고 업데이트도 빠릅니다. 그래서 기본적으로 공공 데이터 포털의 정보를 바탕으로 각 회사가 데이터를 가공하여 부동산 정보를 제공합니다. 여기서는 아파트 데이터를 가져와 이를 가공해서 보여주도록 하겠습니다.

데이터 포털에 방문하여 검색창에 '부동산'이라고 입력하고 검색합니다.

다음과 같이 많은 데이터가 검색되는 것을 알 수 있습니다. 현재 전체 데이터 793건 중 파일 데이터 624건, 오픈 API 57건으로, 파일 데이터는 전체 데이터가 CSV, JSON, 엑셀 파일로 된 데이터입니다. 부처별, 월별, 분기별로 파일을 업데이트합니다. 이러한 파일 데이터를 사용하려면 데이터가 업데이트될 때마다 직접 내려받아 데이터베이스로 만들어야 합니다. 이와 달리 오픈 API를 이용하면 데이터를 실시간으로 가져올 수 있습니다. XML이나 JSON 형태인 데이터를 가져와 이를 분석하여 화면에 표시합니다.

"부동산"에 대해 총 793건이 검색되었습니다.

조건검색   초기화 ↻

| 분류체계 | 서비스유형 | 제공기관유형 | 확장자 |

국가중점데이터 분류 조건 추가하기 +   조건열기 ∨

| 전체(793건) | 파일데이터(624건) | 오픈 API(57건) | 표준데이터셋3건(112건) |

정확도순 ∨ 5개씩 ∨ 정렬

파일데이터 (624건)   더보기 >

국토관리 공공기관

HWP 국토연구원_부동산시장 소비심리 정보   미리보기
부동산 시장 소비자 심리지수는 부동산시장 소비자의 행태변화 및 민지수준을 설문조사를 통해 파악, 지수화한 부동산시장 소비심리지수입니다.

제공기관 국토연구원 수정일 2023-02-22 조회수 5054 다운로드 6169 주기성 데이터 122 키워드 부동산,주택시장,토지시장   ⬇ 다운로드

이제 이러한 데이터를 바탕으로 여러 데이터를 조합하여 새로운 서비스를 만들어 보겠습니다. 여기서는 간단한 부동산 앱에 사용할 데이터를 구상해 봅니다. 여기서는 서울시 열린데이터 광장에서 '서울시 부동산 실거래가 정보' 데이터를 이용하여 서울시에 있는 부동산 실거래 정보를 가져오고 찜 해둔 부동산의 정보를 조회할 수 있도록 하겠습니다.

▶ 서울시 부동산 실거래가: https://data.seoul.go.kr/dataList/OA-21275/S/1/datasetView.do

서울시 열린데이터 광장에 회원 가입을 한 후 '서울시 부동산 실거래가 정보' 페이지로 이동하여 〈인증키 신청〉을 클릭합니다.

신청 내용을 적는 난이 나오는데, 이곳에 필요한 내용을 적습니다. 사용 URL은 당장은 없으므로 임의로 적습니다. 그리고 개인 정보 수집 이용에 동의하고 〈인증키 신청〉 버튼을 클릭하면 발급된 인증 키를 확인할 수 있습니다.

인증 키는 다른 사람에게 노출되지 않도록 조심해야 합니다. 같은 인증 키로 너무 많이 호출하면 해당 키의 인증이 취소되거나 API 호출이 거절될 수 있습니다.

JSON 형식으로 샘플 페이지를 출력하면 다음과 같은 데이터를 확인할 수 있습니다.

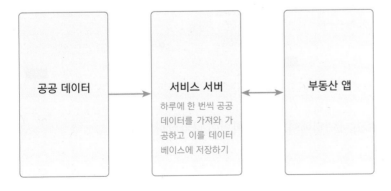

이 데이터를 가공하여 앱에서 사용할 데이터를 만들겠습니다. 부동산과 관련한 다른 공공 데이터를 공공 데이터 포털(https://data.go.kr)에서 가져와 처리해도 되지만, 데이터 대부분은 사용하기 전에 가공해야 합니다. 공공 데이터 정보 중 일부만 필요한 정보이며 그 외는 통신 부담만 생기는 쓸모없는 내용이기 때문입니다.

대부분 서비스는 다음과 같은 흐름도로 서비스를 제공합니다.

```
공공 데이터  →  서비스 서버  ↔  부동산 앱
                하루에 한 번씩 공공
                데이터를 가져와 가
                공하고 이를 데이터
                베이스에 저장하기
```

공공 데이터를 얼마나 잘 가공하는지에 따라 서버 사용량도 달라지는데, 특히 서버리스 시스템은 "사용량 = 비용"이므로 로직이나 모델을 잘 구성해야 합니다. 보통은 공공 데이터에서 매일 한 번씩 데이터를 가져와 **클라우드 함수**Functions를 이용해 서비스 서버에 있는 데이터베이스를 업데이트합니다. 여기서는 필자가 만든 데이터베이스를 사용하겠습니다.

앱에서 사용할 데이터베이스 가져오기

먼저 파이어스토어 데이터베이스를 만들어 볼까요? 파이어베이스 콘솔로 이동하여 [빌드] 메뉴를 열고 [Firestore Database]를 선택한 다음, 〈데이터베이스 만들기〉 버튼을 클릭합니다.

데이터베이스 설정을 진행합니다. 실시간 데이터베이스와 마찬가지로 위치는 미국으로 설정하고 보안 규칙은 [테스트 모드에서 시작]을 선택한 후 〈만들기〉를 클릭합니다.

만들기가 끝나면 파이어스토어 데이터베이스 관리 화면이 나타납니다.

오른쪽 〈Google Cloud의 추가 기능〉 버튼을 클릭하면 나
타나는 메뉴에서 [가져오기/내보내기]를 선택합니다.

그러면 다음과 같이 구글 클라우드 페이지가 열리면서 결
제를 사용 설정해야 한다는 메시지가 나타납니다.

여기서는 테스트 앱을 만들 예정이므로 결제 등록을 하도록 합니다. 왼쪽 위의 메뉴를 클릭하
고 [결제]를 선택하면 결제 계정이 없는 프로젝트라고 표시됩니다. 이제 결제 계정을 연결합
니다. 이미 결제 계정이 있다면 [결제 계정 연결]을 누르고, 없다면 [결제 계정 관리]를 클릭하
여 결제 계정을 만듭니다. ▶ 앱을 출시하여 사용량이 많아지면 등록한 신용 카드로 결제 비용이 청구됩니다.

〈결제 계정 추가〉 버튼을 클릭하고 표시된 페이지의 서비스 약관에 동의한 뒤 〈계속〉 버튼을 클릭하여 다음으로 이동합니다.

신용 카드 정보 입력 창이 나오면 필요한 정보를 입력하고 〈설정 완료〉를 클릭합니다. 그러면 다음과 같이 설정된 화면을 확인할 수 있습니다.

[결제] 메뉴로 돌아와 앞서 만든 결제 계정을 연결하고 〈계정 설정〉 버튼을 클릭합니다.

다시 [가져오기/내보내기] 메뉴를 선택하면 다음과 같은 화면을 확인할 수 있습니다.

이제 사용할 데이터를 가져오겠습니다. 데이터를 가져오려면 먼저 데이터 파일을 등록해야 합니다. 스토리지에서 파일을 가져와야 하므로 필자의 Git에 올려둔 데이터 파일(budongsan.overall_export_metadata)을 내려받아 스토리지에 올립니다.

스토리지 버킷을 처음 설정할 때는 다양한 질문을 하는데, 버킷 이름은 budongsan, 데이터 저장 위치는 us(미국의 멀티 리전)으로 선택하고 나머지는 다음 그림과 같이 적절히 선택하고 〈만들기〉 버튼을 클릭합니다.

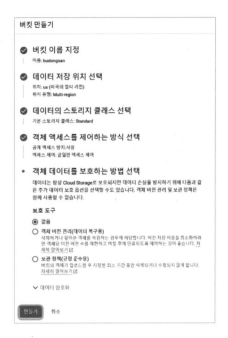

해당 폴더에서 〈파일 업로드〉 버튼을 누르면 파일을 올릴 수 있습니다. 이때 폴더 이름까지 정확해야 올바르게 데이터를 가져올 수 있습니다.

이어서 budongsan 폴더 안에 all_namespaces 폴더와 kind_cities 폴더를 만들고 다음처럼 3개의 파일을 업로드합니다.

이제 구글 클라우드로 이동하여 파이어스토어에서 [가져오기/내보내기]를 선택하고 스토리지에 올린 budonsan.overall_export_metadata 파일을 선택하여 데이터를 가져옵니다.

▶ 폴더 이름이나 파일 이름이 다르면 데이터를 가져오지 못하므로 조심하세요.

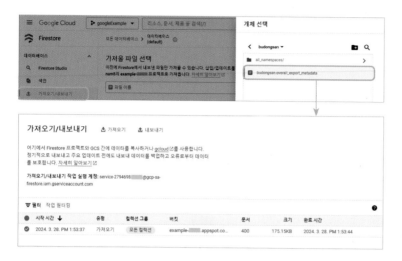

이후 파이어베이스 콘솔의 파이어스토어를 확인하면 가져온 데이터를 확인할 수 있습니다.

앱에서 직접 데이터를 호출하면 좋겠지만, 공공 데이터 특성상 많은 사람이 사용하다 보니 간혹 호출이 안 되거나 하루에 호출할 수 있는 횟수에 제한이 있기도 합니다. 그래서 한 번에 전체 파일을 내려받을 수 있는 CSV 파일 형태로 공공 데이터를 제공하기도 합니다. 이 파일을 내려받아 서버로 올리고 매일 조금씩 최신 데이터로 업데이트하는 방식으로 서버를 운영할 수 있습니다.

이런 식으로 서버에 데이터를 준비했다고 가정하고 앱을 만들겠습니다. 앱에서 사용할 아파트 데이터 구성은 다음과 같습니다.

필드	값
ALL_DONG_CO	아파트 동 수
ALL_HSHLD_CO	세대 수
CNT_PA	아파트 주차 대 수
KAPTMPAREA135	85~135㎡의 아파트 평형 수
KAPTMPAREA136	136㎡의 아파트 평형 수
KAPTMPAREA60	60㎡ 이하의 아파트 평형 수
KAPTMPAREA85	60~85㎡의 아파트 평형 수
Address	주소
Name	아파트 이름
position/geohash	아파트 위치 해시 정보
position/geopoint	아파트 위치 위도와 경도

여기서 geohash가 무엇인지 궁금할 겁니다. 이 값은 위도와 경도를 해시값으로 변환한 것으로, 다음 그림처럼 위치별로 영문자와 숫자를 지정하여 만든 값입니다.

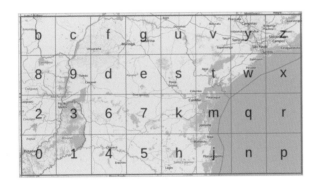

해시값을 알면 위치가 어디인지를 알 수 있습니다. 이 값을 쓰는 이유는 쿼리로 검색할 때 빠르기 때문입니다. 지도 중심부에서 근처에 있는 아파트를 검색하고 싶다면 geohash를 이용하여 데이터를 처리합니다. 이로써 부동산 앱에서 사용할 데이터 모델을 완성했습니다.

05-3 메인 페이지와 지도 검색 기능 구현하기

이 절에서는 앱의 메인 페이지를 만들어 보겠습니다. 이어서 부동산 앱에 구글 지도를 활용하고 파이어베이스를 이용해 현재 위치를 표현하는 방법도 알아봅니다.

Do it! 실습 ▶ 프로젝트 생성하고 크래시리틱스 설정하기

프로젝트를 생성하고 4장과 마찬가지로 파이어베이스를 추가합니다. 여기서는 프로젝트 이름에 'mybudongsan'이라 입력했고 앱에서 사용할 데이터는 앞 절의 실습에서 준비한 것을 사용합니다. 그리고 pubspec.yaml 파일에 사용할 패키지를 추가합니다.

• pubspec.yaml

```yaml
(... 생략 ...)
dependencies:
  flutter:
    sdk: flutter

  cupertino_icons: ^1.0.6
  firebase_core: ^2.27.1 ←── 추가
  firebase_analytics: ^10.4.3
  firebase_crashlytics: ^3.3.3
  firebase_ui_firestore: ^1.5.5
  connectivity_plus: ^4.0.2
(... 생략 ...)
```

오른쪽 위의 〈Pub get〉 버튼을 눌러 패키지를 가져온 다음, main.dart 파일을 열고 다음과 같이 파이어베이스를 설정합니다.

• lib/main.dart

```dart
import 'dart:ui';

import 'package:firebase_core/firebase_core.dart';
```

```dart
import 'package:firebase_crashlytics/firebase_crashlytics.dart';
import 'package:flutter/material.dart';
import 'package:mybudongsan/firebase_options.dart';

import 'intro/intro_page.dart';

void main() async {
  WidgetsFlutterBinding.ensureInitialized();
  await Firebase.initializeApp(options: DefaultFirebaseOptions.currentPlatform);
  runApp(const MyApp());

  FlutterError.onError = (errorDetails) {
    FirebaseCrashlytics.instance.recordFlutterError(errorDetails);
  };

  PlatformDispatcher.instance.onError = (error, stack) {
    FirebaseCrashlytics.instance.recordError(error, stack, fatal: true);
    return true;
  };
}

class MyApp extends StatelessWidget {
  const MyApp({super.key});

  @override
  Widget build(BuildContext context) {
    return MaterialApp(
      title: 'My 부동산',
      theme: ThemeData(
        colorScheme: ColorScheme.fromSeed(seedColor: Colors.deepPurple),
        useMaterial3: true,
      ),
      home: const IntroPage(),
    );
  }
}
```

먼저 비정상 종료를 기록하는 **크래시리틱스**^{Crashlytics} 살펴보겠습니다. 파이어베이스를 초기화하고 `FlutterrError.onError` 코드와 `PlatformmDispatcher.instance. onError` 코드를 넣어야 제대로 작동합니다. 이 코드는 에러가 발생했을 때 이를 크래시리틱스에 기록합니다. 테스트할 때는 다음과 같은 `throw` 코드를 이용합니다.

```
TextButton(
  onPressed: () => throw Exception(),
  child: const Text("Throw Test Exception"),
),
```

이때 구글 서비스가 등록된 스마트폰으로 실행해야 정상으로 로그를 기록합니다.
파이어베이스 콘솔의 메뉴에서 [Crashlytics]를 클릭했을 때 SDK를 추가하기 전이라면 다음과 같은 화면이 나타납니다.

하지만 빌드 후 버튼을 클릭하면 다음과 같은 기록이 표시됩니다.

문제와 버전, 이벤트, 사용자가 표시되는 것을 확인할 수 있습니다. 이벤트는 해당 오류가 발생한 빈도수이고 사용자는 이 오류가 발생한 사용자 수입니다. 안드로이

드는 제조사별, 운영 체제별로 버그 내용이 다르기도 합니다. 그래서 테스트할 때는 나오지 않았던 버그가 특정 기종에서나 특정 버전에서는 발생하기도 합니다.

iOS도 버전에 따른 버그가 있습니다. 잘못된 코드 탓에 모든 사용자에게 발생하는 버그는 바로 찾을 수 있지만, 버전이나 제조사별로 나오는 버그는 찾기 어려울 수 있으므로 크래시리틱스를 등록해야 합니다. 발생한 문제를 클릭하면 다음과 같이 자세한 내용을 확인할 수 있습니다.

언제 문제가 생겼고 어떤 기종에서 문제가 발생했으며 이 문제의 오류 코드는 다음과 같다고 설명합니다. 서비스 중인 앱이라면 오류를 확인하고 해당 코드로 이동하여 버그를 수정한 후 업데이트를 하는 식으로 처리합니다.

버그가 없는 앱은 기능이 없는 앱 밖에 없습니다. 다양한 기능을 추가하다 보면 그때부터는 버그가 생길 수밖에 없으므로 크래시리틱스를 활용해 지속적으로 버그를 모니터링하고 수정해야 합니다. 버그를 보고하는 크래시리틱스를 적용했으니 이제부터는 앱 코드를 작성해 볼까요?

Do it! 실습 ▶ 인트로 페이지와 필터 기능 만들기

앱의 시작 화면인 인트로 페이지와 부동산 검색을 위해 필요한 필터 버튼을 구현해 보겠습니다.

인트로 페이지 만들기

앱은 인트로 페이지부터 시작합니다. lib 아래에 intro 폴더를 만들고 이곳에 intro_page. dart 파일을 생성합니다. 인트로 페이지에서는 인터넷에 연결되었는지를 확인하여 온라인이 라면 앱 이름과 아이콘을 표시하고 2초 후에 메인 페이지로 이동합니다.

이 코드에서 새롭게 보이는 코드가 있는데, 바로 Future.delayed() 함수입니다. 이 함수는 정 해진 시간 이후에 지정한 코드를 동작하도록 하는 함수입니다. 여기서는 2초 후 구글 맵 페이 지로 이동하도록 했습니다. 왜 2초를 지연하는지 의문이 생길 수 있는데, Future.delayed() 함 수는 네트워크 통신이나 디스크 입출력처럼 오래 걸리는 작업을 할 때 유용하게 사용할 수 있 습니다.

• lib/intro/intro_page.dart

```dart
import 'dart:async';

import 'package:connectivity_plus/connectivity_plus.dart';
import 'package:flutter/material.dart';
import 'package:mybudongsan/map/map_page.dart';

class IntroPage extends StatefulWidget {
  const IntroPage({super.key});

  @override
  State<StatefulWidget> createState() {
    return _IntroPage();
  }
}

class _IntroPage extends State<IntroPage> {
  @override
  Widget build(BuildContext context) {
    return Scaffold(
      body: FutureBuilder(
        builder: (context, snapshot) {
          switch (snapshot.connectionState) {
            case ConnectionState.active:
              return const Center(
                child: CircularProgressIndicator(),
              );
```

```dart
    case ConnectionState.done:
      if (snapshot.data != null) {
        if (snapshot.data!) {
          Future.delayed(const Duration(seconds: 2), () {
            Navigator.of(context)
                .pushReplacement(MaterialPageRoute(builder: (context) {
              return const MapPage();
            }));
          });
          return const Center(
            child: Column(
              mainAxisAlignment: MainAxisAlignment.center,
              children: [
                Text(
                  'My 부동산',
                  style: TextStyle(fontSize: 50),
                ),
                SizedBox(
                  height: 20,
                ),
                Icon(
                  Icons.apartment_rounded,
                  size: 100,
                )
              ],
            ),
          );
        } else {
          return const AlertDialog(
            title: Text('My 부동산'),
            content: Text('지금 인터넷에 연결되지 않아 부동산 앱을 '
                '사용할 수 없습니다. 나중에 다시 실행해 주세요.'),
          );
        }
      } else {
        return const Center(
          child: Text('데이터가 없습니다.'),
        );
      }
```

2초 후 맵 페이지로 이동합니다.

```
                case ConnectionState.waiting:
                  return const Center(
                    child: CircularProgressIndicator(),
                  );
                case ConnectionState.none:
                  return const Center(
                    child: Text('데이터가 없습니다.'),
                  );
              }
            },
            future: connectCheck(),
          ),
        );
      }

      Future<bool> connectCheck() async {
        var connectivityResult = await Connectivity().checkConnectivity();
        if (connectivityResult == ConnectivityResult.mobile ||
            connectivityResult == ConnectivityResult.wifi) {
          return true;
        } else {
          return false;
        }
      }
    }
```

지금은 **MapPage** 클래스가 없어서 오류가 발생하므로 lib 아래에 map 폴더를 만들고 이곳에 map_page.dart 파일을 생성합니다. 그런 다음, **StatefulWidget**을 상속받는 **MapPage** 클래스를 만듭니다.

• lib/map/map_page.dart

```
import 'package:flutter/cupertino.dart';
import 'package:flutter/material.dart';

class MapPage extends StatefulWidget {
  const MapPage({super.key});
```

```
    @override
    State<StatefulWidget> createState() {
      return _MapPage();
    }
  }


  class _MapPage extends State<MapPage> {

  }
```

이곳에 앞서 기획했던 내용을 추가해 보겠습니다. 먼저 _MapPage 클래스에 사용자 인터페이스 부분을 그려줍니다.

• lib/map/map_page.dart

```
(... 생략 ...)
class _MapPage extends State<MapPage> {
  int currentItem = 0;

  @override
  void initState() {
    super.initState();
  }

  @override
  Widget build(BuildContext context) {
    return Scaffold(
      appBar: AppBar(
        title: const Text('My 부동산'),
        actions: [IconButton(onPressed: () {}, icon: const Icon(Icons.search))],
      ),
      drawer: Drawer(
        child: ListView(
          padding: EdgeInsets.zero,
          children: [
            const DrawerHeader(
              decoration: BoxDecoration(
                color: Colors.blue,
```

```
            ),
          child: Column(
            crossAxisAlignment: CrossAxisAlignment.start,
            children: [
              Text(
                '홍길동',
                style: TextStyle(
                  fontSize: 20.0,
                  fontWeight: FontWeight.bold,
                  color: Colors.white,
                ),
              ),
              Text(
                'hong@gmail.com',
                style: TextStyle(
                  fontSize: 16.0,
                  color: Colors.white,
                ),
              ),
            ],
          ),
        ),
        ListTile(
          title: const Text('내가 선택한 아파트'),
          onTap: () {},
        ),
        ListTile(
          title: const Text('설정'),
          onTap: () {},
        ),
      ],
    ),
  ),
),
body: currentItem == 0 ? Container() : ListView(),
bottomNavigationBar: BottomNavigationBar(
  currentIndex: currentItem,
  onTap: (value) {
    setState(() {
```

```
          currentItem = value;
        });
      },
      items: const [
        BottomNavigationBarItem(
          label: 'map',
          icon: Icon((Icons.map)),
        ),
        BottomNavigationBarItem(
          label: 'list',
          icon: Icon((Icons.list)),
        ),
      ],
    ),
    floatingActionButton: FloatingActionButton.extended(
      onPressed: () {},
      label: const Text('이 위치로 검색하기'),
    ),
  );
  }
}
```

앱을 빌드하고 실행하면 메인 페이지를 확인할 수 있습니다. 앱바에는 서랍 버튼과 검색 버튼을 만들었습니다. 서랍을 선언하면 앱바에 자동으로 메뉴 버튼이 표시됩니다.

actions를 이용하여 메인 메뉴에 버튼을 추가할 수 있는데, 버튼 하나 정도 추가하도록 UI를 구성합니다.

▶ 실행 결과

이때 너무 많은 버튼 데이터를 넣어 화면을 벗어나면 다음과 같은 경고 그림이 표시됩니다.

Drawer()의 DrawerHeader()는 꼭 써야 하는 위젯은 아니지만, 서랍 메뉴에 사용자를 표시하거나 앱의 브랜드를 강조하거나 다른 디자인 요소를 추가하는 등의 목적으로 사용할 수 있습니다. DrawerHeader() 위젯은 다른 위젯과 조합하여 다양한 형태로 사용자 정의할 수 있습니다. 아래의 BottomNavigationBar() 위젯은 앱 아래에 탭을 표시하여 탭 사이를 전환하는 기능을 제공합니다. 이렇게 하면 사용자가 앱의 주요 기능에 쉽게 접근할 수 있습니다.

필터 만들기

이제 검색을 위한 필터 관련 코드를 작성해 보겠습니다. 여기서는 아파트 동, 세대 수, 차량 수 등 3가지를 필터로 적용합니다. 그러려면 변수를 지정할 클래스가 필요하며 대화 상자도 만들어야 합니다.

먼저 3가지 변수를 지정할 클래스를 만들겠습니다. map 폴더 아래에 map_filter.dart 파일을 만들고 다음과 같이 작성합니다.

• lib/map/map_filter.dart

```
class MapFilter {
  String? buildingString = '1';
  String? peopleString = '0';
  String? carString = '1';
}
```

다음은 필터 대화 상자를 표시해 보겠습니다. map 폴더 아래에 map_filter_dialog.dart 파일을 만들고 다음과 같이 작성합니다.

• lib/map/map_filter_dialog.dart

```
import 'package:flutter/material.dart';

import 'map_filter.dart';

class MapFilterDialog extends StatefulWidget {
  final MapFilter mapFilter;
  const MapFilterDialog(this.mapFilter, {super.key});
```

```dart
      @override
  State<StatefulWidget> createState() {
    return _MapFilterDialog();
  }
}

class _MapFilterDialog extends State<MapFilterDialog> {
  late MapFilter mapFilter;

  final List<DropdownMenuItem<String>> _buildingDownMenuItems = [
    const DropdownMenuItem<String>(
      value: '1',
      child: Text('1동'),
    ),
    const DropdownMenuItem<String>(value: '2', child: Text('2동')),
    const DropdownMenuItem<String>(value: '3', child: Text('3동 이상'))
  ];
  final List<DropdownMenuItem<String>> _peopleDownMenuItems = [
    const DropdownMenuItem<String>(
      value: '0',
      child: Text('전부'),
    ),
    const DropdownMenuItem<String>(
      value: '100',
      child: Text('100세대 이상'),
    ),
    const DropdownMenuItem<String>(
      value: '300',
      child: Text('300세대 이상'),
    ),
    const DropdownMenuItem<String>(
      value: '500',
      child: Text('500세대 이상'),
    )
  ];
  final List<DropdownMenuItem<String>> _carDownMenuItems = [
    const DropdownMenuItem<String>(
      value: '1',
      child: Text('세대별 1대 미만'),
    ),
    const DropdownMenuItem<String>(
```

```dart
      value: '2',
      child: Text('세대별 1대 이상'),
    )
  ];

  @override
  void initState() {
    super.initState();
    mapFilter = widget.mapFilter;
    mapFilter.buildingString = _buildingDownMenuItems.first.value;
    mapFilter.peopleString = _peopleDownMenuItems.first.value;
    mapFilter.carString = _carDownMenuItems.first.value;
  }

  @override
  Widget build(BuildContext context) {
    return AlertDialog(
      title: Text('My 부동산'),
      content: SizedBox(
        height: 300,
        child: Column(
          children: [
            Padding(
              padding: const EdgeInsets.all(10),
              child: DropdownButton(
                items: _buildingDownMenuItems,
                onChanged: (value) {
                  setState(() {
                    mapFilter.buildingString = value!;
                  });
                },
                value: mapFilter.buildingString,
              ),
            ),
            Padding(
              padding: const EdgeInsets.all(10),
              child: DropdownButton(
                items: _peopleDownMenuItems,
                onChanged: (value) {
```

```dart
              setState(() {
                mapFilter.peopleString = value!;
              });
            },
            value: mapFilter.peopleString,
          ),
        ),
      Padding(
        padding: const EdgeInsets.all(10),
        child: DropdownButton(
          items: _carDownMenuItems,
          onChanged: (value) {
            setState(() {
              mapFilter.carString = value!;
            });
          },
          value: mapFilter.carString,
        ),
      ),
      Row(
        mainAxisAlignment: MainAxisAlignment.center,
        children: [
          ElevatedButton(
              onPressed: () {
                Navigator.of(context).pop(mapFilter);
              },
              child: Text('확인')),
          ElevatedButton(
              onPressed: () {
                Navigator.of(context).pop();
              },
              child: Text('취소')),
        ],
      )
    ],
  ),
  ),
  );
}
}
```

맵 페이지를 표시하는 map_page.dart 파일에도 대화 상자를 추가합니다.

• lib/map/map_page.dart

```dart
import 'map_filter.dart';          ← 추가
import 'map_filter_dialog.dart';
(... 생략 ...)
class _MapPage extends State<MapPage> {
  int currentItem = 0;
  MapFilter mapFilter = MapFilter();    ← 추가
(... 생략 ...)
appBar: AppBar(
  title: const Text('My 부동산'),
  actions: [
    IconButton(
        onPressed: () async {       ← 수정
          var result = await Navigator.of(context)     ← 추가
              .push(MaterialPageRoute(builder: (context) {
            return MapFilterDialog(mapFilter);
          }));
          if (result != null) {
            mapFilter = result as MapFilter;
          }
        },
        icon: const Icon(Icons.search))
  ],
),
```

▶ 실행 결과

AppBar()에서 설정했던 검색 버튼(🔍)을 터치하면 설정된 mapFilter값을 전달하며 MapFilterDialog()에서 설정값을 반환하면 그 값을 이용하여 필터를 설정하고 저장하는 UI입니다.

빌드하면 다음과 같은 필터 대화 상자 화면을 볼 수 있습니다.

이번에는 이 필터 대화 상자를 이용하여 구글 지도에서 화면에 표시할 아파트를 마커 형태로 나타내 보겠습니다.

Do it! 실습 ▶ 구글 지도 마커 적용하기

map_page.dart에 구글 지도를 구현하려면 먼저 패키지를 추가해야 합니다. pubspec.yaml 파일을 열고 다음과 같이 패키지를 추가합니다.

```
• pubspec.yaml

(... 생략 ...)
google_maps_flutter: ^2.3.1
(... 생략 ...)
```

구글 지도 서비스를 이용하려면 API 키가 있어야 하는데, 이는 구글 클라우드 플랫폼 웹 사이트에서 관리합니다. 구글 지도 플랫폼Google Maps Platform에 접속합니다(https://mapsplatform.google.com).

자신의 구글 아이디로 로그인하면 계정 설정 1단계인 계정 정보 입력 창이 나타납니다. 서비스 약관에 동의하고 〈계속〉 버튼을 클릭합니다.

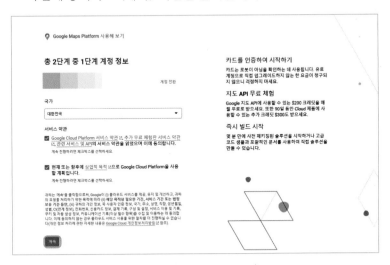

2단계에서는 이름과 전화번호 등 개인 정보를 입력하고 〈계속〉을 클릭합니다.

마지막으로 결제 정보를 입력하고 〈무료로 시작하기〉 버튼을 클릭하면 바로 사용할 수 있는
API 키를 표시합니다.

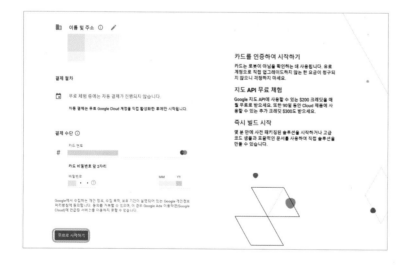

API 키는 복사하여 따로 보관하고 〈GOOGLE MAPS PLATFORM으로 이동〉을 선택해 구글
맵스 플랫폼 콘솔로 이동합니다.

구글 지도 API에 사용할 수 있는 크레딧 매월 $200와 90일 동안 구글 클라우드 제품에 사용할 수 있는 크레딧 $300를 활용하면 지도 API를 무료로 사용할 수 있습니다. 이 크레딧을 넘는 비용이 발생하면 등록한 신용 카드로 비용을 청구하니 주의하세요.

▶ 개인 프로젝트나 소규모 프로젝트라면 비용이 발생할 정도의 사용량에 이르지는 않으므로 걱정하지 않아도 됩니다. 아울러 등록한 결제 계정 정보는 언제든 삭제할 수도 있습니다.

이제 안드로이드 스튜디오의 프로젝트로 돌아와 AndroidManifest.xml 파일로 이동하여 조금 전에 복사한 API 키를 구글 지도 API 키 자리에 입력합니다.

• android/app/src/main/AndroidManifest.xml

```
</application
(... 생략 ...)
    <meta-data    ← 추가
        android:name="com.google.android.geo.API_KEY"
        android:value="구글 지도 API 키"/>    ← 이곳에 API 키 문자열을 입력합니다.
</application>
```

이제 구글 지도를 띄워 볼까요? map_page.dart 파일에 다음 코드를 추가로 입력하도록 합니다.

• lib/map/map_page.dart

```
import 'dart:async';    ← 추가
(... 생략 ...)
import 'package:google_maps_flutter/google_maps_flutter.dart';    ← 추가
(... 생략 ...)
MapFilter mapFilter = MapFilter();
```

```
final Completer<GoogleMapController> _controller = ←── 추가
    Completer<GoogleMapController>();

Map<MarkerId, Marker> markers = <MarkerId, Marker>{};

static const CameraPosition _googleMapCamera = CameraPosition(
  target: LatLng(37.571320, 127.029403),
  zoom: 15,
);
(... 생략 ...)
@override
Widget build(BuildContext context) {
(... 생략 ...)
      body: currentItem == 0 ←── body: 수정
        ? GoogleMap(
            mapType: MapType.normal,
            initialCameraPosition: _googleMapCamera,
            onMapCreated: (GoogleMapController controller) {
              _controller.complete(controller);
            },
            markers: Set<Marker>.of(markers.values),
          )
        : ListView(),
(... 생략 ...)
}
```

▶ 실행 결과

구글 지도를 사용하기 위해서는 몇 가지 설정과 초기화 과정을 거쳐야 합니다. 위 코드에서 mapType으로 맵 형태를 설정하고 initialCameraPostion값으로 앱을 열었을 때 사용자에게 보일 위치를 설정합니다. 그리고 맵이 생성되었을 때 확대, 축소 등 상호 작용할 수 있는 컨트롤러와 맵의 특정 위치를 나타내기 위한 markers값을 등록해야 합니다. 우선은 대한민국 중심으로 초기 위치를 설정하고 마커는 등록한 뒤 이어서 추가하겠습니다.

빌드하면 다음 같은 화면이 표시됩니다.

해당 기능을 사용할 수 있는 최소 SDK 버전보다 낮은 기기를 사용 중이라면 `minSdkVersion` 때문에 오류가 발생할 수 있습니다. 이럴 때는 다음과 같은 방법으로 해결할 수 있습니다. 먼저 프로젝트에서 android/app 폴더의 build.gradle 파일을 열고 앱을 실행하는 데 필요한 최소 API 수준을 지정하는 `minSdkVersion` 변수를 찾습니다. 그리고 이를 20으로 변경합니다.

```
                                                          • android/app/build.gradle
(... 생략 ...)
defaultConfig {
    applicationId "com.example.mybudongsan"
    minSdkVersion 20  ←──┤ 최소 API 수준을 20으로 변경합니다. │
    targetSdkVersion flutter.targetSdkVersion
    versionCode flutterVersionCode.toInteger()
    versionName flutterVersionName
    multiDexEnabled true
}
(... 생략 ...)
```

Do it! 실습 ▶ 현재 위치 가져와서 파이어베이스 데이터 호출하기

이번 실습에서는 지도의 중심 위치를 확인하고 파이어스토어에서 데이터를 가져오는 함수를 만들겠습니다. 먼저 pubspec.yaml 파일로 이동하여 패키지를 추가합니다.

```
                                                                  • pubspec.yaml
(... 생략 ...)
dart_geohash: ^2.0.2
cloud_firestore: ^4.8.3
rxdart: ^0.27.7
(... 생략 ...)
```

`dart_geohash`는 지도 해시값을 읽고 쓸 수 있도록 하는 패키지이고, `cloud_firestore`는 파이어스토어에서 데이터를 가져올 때 사용하는 패키지입니다. 참고로, `rxdart`는 `Stream`과 `StreamController` 클래스를 확장한 패키지입니다.

`rx`는 리액티브 프로그래밍을 뜻하며 이는 비동기 데이터 스트림을 다루는 프로그래밍 방식입니다. 데이터 변화를 관찰할 수 있는 컴포넌트로 만들고 변화가 발생할 때마다 처리할 수

있도록 합니다. 다트에서는 스트림^{stream}이 그 역할을 맡는데, rxdart 패키지는 이를 리액티브 프로그래밍을 접해본 사람이 쉽게 사용할 수 있도록 바꿔준 것으로 이해하면 됩니다. floatingActionButton()에 만들었던 버튼의 onPress에서 _searchApt() 함수를 호출하도록 하고 함수를 다음과 같이 만들어 줍니다. map_page.dart 파일에서는 geoFire라는 클래스를 사용하므로 필자가 제공하는 파일을 내려받아 geoFire 폴더를 lib 폴더에 복사하고 이후 코드를 작성하세요.

• lib/map/map_page.dart

```
import 'package:cloud_firestore/cloud_firestore.dart';   ← 추가
(... 생략 ...)
import '../geoFire/geoflutterfire.dart';   ← 추가
import '../geoFire/models/point.dart';
(... 생략 ...)
class _MapPage extends State<MapPage> {
  (... 생략 ...)
  Completer<GoogleMapController> _controller =   ← 수정
  Completer<GoogleMapController>();

  Map<MarkerId, Marker> markers = <MarkerId, Marker>{};

  MarkerId? selectedMarker;   ← 추가
  BitmapDescriptor markerIcon = BitmapDescriptor.defaultMarker;

  late List<DocumentSnapshot> documentList =   ← 추가
      List<DocumentSnapshot>.empty(growable: true);

(... 생략 ...)
@override
void initState() {
```

```
    super.initState();
  addCustomIcon();  ←──[추가]
}


void addCustomIcon() {  ←──[함수 추가]
  BitmapDescriptor.fromAssetImage(
          const ImageConfiguration(), "res/images/apartment.png")
      .then(
    (icon) {
      setState(() {
        markerIcon = icon;
      });
    },
  );
}


Future<void> _searchApt() async {
  final GoogleMapController controller = await _controller.future;
  final bounds = await controller.getVisibleRegion();
  LatLng centerBounds = LatLng(
    (bounds.southwest.latitude + bounds.northeast.latitude) / 2,
    (bounds.southwest.longitude + bounds.northeast.longitude) / 2,
  );
  final aptRef = FirebaseFirestore.instance.collection('cities');
  final geo = Geoflutterfire();
  GeoFirePoint center = geo.point(
      latitude: centerBounds.latitude, longitude: centerBounds.longitude);


  double radius = 1;
  String field = 'position';


  Stream<List<DocumentSnapshot>> stream = geo
      .collection(collectionRef: aptRef)
      .within(center: center, radius: radius, field: field);


  stream.listen((List<DocumentSnapshot> documentList) {
    this.documentList = documentList;
    drawMarker(documentList);
```

```dart
      });
  }

  drawMarker(List<DocumentSnapshot> documentList) {
    if (markers.isNotEmpty) {
      List<MarkerId> markerIds = List.of(markers.keys);
      for (var markerId in markerIds) {
        setState(() {
          markers.remove(markerId);
        });
      }
    }

    for (var element in documentList) {
      var info = element.data()! as Map<String, dynamic>;
      if (selectedCheck(info, mapFilter.peopleString, mapFilter.carString,
          mapFilter.buildingString)) {
        MarkerId markerId = MarkerId(info['position']['geohash']);
        Marker marker = Marker(
          markerId: markerId,
          infoWindow: InfoWindow(
              title: info['name'], snippet: '${info['address']}', onTap: () {}),
          position: LatLng((info['position']['geopoint'] as GeoPoint).latitude,
              (info['position']['geopoint'] as GeoPoint).longitude),
          icon: markerIcon,
        );
        setState(() {
          markers[markerId] = marker;
        });
      }
    }
  }

  bool selectedCheck(Map<String, dynamic> info, String? peopleString,
      String? carString, String? buildingString) {
    final dong = info['ALL_DONG_CO'];
    final people = info['ALL_HSHLD_CO'];
    final parking = people / info['CNT_PA'];
```

```
       if (dong >= int.parse(buildingString!)) {
         if (people >= int.parse(peopleString!)) {
           if (carString == '1') {
             if (parking < 1) {
               return true;
             } else {
               return false;
             }
           } else {
             if (parking >= 1) {
               return true;
             } else {
               return false;
             }
           }
         } else {
           return false;
         }
       } else {
         return false;
       }
     }
     (... 생략 ...)
     floatingActionButton: FloatingActionButton.extended(
       onPressed: _searchApt,  ←— 수정
       label: const Text('이 위치로 검색하기'),
     ),
```

지도의 중심 위치를 확인하고 Geoflutterfire()로 파이어스토어에 있는 데이터를 가져옵니다. radius값이 클수록 좀 더 작은 범위의 지도를 탐색합니다. 지도를 탐색하고 나서 Stream을 이용하여 documentList에 데이터를 추가하고 마커를 그립니다. 이때 마커는 사용자 정의 마커가 필요합니다. 기본 마커는 다음과 같습니다.

기본 마커

하지만, 여기서는 아파트를 표시해야 하므로 기본 마커 대신에 flaticon.com에서 내려받은 새로운 마커(res/images/apartment.png)를 사용하겠습니다. 그러므로 markerIcon이라는 변수를 초기화하는 함수를 initState() 함수에서 호출하여 사용합니다.

여기에서
사용할 마커

오피스텔, 아파트, 빌라 등 종류별로 다른 마커를 사용하고 싶다면 마커를 먼저 선언하고 종류에 따라 마커를 표시하면 됩니다. 이때 중요한 것이 markerId로, 이 값은 고유해야 합니다. 중복된 ID가 있으면 마커 하나만 인식하기 때문입니다. 그래서 markerId는 geohash를 이용하여 구현했습니다.

```
MarkerId markerId = MarkerId(info['position']['geohash']);
Marker marker = Marker(
  markerId: markerId,
```

pubspec.yaml 파일에 마커 이미지 자원을 추가하고 빌드한 후 〈이 위치로 검색하기〉 버튼을 클릭하면 다음과 같이 아파트가 표시되는 것을 확인할 수 있습니다.

▶ 실행 결과

목록으로 나타내기

이제 지도에 표시한 내용을 목록으로 구현해 보겠습니다. body의 ListView()를 다음 코드처럼 ListView.builder()로 변경합니다.

• lib/map/map_page.dart

```
(... 생략 ...)
body: currentItem == 0
    ? GoogleMap(
        (... 생략 ...)
      )
```

```
    : ListView.builder( ←─ 수정
        itemBuilder: (context, value) {
          Map<String, dynamic> item =
              documentList[value].data() as Map<String, dynamic>;
          return InkWell(
            child: Card(
              child: ListTile(
                leading: const Icon(Icons.apartment),
                title: Text(item['name']),
                subtitle: Text(item['address']),
                trailing: const Icon(Icons.arrow_circle_right_sharp),
              ),
            ),
            onTap: () {},
          );
        },
        itemCount: documentList.length,
      ),
(... 생략 ...)
```

그리고 bottomNavigationBar()의 onTap에 지도를 클릭했을 때 MapController를 초기화하는 함수 호출을 추가합니다.

• lib/map/map_page.dart

```
(... 생략 ...)
bottomNavigationBar: BottomNavigationBar(
  currentIndex: currentItem,
  onTap: (value) {
    if (value == 0) { ←─ 추가
      _controller = Completer<GoogleMapController>();
    }
    setState(() {
      currentItem = value;
    });
  },
(... 생략 ...)
```

빌드 후 현재 위치로 검색하고 아래 목록 아이콘(≡)을 터치하면 다음과 같은 목록을 확인할 수 있습니다.

▶ 실행 결과

비용과 관련한 주의점

마지막으로 파이어베이스 비용과 관련하여 조심해야 할 내용 한 가지를 살펴보고 이 절을 마무리하고자 합니다. 다음은 파이어베이스 콘솔에서 파이어스토어 데이터 사용량을 확인한 모습입니다.

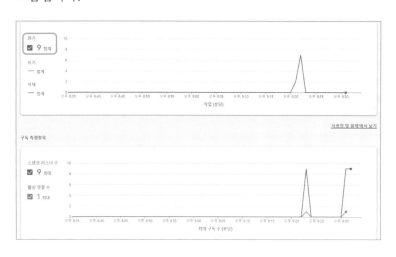

지도는 한 번 검색했는데 읽기는 무려 9번이나 발생했네요. 이러다 보니 연결이 잦아지고 사용이 많아지면 비용은 눈덩이처럼 불어납니다. 얼마 전에 봤던 IT 유튜브 드라마에서 토큰을 깃허브에 함께 공개했다가 한 달 새 요금이 2천만 원 나왔다는 웃지 못할 내용을 보았습니다. 토큰을 공개하지 않더라도 데이터베이스를 어떻게 구현하는지에 따라 비용은 크게 달라질 수 있습니다. 이 점을 명심하고 파이어베이스에서 읽기나 쓰기가 자주 일어나지 않도록 조심해서 구현해야 합니다.

05-4 즐겨찾기 기능과 상세 페이지 만들기

여기에서는 검색한 부동산의 상세 페이지를 구현하고 즐겨찾기 페이지를 추가합니다. 이어서 설정 페이지도 만들겠습니다.

Do it! 실습 ▶ 팝업 창과 상세 페이지 만들기

지도의 아파트 아이콘을 클릭했을 때 나타나는 팝업 창과 목록에서 아파트 이름을 클릭했을 때 표시할 상세 페이지를 만들어 보겠습니다. map 폴더에 apt_page.dart 파일을 추가하고 상세 페이지를 다음과 같이 만듭니다.

• lib/map/apt_page.dart

```
import 'package:cloud_firestore/cloud_firestore.dart';
import 'package:firebase_ui_firestore/firebase_ui_firestore.dart';
import 'package:flutter/material.dart';

class AptPage extends StatefulWidget {
  final String aptHash;
  final Map<String, dynamic> aptInfo;

  const AptPage({super.key, required this.aptHash, required this.aptInfo});

  @override
  State<StatefulWidget> createState() {
    return _AptPage();
  }
}

class _AptPage extends State<AptPage> {
  late CollectionReference aptRef;

  @override
```

```dart
void initState() {
  super.initState();
  aptRef = FirebaseFirestore.instance.collection(widget.aptHash);
}


int startYear = 2006;
Icon favoriteIcon = const Icon(Icons.favorite_border);


@override
Widget build(BuildContext context) {
  final usersQuery = aptRef
          .orderBy('deal_ymd')
          .where('deal_ymd', isGreaterThanOrEqualTo: '${startYear}0000')
      as Query<Map<String, dynamic>>;
  return Scaffold(
    appBar: AppBar(
        title: Text(widget.aptInfo['name']),
        actions: [IconButton(onPressed: () {}, icon: favoriteIcon)]),
    body: Column(
      children: [
        Column(
          children: [
            SizedBox(
              width: MediaQuery.of(context).size.width,
              child: Text('아파트 이름: ${widget.aptInfo['name']}'),
            ),
            SizedBox(
              width: MediaQuery.of(context).size.width,
              child: Text('아파트 주소: ${widget.aptInfo['address']}'),
            ),
            SizedBox(
              width: MediaQuery.of(context).size.width,
              child: Text('아파트 동 수: ${widget.aptInfo['ALL_DONG_CO']}'),
            ),
            SizedBox(
              width: MediaQuery.of(context).size.width,
              child: Text("아파트 세대 수: ${widget.aptInfo['ALL_HSHLD_CO']}"),
            ),
```

```dart
        SizedBox(
          width: MediaQuery.of(context).size.width,
          child: Text('아파트 주차 대수: ${widget.aptInfo['CNT_PA']}'),
        ),
        SizedBox(
          width: MediaQuery.of(context).size.width,
          child:
              Text('60m2 이하 평형 세대 수: ${widget.aptInfo['KAPTMPAREA60']}'),
        ),
        SizedBox(
          width: MediaQuery.of(context).size.width,
          child: Text(
              '60m2 - 85m2 이하 평형 세대 수: ${widget.aptInfo['KAPTMPAREA85']}'),
        ),
      ],
    ),
    Container(
      color: Colors.black,
      height: 1,
      margin: const EdgeInsets.only(top: 5, bottom: 5),
    ),
    Text('검색 시작 연도: $startYear년'),
    Slider(
      value: startYear.toDouble(),
      onChanged: (value) {
        setState(() {
          startYear = value.toInt();
        });
      },
      min: 2006,
      max: 2023,
    ),
    Expanded(
        child: FirestoreListView<Map<String, dynamic>>(
      query: usersQuery,
      pageSize: 20,
      itemBuilder: (context, snapshot) {
        Map<String, dynamic> apt = snapshot.data();
```

```
                    return Card(
                      child: Row(
                        children: [
                          Column(
                            children: [
                              Text('계약 일시: ${apt['deal_ymd'].toString()}'),
                              Text('계약 층: ${apt['floor'].toString()}층'),
                              Text(
                                  '계약 가격: ${double.parse(apt['obj_amt']) / 10000}억'),
                              Text('전용 면적: ${apt['bldg_area']}m2')
                            ],
                          ),
                          Expanded(child: Container())
                        ],
                      ),
                    );
                  },
                  emptyBuilder: (context) {
                    return const Text('매매 데이터가 없습니다.');
                  },
                  errorBuilder: (context, err, stack) {
                    return const Text('데이터가 없습니다.');
                  },
                ))
              ],
            ),
          );
      }
}Dit lab istius rero oditio voluptat ut hil illor sae nestiis totaerferi nihilitae
```

이 페이지는 부동산 앱 정보를 보여 주는 화면입니다. 선택한 아파트의 정보와 최근 매매 정보를 보여줍니다.

파이어스토어에서 geohash값으로 된 문서를 이용하는데, 이 데이터가 최근 매매 기록 데이터입니다. 이는 서울시 공공 데이터 API로 얻은 것으로, 화면에 표시하고자 가공했습니다.

▶ 샘플 JSON 페이지: http://openapi.seoul.go.kr:8088/sample/json/tbLnOpendataRtmsV/1/5/

이 데이터를 이용하여 사용자가 최근 매매 기록을 확인할 수 있도록 하려는 것인데, 문제는 해당 아파트 하나만 데이터가 있다는 것입니다. 자료실에서 가공한 데이터(wydmu17me)를 내려받아 05-2절 '부동산 데이터베이스와 데이터 모델 설정하기' 실습과 마찬가지로 파이어 스토어로 가져와 사용하세요.

map_page.dart로 돌아와서 **Listview**의 **onTap()** 함수에 다음과 같은 내용을 추가합니다.

• lib/map/map_page.dart

```dart
import 'apt_page.dart';      ← 추가
(... 생략 ...)
return InkWell(
  child: Card(
    child: ListTile(
      leading: const Icon(Icons.apartment),
      title: Text(item['name']),
      subtitle: Text(item['address']),
      trailing: const Icon(Icons.arrow_circle_right_sharp),
    ),
  ),
  onTap: () {
    Navigator.of(context)      ← 추가
        .push(MaterialPageRoute(builder: (context) {
      return AptPage(
        aptHash: item['position']['geohash'],
        aptInfo: item,
      );
    }));
  },
);
```

또 Marker() 함수에서 InfoWindow()를 터치하면 AptPage()로 이동할 수 있도록 onTap: ()
{ } 부분을 다음과 같이 수정합니다.

이제 빌드 후 아파트를 검색하여 해당 아파트 이름이나 목록 페이지에서 아파트 이름을 클릭하면 다음과 같은 상세 페이지를 표시합니다.

코드를 조금 수정해서 apt_page.dart 파일의 **initState()** 함수를 다음과 같이 수정합니다.

```
• lib/map/apt_page.dart

(... 생략 ...)
@override
void initState() {
  super.initState();
  aptRef = FirebaseFirestore.instance.collection('wydmu17me');  ← 수정
}
(... 생략 ...)
```

수정하고 빌드하면 다음과 같이 최근 계약 내용을 확인할 수 있습니다.

▶ 실행 결과

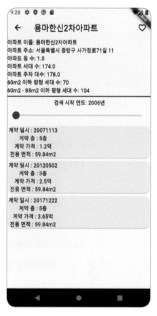

특히 중간에 있는 슬라이더로 시작 연도를 변경하면 userQuery를 이용하여 조건에 맞는 데이터만 출력합니다.

```
final usersQuery = aptRef
        .orderBy('deal_ymd')
        .where('deal_ymd', isGreaterThanOrEqualTo: '${startYear}0000')
    as Query<Map<String, dynamic>>;
```

파이어스토어를 이용하면 데이터를 처리하거나 읽기가 편리합니다. 여기서는 where 절을 이용하여 데이터를 조회했습니다.

다음 실습에서는 아파트를 즐겨찾기에 추가하는 방법을 살펴봅니다.

Do it! 실습 즐겨찾기 페이지에 추가하기

이제 자신의 즐겨찾기 페이지에 아파트를 등록하는 법을 알아보겠습니다. 로그인 기능으로 개인 정보를 등록하고 해당 정보에서 각 데이터를 가져와야 하지만, 여기서는 로그인 상태라고 가정하고 해당 아이디로 즐겨찾기에 아파트를 저장해 보겠습니다.

▶ 로그인 기능은 7장에서 SNS 앱을 만들 때 살펴보겠습니다.

apt_page.dart 파일의 **AppBar()**에 있는 **actions**의 **IconButton()**에 다음 코드를 추가합니다.

* lib/map/apt_page.dart

```
(... 생략 ...)
return Scaffold(
  appBar: AppBar(title: Text(widget.aptInfo['name']), actions: [
    IconButton(
      onPressed: () {
        FirebaseFirestore.instance        ← 추가
          .collection('rollcake')
          .doc('favorite')
          .set(widget.aptInfo);
        ScaffoldMessenger.of(context)
          .showSnackBar(SnackBar(content: Text('나의 아파트로 등록했습니다.')));
      },
      icon: favoriteIcon)
  ]),
(... 생략 ...)
```

이제 파이어스토어에 저장된 데이터를 확인하는 페이지를 만들어야 하는데, map_page.dart 파일에서 **Drawer()** 위젯 안에 있는 **ListTile()** 안에 다음 코드를 입력해서 즐겨찾기 페이지로 이동할 수 있도록 합니다.

* lib/map/map_page.dart

```
import 'package:mybudongsan/myFavorite/my_favorite_page.dart';  ← 추가
(... 생략 ...)
ListTile(
  title: const Text('내가 선택한 아파트'),
  onTap: () {
    Navigator.of(context)      ← 추가
      .push(MaterialPageRoute(builder: (context) {
    return const MyFavoritePage();
    }));
  },
),
(... 생략 ...)
```

lib 폴더에 myFavorite 폴더를 추가하고 my_favorite_page.dart 파일을 생성합니다. 이 페이지는 다음과 같이 작성합니다.

• lib/myFavorite/my_favorite_page.dart

```dart
import 'package:cloud_firestore/cloud_firestore.dart';
import 'package:flutter/material.dart';

import '../map/apt_page.dart';

class MyFavoritePage extends StatefulWidget {
  const MyFavoritePage({super.key});

  @override
  State<StatefulWidget> createState() {
    return _MyFavoritePage();
  }
}

class _MyFavoritePage extends State<MyFavoritePage> {
  List<Map<String, dynamic>> favoriteList = List.empty(growable: true);

  @override
  void initState() {
    super.initState();
    FirebaseFirestore.instance
        .collection('rollcake')
        .doc('favorite')
        .get()
        .then((value) {
            setState(() {
              favoriteList.add(value.data()!);
            })
          });
  }

  @override
  Widget build(BuildContext context) {
    return Scaffold(
```

```
      appBar: AppBar(
        title: const Text('나의 추천 리스트'),
      ),
      body: ListView.builder(
        itemBuilder: (context, snapshot) {
          return Card(
            child: InkWell(
              child: SizedBox(
                height: 50,
                child: Column(
                  children: [Text(favoriteList[snapshot]['name'])],
                ),
              ),
              onTap: () {
                Navigator.of(context)
                    .push(MaterialPageRoute(builder: (context) {
                  return AptPage(
                    aptHash: favoriteList[snapshot]['position']['geohash'],
                    aptInfo: favoriteList[snapshot],
                  );
                }));
              },
            ),
          );
        },
        itemCount: favoriteList.length,
      ),
    );
  }
}
```

▶ 실행 결과

빌드 후 상세 페이지에서 해당 아파트를 즐겨찾기에 추가하
면 다음과 같은 즐겨찾기 페이지를 볼 수 있습니다.
지금은 즐겨찾기 하나만 등록할 수 있습니다.

▶ 즐겨찾기를 여러 개 등록하는 방법은 6장에서 클래식 사운드 앱을 만들면
서 살펴봅니다.

설정 페이지는 앱이나 개인 정보를 설정하는 페이지입니다. 각 앱에서 설정 페이지를 통해 로 그아웃하거나, 앱 정보를 초기화하거나, 앱 설정을 변경할 수 있습니다. 앱 설정을 변경하는 데 데이터베이스나 파일 입출력을 사용하기는 너무 번거로우므로 이럴 때는 플러터의 SharedPreferences를 사용합니다. 먼저 pubspec.yaml 파일을 열고 패키지를 추가합니다.

• pubspec.yaml

```
dependencies:
(... 생략 ...)
  shared_preferences: ^2.2.1 ←─[ 추가 ]
```

이제 lib 아래에 settings 폴더를 만들고 setting_page.dart 파일을 생성합니다. 이 파일에는 다음처럼 코드를 작성합니다.

• lib/settings/setting_page.dart

```dart
import 'package:flutter/material.dart';
import 'package:mybudongsan/intro/intro_page.dart';
import 'package:shared_preferences/shared_preferences.dart';

class SettingPage extends StatefulWidget {
  @override
  State<StatefulWidget> createState() {
    return _SettingPage();
  }
}

class _SettingPage extends State<SettingPage> {
  int mapType = 0;
  late SharedPreferences prefs;

  @override
  void initState() {
    super.initState();
    initShared();
  }
```

```dart
void initShared() async {
  prefs = await SharedPreferences.getInstance();
  var type = prefs.getInt("mapType");
  if (type != null) {
    setState(() {
      mapType = type;
    });
  }
}


@override
Widget build(BuildContext context) {
  return Scaffold(
    appBar: AppBar(
      title: Text('설정'),
    ),
    body: Center(
      child: Column(
        mainAxisAlignment: MainAxisAlignment.center,
        children: [
          ElevatedButton(
              onPressed: () {
                Navigator.of(context).pushAndRemoveUntil(
                    MaterialPageRoute(builder: (context) {
                      return const IntroPage();
                    }), (route) => false);
              },
              child: Text('로그아웃하기')),
          SizedBox(
            height: 30,
          ),
          Text('지도 유형'),
          SizedBox(
            height: 200,
            child: ListView(
              children: [
                RadioListTile<int>(
                    title: const Text('terrain'),
```

```
            value: 0,
            groupValue: mapType,
            onChanged: (value) async {
              await prefs.setInt('mapType', value!);
              setState(() {
                mapType = value!;
              });
            },
          ),
          RadioListTile<int>(
            title: const Text('satellite'),
            value: 1,
            groupValue: mapType,
            onChanged: (value) async {
              await prefs.setInt('mapType', value!);
              setState(() {
                mapType = value!;
              });
            },
          ),
          RadioListTile<int>(
            title: const Text('hybrid'),
            value: 2,
            groupValue: mapType,
            onChanged: (value) async {
              await prefs.setInt('mapType', value!);
              setState(() {
                mapType = value!;
              });
            },
          ),
        ],
      ),
    )
  ],
  ),
  ),
  );
  }
}
```

지금은 인증 절차를 넣지 않았기 때문에 실제로 로그아웃을 처리하지는 않지만, 이 설정 페이지를 이용하면 로그아웃하거나 지도 유형을 설정할 수 있습니다. 지도 유형은 설정할 때마다 SharedPreferences에 저장하는데, 간단한 데이터를 저장하거나 처리할 때 편리합니다.

이제 map_page.dart 파일로 이동하여 서랍 위젯을 수정합니다. _MapPage 클래스 안에 MapType 변수를 선언하고 설정에서 돌아왔을 때 SharedPreferences에서 키가 'mapType'인 값을 지도 유형으로 설정합니다.

• lib/map/map_page.dart

```
import 'package:shared_preferences/shared_preferences.dart';   ←— 추가
import '../settings/setting_page.dart';
(... 생략 ...)
class _MapPage extends State<MapPage> {
  MapType mapType = MapType.normal;   ←— 추가
(... 생략 ...)
ListTile(
  title: const Text('설정'),
  onTap: () async {   ←— 추가
    Navigator.of(context)
        .push(MaterialPageRoute(builder: (context) {
      return SettingPage();
    })).then((value) async {
      final SharedPreferences prefs =
          await SharedPreferences.getInstance();
      final int? type = prefs.getInt('mapType');
      setState(() {
        switch (type) {
          case 0:
            mapType = MapType.terrain;
            break;
          case 1:
            mapType = MapType.satellite;
            break;
          case 2:
            mapType = MapType.hybrid;
            break;
        }
      });
```

```
        });
      },
    ),
    (... 생략 ...)
    body: currentItem == 0
        ? GoogleMap(
            mapType: mapType,      ← [수정]
            initialCameraPosition: _googleMapCamera,
            onMapCreated: (GoogleMapController controller) {
              _controller.complete(controller);
            },
            markers: Set<Marker>.of(markers.values),
          )
    (... 생략 ...)
```

이제 설정에서 다른 유형의 지도를 선택하고 돌아오면 다음과 같이 지도가 바뀐 것을 확인할
수 있습니다.

▶ 실행 결과

설정 페이지까지 마무리했으므로 기본적인 부동산 앱 기능은 완성입니다.

전반적인 서비스 흐름을 적용한 부동산 앱을 만들어 보았습니다. 물론 이대로 출시하여 서비스하기에는 여러 가지 면에서 부족합니다. 아직 비즈니스 모델도 없고 개인 정보를 등록하는 부분도 없지만, 이 책에서 다룬 인증Authentication, 함수Functions, 클라우드 메시징Cloud Messaging, 스토리지Storage 등 파이어베이스의 다양한 기능을 활용한다면 완성도 높은 자신만의 부동산 앱을 만들 수 있을 겁니다.

상용화 체크리스트

☑ 상용화에 필요한 기능을 추가해 나만의 앱으로 발전시켜 보세요!

☐ 로그인 기능을 이용한 데이터 확보와 개인 정보 수집 동의 관련 내용

☐ 제공할 정보의 데이터베이스 구조 만들기: 아파트, 빌라, 토지 등

☐ 매일 최신 정보를 가져오는 서버 구현하기

☐ 부동산별 소셜 기능: 게시판, 댓글

☐ 게시판의 푸시 기능 구현하기

☐ 다이내믹 링크를 이용한 앱 실행과 페이지 이동하기

☐ 공유하기 기능

☐ 비즈니스 모델 고민하기: 광고 모델, 부분 유료화 모델

06

클래식 사운드 앱 만들기

애널리틱스 파이어스토어 스토리지 인증 SQLite

오디오 플레이어

플러터는 패키지를 이용하여 다양한 기능을 구현할 수 있습니다. 특히 이 장에서는 미디어 기능을 이용한 클래식 음악 앱을 만들면서 파이어베이스 기능과 플러터의 미디어 기능을 활용해 보겠습니다.

06-1 클래식 사운드 앱 기획하기

클래식 음악은 어디에나 있습니다. 지하철이 역에 들어올 때, 그리고 TV 광고 등 일상생활의 다양한 장면에서 클래식 음악을 자주 듣곤 합니다. 클래식은 오래전부터 있었던 음악으로, 100년이 지난 곡은 저작권이 사라지므로 클래식 원곡은 저작권이 없습니다. 단, 누가 연주했는지에 따라 저작권이 있을 수 있습니다.

이 장에서는 클래식을 들을 수 있는 클래식 사운드 앱을 만들어 보겠습니다. 벤치마킹할 앱부터 먼저 살펴볼까요?

아다지오

아다지오^{IDAGIO}는 클래식 음악 전문 스트리밍 서비스로, 클래식을 좋아하는 사용자가 선호합니다. 원하는 작곡가를 선택하면 해당 작곡가의 추천 음악을 제공하고 다양한 분야에서 새로운 음악을 찾을 수 있도록 도와줍니다. 대부분 무료로 사용할 수 있으나 추가 기능을 사용하려면 결제를 해야 합니다.

아다지오

프라임포닉

프라임포닉^{Primephonic} 역시 클래식 음악 스트리밍 서비스로, 이 앱은 클래식 음악을 잘 모르는 사용자에게 어울립니다. 선호하는 작곡가를 선택하면 해당 작곡가의 음악을 추천해줍니다. 구독형 요금제 서비스였으나 지금은 애플 뮤직에 인수되었습니다.

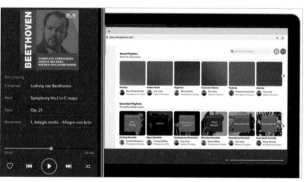

프라임포닉

이처럼 클래식 음악을 이용해서 다양한 앱을 만들 수 있고, 또 앱을 통해 수익도 얻을 수 있습니다.

목적과 기능 정의하기

여기서는 로그인한 사용자별로 클래식 음악을 내려받고 자신이 원하는 태그로 음악을 찾을 수 있는 앱을 만들어 보겠습니다. 파이어베이스는 스트리밍용 서버를 따로 제공하지는 않지만, 스토리지를 이용한 가상의 웹 드라이브는 제공합니다. 그러므로 이 공간에 음악을 올리고 앱에서 이 음악을 내려받아 재생할 수 있습니다.

먼저 음악 파일이 필요한데, 무료 클래식 음악 웹 사이트를 이용합니다. 내려받을 음악의 저작권을 반드시 확인하세요. 여기서는 클래식 음악을 무료로 내려받아 상업적으로 사용할 수 있는 웹 사이트 몇 곳을 소개합니다.

초식

바흐, 베토벤, 모차르트 등 대표적인 클래식 음악을 무료로 내려받을 수 있습니다. 이 웹 사이트가 제공하는 음악은 유튜브나 소셜 미디어 등에서도 상업적으로 이용할 수 있습니다.

초식 웹 사이트(chosic.com)

픽사베이

저작권이 없는 클래식 음악의 오디오 트랙과 악기 연주를 내려받을 수 있는 웹 사이트입니다.

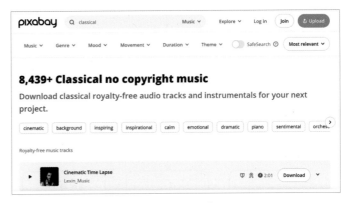

픽사베이 웹 사이트(pixabay.com/ko/music/)

프리 뮤직 아카이브

프리 뮤직 아카이브Free Music Archive는 수천 개의 클래식 곡을 제공합니다. 실내악, 합창, 오페라, 피아노 등 다양한 장르의 음악을 무료로 내려받을 수 있습니다.

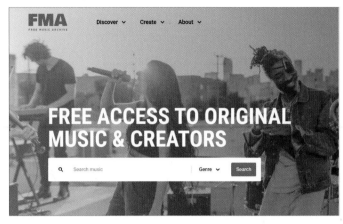

프리 뮤직 아카이브 웹 사이트(freemusicarchive.org)

어떤 웹 사이트든 상관없습니다. 자신이 원하는 웹 사이트에서 8~10곡 정도 내려받아 플러터 프로젝트를 준비합시다.

흐름도 그리기

페이지 구성 기획에 앞서 흐름도를 그려 보겠습니다. 다음은 draw.io를 사용해 간단히 그려 본 클래식 음악 앱의 흐름도로, 플러터로 만들 클래식 음악 앱의 화면 흐름을 나타낸 다이어그램입니다.

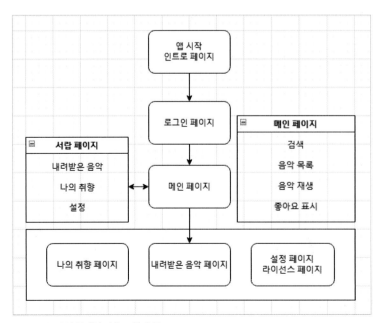

draw.io로 그린 클래식 사운드 앱 흐름도

앱 시작 인트로 페이지

앱을 실행하면 인트로 페이지가 나타납니다. 이 페이지에서는 인터넷 연결을 확인하고 연결되었다면 다음 페이지로 넘어갑니다.

로그인 페이지

음악 앱은 개인별로 맞춤형 데이터를 제공해야 하므로 앱을 사용하려면 로그인해야 합니다. 로그인 페이지에서는 사용자의 이메일 주소, 비밀번호 등을 입력합니다.

메인 페이지

로그인에 성공하면 메인 페이지가 나타납니다. 여기서는 다양한 방식으로 음악을 검색하고 재생할 수 있습니다. 가장 많은 기능이 있는 곳이 메인 페이지입니다.

메인 페이지 — 검색

메인 페이지에서 검색 버튼으로 음악을 검색합니다. 검색창에 원하는 음악의 제목, 작곡가, 태그 등을 입력하면 해당 음악을 찾을 수 있습니다.

메인 페이지 — 음악 목록

검색 결과를 확인하려면 음악 목록 페이지로 이동합니다. 이 페이지에서는 검색 결과에 해당하는 음악을 목록 형태로 확인할 수 있습니다.

메인 페이지 — 음악 재생

원하는 음악을 선택하면 음악 재생 페이지로 이동합니다. 이 페이지에는 재생, 일시 정지, 앞으로 넘기기, 뒤로 넘기기 등의 기능이 있습니다.

메인 페이지 — 좋아요 표시

좋아하는 음악을 표시하려면 좋아요 버튼을 누릅니다. 이 음악은 메인 페이지 등에 나타낼 수 있습니다.

서랍 페이지 — 내려받은 음악

내려받은 음악 페이지에서는 사용자가 내려받은 음악 목록을 확인할 수 있습니다.

서랍 페이지 — 나의 취향

나의 취향 화면에서는 사용자가 좋아하는 음악의 태그를 확인할 수 있습니다.

서랍 페이지 — 설정

설정 페이지에서는 앱의 다양한 설정을 변경할 수 있습니다.

기능을 추가할 때는 이 다이어그램에 추가하면 됩니다. 예를 들어, 한 번 로그인하면 인트로 페이지에서 바로 메인 페이지로 이동하도록 한다든가 설정에서 서랍 메뉴를 변경한다든가 하는 수정 사항은 새로운 다이어그램을 그려 나타냅니다.

페이지 구성하기

그러면 이 다이어그램을 바탕으로 오븐을 이용해서 대략적인 페이지를 구성해 보겠습니다.

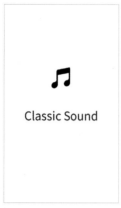

인트로 페이지

인터넷 연결을 확인하고 로그인 관련 로직을 처리합니다.

로그인 페이지

이번 장에서는 이메일 로그인만 구현합니다.

메인 목록 페이지

파이어스토어에서 데이터를 가져와 목록을 만들고 해당 음악을 내려받아 재생합니다.

서랍 메뉴

Drawer 위젯을 이용하여 메뉴를 구현합니다.

나의 취향 페이지

내려받은 음악 태그를 바탕으로 자신의 관심을 표시하는 페이지입니다.

설정 페이지

로그아웃 버튼을 구현합니다. 파이어베이스 인증의 로그아웃을 이용합니다.

우선 이렇게 페이지를 구성하고 앱을 만들면서 필요한 디자인을 추가하여 완성하는 방식으로 진행하겠습니다.

06-2 환경 설정하고 시작 화면 만들기

클래식 사운드 앱을 만들기 위한 환경 설정과 앱의 시작 화면인 인트로 페이지를 구성하고 이어서 로그인을 위한 파이어베이스 인증 등록을 구현해 보겠습니다.

Do it! 실습 프로젝트 생성하고 관리자 페이지 만들기

이제 프로젝트에 데이터를 관리할 패키지와 스토리지 설정을 완료한 후 음악 파일을 올리는 관리자 페이지를 만들어 보겠습니다.

프로젝트 만들고 패키지 추가하기

먼저 안드로이드 스튜디오에서 플러터 프로젝트를 만듭니다. 이때 관리자 웹 페이지도 빌드할 수 있도록 [Web]에도 체크합니다. 〈Create〉 버튼을 클릭하고 만들어진 프로젝트에 파이어베이스를 추가합니다. 파이어베이스 추가 방법은 03-2절 '파이어베이스 추가하기'를 참고하세요.

파이어베이스 스토리지에 음악 파일을 올리고 파이어스토어에 음악 정보를 등록해야 하는데, 여기서는 직접 파일을 올리고 데이터베이스에 정보를 등록하기보다는 관리자 페이지를 이용하겠습니다.

pubspec.yaml 파일에 다음과 같이 패키지를 추가하고 〈Pub get〉 버튼을 클릭합니다.

```
                                                        • pubspec.yaml
(... 생략 ...)
dependencies:
  flutter:
    sdk: flutter
  firebase_core: ^2.14.0
  firebase_analytics: ^10.4.3
  cloud_firestore: ^4.9.2
  firebase_storage: ^11.2.7
  path_provider: ^2.1.1
  file_picker: ^5.5.0
(... 생략 ...)
```

cloud_firestore 패키지는 정보 등록 데이터베이스를 만들 때 사용하며 firebase_storage 패키지는 음악 파일 저장용 웹 하드라고 생각하면 됩니다. 그리고 path_provider와 file_picker 패키지는 각각 파일과 경로를 가져오는 패키지입니다.

스토리지 사용 설정하기

스토리지를 사용하려면 먼저 파이어베이스에 등록해야 합니다. 파이어베이스 콘솔로 이동하여 [Storage] 메뉴를 클릭하고 〈시작하기〉 버튼을 클릭합니다.

개발 중 테스트 용도로 사용하고
자 하므로 [테스트 모드에서 시
작]에 체크하고 스토리지 위치를
선택합니다.

스토리지 설정이 끝났다면 이제 파이어스토어에서 음악 정보 데이터를 가져오는 클래스를
만듭니다. lib 아래에 data 폴더를 추가하고 music.dart 파일을 만든 후 다음과 같이 **Music** 클
래스 코드를 작성합니다.

• lib/data/music.dart

```dart
import 'package:cloud_firestore/cloud_firestore.dart';

class Music {
  final String name;
  final String composer;
  final String tag;
  final String category;
  final int size;
  final String type;
  final String downloadUrl;
  final String imageDownloadUrl;

  Music(this.name, this.composer, this.tag, this.category, this.size, this.type,
      this.downloadUrl, this.imageDownloadUrl);
```

```dart
    static Music fromStoreData(DocumentSnapshot snapshot) {
      var data = snapshot.data() as Map<String, dynamic>;
      return Music(
          data['name'],
          data['composer'],
          data['tag'],
          data['category'],
          data['size'],
          data['type'],
          data['downloadUrl'],
          data['imageDownloadUrl']);
    }

    Map<String, dynamic> toMap() {
      Map<String, dynamic> mapMusic = {};
      mapMusic['name'] = name;
      mapMusic['composer'] = composer;
      mapMusic['tag'] = tag;
      mapMusic['category'] = category;
      mapMusic['size'] = size;
      mapMusic['type'] = type;
      mapMusic['downloadUrl'] = downloadUrl;
      mapMusic['imageDownloadUrl'] = imageDownloadUrl;
      return mapMusic;
    }
  }
```

Music 클래스는 음악 이름, 작곡가, 태그, 카테고리, 파일 크기, 유형, 내려받기 URL, 섬네일 URL 등의 변수로 이루어집니다. 이 클래스에는 데이터를 Map 형식으로 반환하는 toMap() 메서드와 파이어스토어에 저장된 데이터를 객체로 반환하는 fromStoreData() 메서드가 있습니다.

음악 파일 올리기 페이지 만들기

이제 lib 아래에 admin 폴더를 추가하고 음악 파일을 올리는 관리자 페이지인 upload_page.dart 파일을 추가합니다. 그리고 다음과 같이 코드를 입력합니다. 데이터를 입력하여 파이어스토어에 저장하는 화면입니다.

```dart
import 'package:classic_sound/data/music.dart';
import 'package:cloud_firestore/cloud_firestore.dart';
import 'package:file_picker/file_picker.dart';
import 'package:firebase_storage/firebase_storage.dart';
import 'package:flutter/material.dart';

const List<String> list = <String>['piano', 'voice', 'violin'];

class UploadPage extends StatefulWidget {
  const UploadPage({super.key});

  @override
  State<StatefulWidget> createState() {
    return _UploadPageState();
  }
}

class _UploadPageState extends State<UploadPage> {
  final FirebaseStorage _storage = FirebaseStorage.instance;
  final FirebaseFirestore _firestore = FirebaseFirestore.instance;

  // FilePickerResult 인스턴스 생성하기
  FilePickerResult? _pickedFile;
  FilePickerResult? _imagePickedFile;

  // 로컬에 있는 파일의 경로와 이름
  String? _filePath;
  String? _imageFilePath;

  // 로컬에 있는 파일의 이름
  String? _fileName;
  String? _imageFileName;

  // 업로드한 파일의 다운로드 URL
  String? _downloadUrl;

  // 업로드 중인지 여부
  bool _isUploading = false;
```

```dart
  final TextEditingController _composerController = TextEditingController();
  final TextEditingController _tagController = TextEditingController();

  String dropdownValue = list.first;

  // 로컬에서 파일을 선택하는 메서드          ┌─ 선택한 파일을 확인하고 변수에 저장합니다.
  Future<void> _pickFile(int type) async {
    var picked = await FilePicker.platform.pickFiles();
    // // 선택된 파일이 있다면
    if (picked != null) {
      // 파일의 경로와 이름을 저장하기
      if (type == 1) {
        setState(() {
          _pickedFile = picked;
          _filePath = _pickedFile!.files.first.name;
          _fileName = _pickedFile!.files.first.name;
        });
      } else {
        setState(() {
          _imagePickedFile = picked;
          _imageFilePath = _imagePickedFile!.files.first.name;
          _imageFileName = _imagePickedFile!.files.first.name;
        });
      }
    }
  }

  // 파이어베이스 스토리지에 파일을 업로드하는 메서드
  Future<void> _uploadFile() async {
                          ┌─ 파일을 올리고 정보를 저장합니다.
    // 파일이 선택되었다면
    if (_filePath != null) {
      // 참조 생성하기
      Reference reference = _storage.ref().child('files/$_fileName');

      // 파일 업로드(파일의 바이트를 사용)
      TaskSnapshot uploadTask =
          await reference.putData(_pickedFile!.files.first.bytes!);

      setState(() {
        _isUploading = true;
```

```dart
      });

      // 다운로드 URL 얻기
      String downloadUrl = await uploadTask.ref.getDownloadURL();
      CollectionReference _filesRef = _firestore.collection('files');
      String imageDownloadUrl = '';
      if (_imageFilePath != null) {
        Reference reference = _storage.ref().child('files/$_imageFileName');

        // 파일 업로드(파일의 바이트를 사용)
        TaskSnapshot uploadTask =
            await reference.putData(_imagePickedFile!.files.first.bytes!);

        // 다운로드 URL 얻기
        imageDownloadUrl = await uploadTask.ref.getDownloadURL();
      }

      // URL 저장하기
      Music music = Music(
          _fileName!,
          _composerController.value.text,
          _tagController.value.text,
          dropdownValue,
          _pickedFile!.files.single.size,
          'audio/${_pickedFile!.files.single.extension}',
          downloadUrl,
          imageDownloadUrl);

      await _filesRef.add(music.toMap());

      setState(() {
        _downloadUrl = downloadUrl;
        _isUploading = false;
      });
    }
  }

  @override
  Widget build(BuildContext context) {
    return Scaffold(
```

```
      appBar: AppBar(
        title: Text('Upload Page'),
      ),
      body: Center(
        child: Column(
          mainAxisAlignment: MainAxisAlignment.center,
          children: [
            SizedBox(
              width: 150,
              child: TextField(
                decoration: InputDecoration(hintText: '작곡가'),
                controller: _composerController,
              ),
            ),
            SizedBox(height: 16),
            SizedBox(
              width: 250,
              child: TextField(
                decoration: InputDecoration(hintText: 'TAG (쉼표로 구분)'),
                controller: _tagController,
              ),
            ),
            SizedBox(height: 16),
            DropdownButton<String>(
              value: dropdownValue,
              icon: const Icon(Icons.music_note),
              elevation: 16,
              underline: Container(
                height: 2,
                color: Colors.deepPurpleAccent,
              ),
              onChanged: (String? value) {
                setState(() {
                  dropdownValue = value!;
                });
              },
              items: list.map<DropdownMenuItem<String>>((String value) {
                return DropdownMenuItem<String>(
                  value: value,
                  child: Text(value),
```

```dart
              );
            }).toList(),
          ),
          SizedBox(height: 16),
          ElevatedButton(
            onPressed: () {
              _pickFile(1);
            },
            child: Text('음악 파일: $_fileName'),
          ),
          SizedBox(height: 16),
          ElevatedButton(
            onPressed: () {
              _pickFile(2);
            },
            child: Text('이미지 파일: $_imageFileName'),
          ),
          SizedBox(height: 16),
          ElevatedButton(
            onPressed: _uploadFile,
            child: Text('Upload to Firebase Storage'),
          ),
          SizedBox(height: 16),
          _downloadUrl != null
              ? Text('File uploaded successfully')
              : Text('No file to display'),
          SizedBox(height: 16),
          _isUploading
              ? const CircularProgressIndicator(
                  strokeWidth: 10,
                )
              : Text('No file uploading'),
        ],
      ),
    ),
  );
}
}
```

여기서 눈여겨볼 코드는 _pickFile() 함수와 _uploadFile() 함수입니다. _pickFile() 함수는 탐색기로 선택한 파일 형식이 음악 파일인지 썸네일 파일인지를 확인하여 변수에 저장합니다. 그리고 _uploadFile() 함수를 호출하여 파일이 있다면 스토리지에 올립니다. 파일 올리기가 끝나면 내려받을 파일의 URL을 반환합니다. 이 데이터가 있어야 내려받기 URL을 파이어스토어에 저장할 수 있습니다. 음악 파일을 업로드한 후 썸네일 이미지가 있으면 이 이미지도 함께 올립니다.

2가지 URL 정보와 함께 **Music** 객체를 생성하고 필요한 데이터를 추가한 다음, **_filesRef. add()** 함수를 이용하여 파이어스토어에 저장합니다.

```
Music music = Music(
    _fileName!,
    _composerController.value.text,
    _tagController.value.text,
    dropdownValue,
    _pickedFile!.files.single.size,
    'audio/${_pickedFile!.files.single.extension}',
    downloadUrl,
    imageDownloadUrl);


await _filesRef.add(music.toMap());
```

이렇게 만든 관리자 페이지를 호출하도록 lib 폴더 아래에 다음과 같이 main.dart 파일을 작성합니다.

```
• lib/main.dart
import 'package:classic_sound/admin/upload_page.dart';
import 'package:classic_sound/firebase_options.dart';
import 'package:firebase_core/firebase_core.dart';
import 'package:flutter/material.dart';

void main() async {
  WidgetsFlutterBinding.ensureInitialized();
  await Firebase.initializeApp(options: DefaultFirebaseOptions.currentPlatform);
  runApp(MyApp());
}
```

```
class MyApp extends StatelessWidget {
  const MyApp({super.key});

@override
  Widget build(BuildContext context) {
    return MaterialApp(
      title: 'Flutter Demo',
      theme: ThemeData(
        colorScheme: ColorScheme.fromSeed(seedColor: Colors.deepPurple),
        useMaterial3: true,
      ),
      home: UploadPage(),
    );
  }
}
```

관리자 페이지는 웹으로 관 리할 것이므로 빌드할 장치 는 크롬Chrome으로 선택합 니다.

빌드하면 다음과 같이 크롬에서 열린 파일 업로드 페이지를 확인할 수 있습니다.

작곡가 태그는 **TextField** 위젯을 이용해서 입력하고 카테고리는 드롭다운 메뉴를 이용해서 선택합니다.

그럼 앞서 준비했던 무료 음악 파일을 추가해 볼까요? 〈음악 파일:〉 버튼으로 음악 파일을 선택하고 〈이미지 파일:〉 버튼으로 이미지 파일을 선택합니다. 파일을 선택하고 〈Upload to Firebase Storage〉 버튼을 클릭하면 원형 진행 바가 표시되면서 파일을 올리기를 시작합니다. 'File uploaded successfully'라는 메시지가 표시되면 음악 올리기가 끝났다는 뜻입니다.

이제 파이어베이스 콘솔로 이동하여 [Storage] 메뉴를 클릭하면 files 폴더에서 올린 이미지와 음악 파일을 확인할 수 있습니다.

이번에는 파이어스토어로 이동하여 등록한 데이터가 올바른지 확인합니다.

이런 방법으로 8~10곡 정도의 클래식 데이터를 등록했다면 앱으로 이 정보를 확인해 봅시다.

인트로 페이지 만들기

이제 클래식 음악 앱을 만들어 보겠습니다. 인트로 페이지부터 만들도록 합시다. 먼저 pubspec. yaml에 필요한 패키지를 추가하고 〈Pub get〉 버튼 클릭하세요. `connectivity_plus`는 네트워크 연결 상태를 모니터링하고 앱에 대한 연결 정보를 제공합니다. `shared_preferences`는 간단한 로컬 데이터 저장을 위한 패키지 입니다.

• pubspec.yaml

```yaml
(... 생략 ...)
connectivity_plus: ^4.0.2
shared_preferences: ^2.2.1
(... 생략 ...)
```

이와 함께 lib/data 폴더에 constant.dart 파일을 추가하고 앱 이름 등의 상수를 저장할 클래스를 만듭니다.

• lib/data/constant.dart

```dart
class Constant {
  static const APP_NAME = 'Classic Sound';
}
```

준비가 끝났다면 인트로 페이지를 만들어 봅시다. lib/view/intro 폴더에 intro_page.dart 파일을 생성하고 다음 코드를 입력합니다.

• lib/view/intro/intro_page.dart

```dart
import 'dart:async';

import 'package:classic_sound/data/constant.dart';
import 'package:connectivity_plus/connectivity_plus.dart';
import 'package:flutter/material.dart';

class IntroPage extends StatefulWidget {
  const IntroPage({super.key});

  @override
```

```
    State<StatefulWidget> createState() {
      return _IntroPage();
    }
  }
}

class _IntroPage extends State<IntroPage> {
  @override
  Widget build(BuildContext context) {
    return Scaffold(
      body: FutureBuilder(
        builder: (context, snapshot) {
          switch (snapshot.connectionState) {
            case ConnectionState.active:
              return const Center(
                child: CircularProgressIndicator(),
              );
            case ConnectionState.done:
              if (snapshot.data != null) {
                if (snapshot.data!) {
                  Future.delayed(const Duration(seconds: 2), () {});
                  return const Center(
                    child: Column(
                      mainAxisAlignment: MainAxisAlignment.center,
                      children: [
                        Text(
                          Constant.APP_NAME,
                          style: TextStyle(fontSize: 50),
                        ),
                        SizedBox(
                          height: 20,
                        ),
                        Icon(
                          Icons.audiotrack,
                          size: 100,
                        )
                      ],
                    ),
                  );
                } else {
```

2초 후 다음 페이지로 넘어갑니다.

```
                    return const AlertDialog(
                      title: Text(Constant.APP_NAME),
                      content: Text(
                          '지금 인터넷에 연결되지 않아 Classic Sound 앱을 '
                              '사용할 수 없습니다. 나중에 다시 실행해 주세요.'),
                    );
                  }
                } else {
                  return const Center(
                    child: Text('데이터가 없습니다.'),
                  );
                }
              case ConnectionState.waiting:
                return const Center(
                  child: CircularProgressIndicator(),
                );
              case ConnectionState.none:
                return const Center(
                  child: Text('데이터가 없습니다.'),
                );
            }
          },
          future: connectCheck(),
        ),
      );
  }


  Future<bool> connectCheck() async {
    var connectivityResult = await Connectivity().checkConnectivity();
    if (connectivityResult == ConnectivityResult.mobile ||
        connectivityResult == ConnectivityResult.wifi) {
      return true;
    } else {
      return false;
    }
  }
}
```

5장에서 만들었던 인트로 페이지와 비슷하게 화면을 호출하고 인터넷 연결을 확인하여 연결 되었으면 2초 후 다음 페이지로 넘어갑니다.

다음은 인트로 화면에서 이동할 인증 페이지를 만들어 보겠습니다. 지금은 인트로 페이지뿐 이지만, 이후에는 인트로 화면에서 로그인을 확인하여 로그인 상태라면 바로 메인 페이지로 넘어가도록 하고 로그인 상태가 아니라면 인증 페이지로 이동합니다.

Do it! 실습 로그인 인증 페이지 만들기

파이어베이스에서 인증 등록을 하고 로그인 페이지를 만들어 보겠습니다.

파이어베이스 인증 등록하기

파이어베이스 인증 Authentication을 사용하려면 콘솔에 이를 등록해야 합니다. 콘솔로 이동하여 [Authentication] 메뉴를 선택하고 〈시작하기〉 버튼을 클릭합니다.

다양한 인증 방법이 있는데, 여기서는 [이메일/비밀번호]를 선택합니다.

▶ 이후 8장에서 SNS 앱을 만들 때 구글 로그인이나 카카오 로그인처럼 간편 로그인도 적용해 보겠습니다.

[이메일/비밀번호]에 체크한 후 〈저장〉을 클릭합니다.

[로그인 방법] 탭으로 이동하면 제공 업체에 이메일/비밀번호 사용이 설정된 것을 확인할 수 있습니다.

이로써 기본 설정은 끝났습니다.

로그인 페이지 만들기

이제 플러터 프로젝트로 돌아와 pubspec.yaml 파일에 파이어베이스 인증에 사용할 firebase_auth 패키지를 추가합니다.

```yaml
                                                                    • pubspec.yaml
(... 생략 ...)
firebase_auth: ^4.10.0
(... 생략 ...)
```

lib/view/auth 폴더에 auth_page.dart 파일을 생성하고 다음과 같은 코드를 작성합니다.

• lib/view/auth/auth_page.dart

```dart
import 'package:classic_sound/data/constant.dart';
import 'package:cloud_firestore/cloud_firestore.dart';
import 'package:flutter/material.dart';
import 'package:firebase_auth/firebase_auth.dart';
import 'package:shared_preferences/shared_preferences.dart';

class AuthPage extends StatefulWidget {
  const AuthPage({super.key});

  @override
  _AuthPage createState() => _AuthPage();
}

class _AuthPage extends State<AuthPage> {
  // Firebase Auth 객체 생성하기
  final FirebaseAuth _auth = FirebaseAuth.instance;

  // 이메일과 비밀번호 입력 컨트롤러 생성
  final TextEditingController _emailController = TextEditingController();
  final TextEditingController _passwordController = TextEditingController();

  // 인증 상태 메시지
  String _message = '';

  // 이메일과 비밀번호로 회원 가입하는 메서드
  void _signUp() async {
    try {
      // createUserWithEmailAndPassword 메서드로 회원 가입 요청하기
      await _auth.createUserWithEmailAndPassword(
          email: _emailController.text, password: _passwordController.text);
      // 회원 가입이 성공이면 메시지 업데이트
      setState(() {
        _message = '회원 가입 성공';
      });
    } on FirebaseAuthException catch (e) {
      // 에러 발생 시 메시지 업데이트
      setState(() {
```

```dart
        _message = e.message!;
      });
    }
  }

  // 이메일과 비밀번호로 로그인하는 메서드
  void _signIn() async {
    try {
      // signInWithEmailAndPassword 메서드로 로그인 요청하기
      await _auth.signInWithEmailAndPassword(
          email: _emailController.text, password: _passwordController.text);
      // 로그인이 성공이면 메시지 업데이트
      setState(() {
        _message = '로그인 성공';
      });
      final SharedPreferences preferences =
          await SharedPreferences.getInstance();
      preferences.setString("id", _emailController.text);
      preferences.setString("pw", _passwordController.text);

      await FirebaseFirestore.instance
          .collection('users')
          .doc(_emailController.text)
          .set({
        'email': _emailController.text,
        'token': _auth.currentUser?.uid,
      }).then((value) {});
    } on FirebaseAuthException catch (e) {
      // 에러 발생 시 메시지 업데이트
      setState(() {
        _message = e.message!;
      });
    }
  }

  @override
  Widget build(BuildContext context) {
    return Scaffold(
      appBar: AppBar(
        title: const Text(Constant.APP_NAME),
```

SharedPreferences와 파이어스토어에 정보를 저장합니다.

```
        ),
      body: Center(
        child: Padding(
          padding: EdgeInsets.only(left: 20, right: 20),
          child: Column(
            mainAxisAlignment: MainAxisAlignment.center,
            children: <Widget>[
              // 이메일 입력 필드
              TextField(
                controller: _emailController,
                decoration: const InputDecoration(
                  border: OutlineInputBorder(),
                  labelText: '이메일',
                  hintText: 'example@example.com',
                  prefixIcon: Icon(Icons.email),
                  suffixIcon: Icon(Icons.check),
                ),
              ),
              SizedBox(
                height: 20,
              ),
              // 비밀번호 입력 필드
              TextField(
                controller: _passwordController,
                decoration: const InputDecoration(
                  border: OutlineInputBorder(),
                  labelText: '비밀번호',
                  hintText: '6자 이상',
                  prefixIcon: Icon(Icons.password),
                  suffixIcon: Icon(Icons.check),
                ),
                obscureText: true, // 비밀번호 가리기
              ),
              SizedBox(
                height: 20,
              ),
              Row(
                mainAxisAlignment: MainAxisAlignment.spaceAround,
```

```
                children: [
                  // 회원 가입 버튼
                  ElevatedButton(
                    onPressed: _signUp,
                    child: Text('회원 가입'),
                  ),
                  // 로그인 버튼
                  ElevatedButton(
                    onPressed: _signIn,
                    child: Text('로그인'),
                  ),
                ],
              ),
              // 인증 상태 메시지
              Text(_message),
            ],
          ),
        ),
      ),
    );
  }
}
```

intro_page.dart 파일로 이동하여 인증 페이지로 이동하도록 다음처럼 코드를 수정합니다.

• lib/view/intro/intro_page.dart

```
(... 생략 ...)
import '../auth/auth_page.dart'; ← 추가
(... 생략 ...)
Future.delayed(const Duration(seconds: 2), () {
  Navigator.of(context) ← 추가
      .pushReplacement(MaterialPageRoute(builder: (context) {
    return AuthPage();
  }));
});
(... 생략 ...)
```

이제 main.dart 파일에 intro_page. dart 파일을 삽입하고 `home`을 `IntroPage()`로 변경한 다음, 빌드하면 다음과 같은 화면을 확인할 수 있습니다.

▶ 실행 결과

이메일과 비밀번호를 입력한 후 〈회원 가입〉 버튼을 누릅니다. 그러면 회원 가입 성공이라는 메시지가 표시됩니다. 파이어베이스 콘솔의 [Authentication] 메뉴로 이동하여 [사용자] 탭을 보면 방금 등록한 사용자의 이메일을 확인할 수 있습니다.

회원 가입에는 이메일 외에도 다양한 정보가 필요하므로 이는 파이어스토어에 저장해야 합니다. 회원 가입 후 〈로그인〉 버튼을 누르면 _signIn() 함수를 호출하면서 SharedPreferences에 저장함과 동시에 파이어스토어에 사용자 정보를 저장하도록 했습니다. 5장에서도 살펴본 SharedPreferences는 로컬, 즉 앱 안에 직접 데이터를 저장하는 방식입니다. 여기서는 로그인 데이터를 저장했다가 인트로 화면에서 로그인 상태를 확인할 때 사용합니다.

```dart
// 스마트폰 내부 스토리지에 id와 pw 저장
final SharedPreferences preferences =
    await SharedPreferences.getInstance();
  preferences.setString("id", _emailController.text);
  preferences.setString("pw", _passwordController.text);


// FireStore에 데이터 저장
  await FirebaseFirestore.instance
      .collection('users')
      .doc(_emailController.text)
      .set({
    'email': _emailController.text,
    'token': _auth.currentUser?.uid,
  }).then((value) {});
} on FirebaseAuthException catch (e) {
  // 에러 발생 시 메시지 업데이트
  setState(() {
    _message = e.message!;
  });
}
```

파이어베이스 콘솔에서 [Firestore Database] 메뉴를 클릭하면 다음과 같이 저장한 사용자 데이터를 확인할 수 있습니다.

지금은 email과 token 필드뿐이지만, 나중에 추가 사용자 데이터나 푸시 메시지를 사용하기 위한 토큰도 저장할 수 있습니다.

로그인 페이지는 완성했으니 이 데이터를 바탕으로 인트로 페이지에서 아이디와 비밀번호 정보가 있다면 로그인 상태로 판단하여 인증 페이지인 **AuthPage**가 아니라 메인 페이지인 **MainPage**로 이동하도록 수정해 봅시다. `intro_page.dart` 파일로 이동하여 다음과 같이 **SharedPreferences**를 이용하여 로그인 상태를 확인하는 로직을 만듭니다.

• lib/view/intro/intro_page.dart

```dart
import 'package:firebase_auth/firebase_auth.dart';    ← 추가
import 'package:shared_preferences/shared_preferences.dart';
import '../main/main_page.dart';

(... 생략 ...)
class _IntroPage extends State<IntroPage> {
  Future<bool> _loginCheck() async {    ← 추가
    final SharedPreferences preferences = await SharedPreferences.getInstance();
    String? id = preferences.getString("id");
    String? pw = preferences.getString("pw");
    if (id != null && pw != null) {
      final FirebaseAuth auth = FirebaseAuth.instance;
      try {
        await auth.signInWithEmailAndPassword(email: id, password: pw);
        return true;
      } on FirebaseAuthException catch (e) {
        return false;
      }
    } else {
      return false;
    }
  }
(... 생략 ...)
if (snapshot.data != null) {
  if (snapshot.data!) {
    _loginCheck().then((value) {    ← 수정
      if (value == true) {
        Future.delayed(const Duration(seconds: 2), () {
```

```
            Navigator.of(context).pushReplacement(
                MaterialPageRoute(builder: (context) {
              return MainPage();
            }));
          });
        } else {
          Future.delayed(const Duration(seconds: 2), () {
            Navigator.of(context).pushReplacement(
                MaterialPageRoute(builder: (context) {
              return AuthPage();
            }));
          });
        }
      });
      return const Center(
        child: Column(
(... 생략 ...)
```

다음 절에서 **MainPage** 클래스를 만들고 빌드하면 저장한 이메일과 비밀번호로 로그인 상태를 확인하고 인트로 페이지에서 메인 페이지로 자동으로 넘어가는 것을 확인할 수 있습니다. 메인 페이지를 만들 때까지 빌드는 잠시 미루세요.

06-3 클래식 사운드 앱 메인 페이지 만들기

클래식 사운드 앱의 기본적인 구성 요소인 앱바와 음악 재생 앱에서 제공하는 목록 타일, 재생 페이지를 만들고 로컬 데이터베이스도 구성해보겠습니다.

Do it! 실습 스캐폴드와 앱바 만들기

이제 메인 페이지를 위한 MainPage 클래스를 만들어 볼까요? 먼저 pubspec.yaml 파일로 이동하여 dio 패키지를 추가합니다.

• pubspec.yaml

```
(... 생략 ...)
dio: ^4.0.0
(... 생략 ...)
```

dio 패키지는 파일을 내려받거나 네트워크를 처리할 때 사용하면 좋은 패키지입니다.
dio 패키지를 추가했다면 lib/view/main 폴더에 main_page.dart 파일을 생성하고 다음 코드를 작성합니다.

• lib/view/main/main_page.dart

```dart
import 'package:classic_sound/data/constant.dart';
import 'package:classic_sound/data/music.dart';
import 'package:cloud_firestore/cloud_firestore.dart';
import 'package:dio/dio.dart';
import 'package:flutter/material.dart';

class MainPage extends StatefulWidget {
  const MainPage({super.key});

  @override
  State<StatefulWidget> createState() {
    return _MainPage();
```

```dart
  }
}

class _MainPage extends State<MainPage> {
  late List<DocumentSnapshot> documentList =
      List<DocumentSnapshot>.empty(growable: true);
  List<Music> musicList = List<Music>.empty(growable: true);
  Dio dio = Dio();

  @override
  void initState() {
    super.initState();
    getMusicList();
    dio.options.connectTimeout = 5000; // 5초
    dio.options.receiveTimeout = 3000; // 3초
  }

  @override
  Widget build(BuildContext context) {
    return Scaffold(
      appBar: AppBar(
        title: const Text(Constant.APP_NAME),
        actions: [IconButton(onPressed: () async {}, icon: Icon(Icons.search))],
      ),
      body: ListView.builder(
        itemBuilder: (context, value) {
          Music music = Music.fromStoreData(documentList[value]);
          musicList.add(music);
          return Text(music.name);
        },
        itemCount: documentList.length,
      ),
    );
  }

  getMusicList() {
    final aptRef = FirebaseFirestore.instance.collection('files');
    aptRef.get().asStream().listen((event) {
```

파이어스토어에 저장한 정보를 documentList 변수에 저장합니다. (→ getMusicList();)

```
      setState(() {
        documentList = event.docs;
      });
    });
  }
}
```

처음 화면을 호출하면 getMusicList()로 파이어스토어에 있는 음악 파일을 가져와 document
List 변수에 저장합니다. 그리고 ListView.builder()로 목록을 만듭니다. 지금은 Text 위젯
으로 음악 이름(music.name)만 표시했습니다.

로그인 성공 후 MainPage로 넘어가도록 auth_page.dart 파일의 _signIn() 함수에 다음 코드
를 추가하세요.

• lib/view/auth/auth_page.dart

```
import '../main/main_page.dart'; ← 추가
(... 생략 ...)
}).then((value) {
  Navigator.of(context).pushAndRemoveUntil( ← 추가
    MaterialPageRoute(builder: (context) {
      return MainPage();
    }), (route) => false);
});
(... 생략 ...)
```

빌드하면 다음처럼 음악 이름을 출력하는 것을 확인할 수 있습   ▶ 실행 결과
니다.

이제 앞에서 만든 음악 리스트를 내려받을 수 있는 목록 타일을 꾸며 볼까요?
lib/view/main/sound 폴더에 download_listtile.dart 파일을 생성합니다. 이 파일은 music
에 있는 정보를 화면에 표시하는 위젯입니다. 이때 필요한 것이 audioplayers라는 패키지로,
음악을 재생하거나 종료할 때 사용합니다. pubspec.yaml 파일로 이동하여 패키지를 추가하
고 download_listtile.dart 파일에 코드를 작성합니다.

• pubspec.yaml

```
(... 생략 ...)
audioplayers: ^5.2.0
(... 생략 ...)
```

• lib/view/main/sound/download_listtile.dart

```dart
import 'package:classic_sound/data/music.dart';
import 'package:flutter/material.dart';
import 'package:path_provider/path_provider.dart';
import 'package:dio/dio.dart';
import 'package:audioplayers/audioplayers.dart';
import 'dart:io';

class DownloadListTile extends StatefulWidget {
  final Music music;

  const DownloadListTile({
    super.key,
    required this.music,
  });

  @override
  _DownloadListTileState createState() => _DownloadListTileState();
}

class _DownloadListTileState extends State<DownloadListTile> {
  double progress = 0.0; // 내려받기 진행률
  bool isDownloading = false; // 내려받는 중인지 여부
```

```dart
bool isPlaying = false;
IconData leadingIcon = Icons.music_note;
final player = AudioPlayer();
AudioCache audioCache = AudioCache();

@override
Widget build(BuildContext context) {
  return InkWell(
    child: Card(
      child: ListTile(
        leading: Icon(leadingIcon),
        title: Text(widget.music.name),
        subtitle: Text('${widget.music.composer} / ${widget.music.tag}'),
        trailing: isDownloading
            ? CircularProgressIndicator(
                value: progress,
                strokeWidth: 5.0,
              )
            : const Icon(Icons.arrow_circle_right_sharp),
        tileColor: Colors.grey[200],
        shape: RoundedRectangleBorder(
          borderRadius: BorderRadius.circular(10),
          side: BorderSide(color: Colors.grey[300]!, width: 1),
        ),
      ),
    ),
    onTap: () async {
      var url = widget.music.downloadUrl;
      var dir = await getApplicationDocumentsDirectory();
      var path = '${dir.path}/${widget.music.name}';
      // File 객체 생성하기
      var file = File(path);
      // 파일이 있는지 확인하기
      bool exists = await file.exists();
      if (exists) {
      } else {
        // 파일이 없다면 내려받기 시작하기
        setState(() {
```

```
          isDownloading = true;
        });

        await Dio().download(
          url,
          path,
          onReceiveProgress: (received, total) {
            if (total != -1) {                    ◄── Dio 패키지로 파일을 내려받습니다.
              setState(() {
                progress = received / total;
              });
            }
          },
        );
        setState(() {
          isDownloading = false;
        });
      }
    },
  );
}
}
```

이 item 위젯에는 dio 패키지를 이용하여 파일을 내려받는 코드가 있습니다. Dio().download()
를 이용하면 url에 지정한 파일을 path에 지정한 경로에 저장합니다. 이와 함께 내려받는 동
안 진행률을 계산하여 원형 진행 바인 CircularProgressIndicator() 위젯으로 나타내도록
구현했습니다.

이제 다시 main_page.dart로 이동하여 음악 이름만 표시했던 Text 위젯을 Download ListTile()
로 변경합니다.

• lib/view/main/main_page.dart

```
import 'package:classic_sound/view/main/sound/download_listtile.dart';  ◄── 추가
(... 생략 ...)
body: ListView.builder(
  itemBuilder: (context, value) {
    Music music = Music.fromStoreData(documentList[value]);
    musicList.add(music);
```

```
      return DownloadListTile(music: music,);  ← 수정
    },
    itemCount: documentList.length,
  ),
(... 생략 ...)
```

수정을 끝내고 빌드하면 다음과
같은 리스트가 나오는 것을 확인
할 수 있습니다. 목록을 터치하
면 원형 진행 바가 표시되며 음
악 파일을 스마트폰으로 내려받
습니다.

▶ 실행 결과

원형 진행 바

음악 재생 페이지 만들기

목록 타일을 완성했으므로 이번에는 음악 재생 페이지를 만들어
보겠습니다. 이런 페이지는 보통 다음과 같은 형태로 구성합니다.

커다란 섬네일과 제목, 음악가, 좋아요/싫어요 버튼 등을 배치하
고 재생과 관련한 정보와 함께 기타 기능을 구현합니다. 멜론, 지
니, 스포티파이 등 다양한 앱이 있고 저마다 차이는 있지만, 음악
재생 관련 정보가 있고 섬네일과 제목, 음악가를 표시하는 형태는
어디나 비슷하다고 할 수 있습니다. 그러면 음악 재생 페이지를 만
들어 볼까요?

섬네일

음악 제목, 음악가

좋아요/싫어요 버튼

재생 관련 기능

먼저 lib/view/main/sound 폴더에 player_widget.dart 파일을 생성하고 이곳에 플레이어 위젯을 만듭니다.

• lib/view/main/sound/player_widget.dart

```dart
import 'dart:async';

import 'package:audioplayers/audioplayers.dart';
import 'package:flutter/material.dart';

class PlayerWidget extends StatefulWidget {
  final AudioPlayer player;

  const PlayerWidget({
    required this.player,
    super.key,
  });

  @override
  State<StatefulWidget> createState() {
    return _PlayerWidgetState();
  }
}

class _PlayerWidgetState extends State<PlayerWidget> {
  // 현재 플레이 상태
  PlayerState? _playerState;
  // 음악 시간과 현재 재생 시간
  Duration? _duration;
  Duration? _position;

  // 시간과 재생 슬라이더가 지속적으로 변하기 위한 Stream
  StreamSubscription? _durationSubscription;
  StreamSubscription? _positionSubscription;
  StreamSubscription? _playerCompleteSubscription;
  StreamSubscription? _playerStateChangeSubscription;
```

> 구독 중인 데이터의 변경 내용을 확인하는 데 이용합니다.

```dart
  bool get _isPlaying => _playerState == PlayerState.playing;
  bool get _isPaused => _playerState == PlayerState.paused;
  String get _durationText => _duration?.toString().split('.').first ?? '';
```

```dart
  String get _positionText => _position?.toString().split('.').first ?? '';
  AudioPlayer get player => widget.player;

  @override
  void initState() {
    super.initState();
    _playerState = player.state;
    player.getDuration().then(
          (value) => setState(() {
            _duration = value;
          }),
        );
    player.getCurrentPosition().then(
          (value) => setState(() {
            _position = value;
          }),
        );
    _initStreams();
  }

  @override
  void setState(VoidCallback fn) {
    if (mounted) {
      super.setState(fn);
    }
  }

  @override
  void dispose() {
    _durationSubscription?.cancel();
    _positionSubscription?.cancel();
    _playerCompleteSubscription?.cancel();
    _playerStateChangeSubscription?.cancel();
    super.dispose();
  }

  @override
  Widget build(BuildContext context) {
    final color = Theme.of(context).primaryColor;
```

```
return Column(
  mainAxisSize: MainAxisSize.min,
  children: <Widget>[
    Slider(
      onChanged: (v) {
        final duration = _duration;
        if (duration == null) {
          return;
        }
        final position = v * duration.inMilliseconds;
        player.seek(Duration(milliseconds: position.round()));
      },
      value: (_position != null &&
              _duration != null &&
              _position!.inMilliseconds > 0 &&
              _position!.inMilliseconds < _duration!.inMilliseconds)
          ? _position!.inMilliseconds / _duration!.inMilliseconds
          : 0.0,
    ),
    Text(
      _position != null
          ? '$_positionText / $_durationText'
          : _duration != null
              ? _durationText
              : '',
      style: const TextStyle(fontSize: 16.0),
    ),
    Row(
      mainAxisSize: MainAxisSize.min,
      children: [
        IconButton(
          key: const Key('prev_button'),
          onPressed: _prev,
          iconSize: 48.0,
          icon: const Icon(Icons.skip_previous),
          color: color,
        ),
        IconButton(
          key: const Key('play_button'),
```

```dart
          onPressed: _isPlaying ? null : _play,
          iconSize: 48.0,
          icon: const Icon(Icons.play_arrow),
          color: color,
        ),
        IconButton(
          key: const Key('pause_button'),
          onPressed: _isPlaying ? _pause : null,
          iconSize: 48.0,
          icon: const Icon(Icons.pause),
          color: color,
        ),
        IconButton(
          key: const Key('stop_button'),
          onPressed: _isPlaying || _isPaused ? _stop : null,
          iconSize: 48.0,
          icon: const Icon(Icons.stop),
          color: color,
        ),
        IconButton(
          key: const Key('next_button'),
          onPressed: _next,
          iconSize: 48.0,
          icon: const Icon(Icons.skip_next),
          color: color,
        ),
      ],
    ),
  ],
  );
}

void _initStreams() {
  _durationSubscription = player.onDurationChanged.listen((duration) {
    setState(() => _duration = duration);
  });

  _positionSubscription = player.onPositionChanged.listen(
    (p) => setState(() => _position = p),
```

```
      );

      _playerCompleteSubscription = player.onPlayerComplete.listen((event) {
        setState(() {
          _playerState = PlayerState.stopped;
          _position = Duration.zero;
        });
      });

      _playerStateChangeSubscription =
          player.onPlayerStateChanged.listen((state) {
        setState(() {
          _playerState = state;
        });
      });
  }

  Future<void> _play() async {
    final position = _position;
    if (position != null && position.inMilliseconds > 0) {
      await player.seek(position);
    }
    await player.resume();
    setState(() => _playerState = PlayerState.playing);
  }

  Future<void> _pause() async {
    await player.pause();
    setState(() => _playerState = PlayerState.paused);
  }

  Future<void> _prev() async {
    // 이전 곡 재생
  }

  Future<void> _next() async {
    // 다음 곡 재생
  }
```

```dart
  Future<void> _stop() async {
    await player.stop();
    setState(() {
      _playerState = PlayerState.stopped;
      _position = Duration.zero;
    });
  }
}
```

그리고 같은 폴더에 sound_detail_page.dart 파일을 추가하고 다음과 같이 상세 보기 페이지를 구현합니다.

• lib/view/main/sound/sound_detail_page.dart

```dart
import 'package:audioplayers/audioplayers.dart';
import 'package:classic_sound/data/music.dart';
import 'package:classic_sound/view/main/sound/player_widget.dart';
import 'package:cloud_firestore/cloud_firestore.dart';
import 'package:flutter/material.dart';
import 'package:path_provider/path_provider.dart';

class SoundDetailPage extends StatefulWidget {
  final Music music;
  const SoundDetailPage({super.key, required this.music});
  @override
  State<StatefulWidget> createState() {
    return _SoundDetailPage();
  }
}

class _SoundDetailPage extends State<SoundDetailPage> {
  AudioPlayer player = AudioPlayer();
  FirebaseFirestore firestore = FirebaseFirestore.instance;
  @override
  void initState() {
    super.initState();
    initPlayer();
  }
```

```
void initPlayer() async {
  var dir = await getApplicationDocumentsDirectory();
  var path = '${dir.path}/${widget.music.name}';
  player.setSourceDeviceFile(path);
}


@override
Widget build(BuildContext context) {
  return Scaffold(
    body: Container(
      child: Padding(
        padding: const EdgeInsets.all(20),
        child: Column(
          children: [
            SizedBox(
              height: 10,
            ),
            SizedBox(
              height: 50,
              child: Row(
                children: [
                  IconButton(
                      onPressed: () {
                        Navigator.of(context).pop();
                      },
                      icon: const Icon(Icons.arrow_back))
                ],
              ),
            ),
            SizedBox(
              height: 20,
            ),
            ClipOval(
              child: Image.network(
                widget.music.imageDownloadUrl,
                errorBuilder: (context, obj, err) {
                  return Icon(
                    Icons.music_note_outlined,
                    size: 200,
```

```
          );
        },
      ),
    ),
    SizedBox(
      height: 20,
    ),
    Column(
      crossAxisAlignment: CrossAxisAlignment.start,
      children: [
        Text(
          widget.music.name,
          style: TextStyle(fontSize: 20, fontWeight: FontWeight.bold),
        ),
        Text(widget.music.composer),
      ],
    ),
    SizedBox(
      height: 20,
    ),
    Row(
      mainAxisAlignment: MainAxisAlignment.center,
      children: [
        IconButton(
          onPressed: () async {
            DocumentReference musicRef =
                firestore.collection('musics').doc(widget.music.name);
            await musicRef.update({
              'likes': FieldValue.increment(1),
            }).then((value) {
              const snackBar = SnackBar(
                content: Text('좋아요 클릭했어요!'),
              );
              ScaffoldMessenger.of(context).showSnackBar(snackBar);
            });
          },
          icon: Icon(Icons.thumb_up),
          padding: EdgeInsets.all(5),
          style: IconButton.styleFrom(
```

```
            backgroundColor: Colors.amberAccent),
      ),
      SizedBox(
        width: 20,
      ),
      IconButton(
        onPressed: () async {
          DocumentReference musicRef =
              firestore.collection('music').doc(widget.music.name);
          await musicRef.update({
            'likes': FieldValue.increment(-1),
          }).then((value) {
            const snackBar = SnackBar(
              content: Text('싫어요 클릭했어요!'),
            );
            ScaffoldMessenger.of(context).showSnackBar(snackBar);
          });
        },
        icon: Icon(Icons.thumb_down),
        padding: EdgeInsets.all(5),
        style: IconButton.styleFrom(
            backgroundColor: Colors.amberAccent),
      )
    ],
  ),
  // 음악 재생 위젯
  PlayerWidget(player: player) ←  앞서 만든 플레이어 위젯을 이곳에 넣습니다.
    ],
   ),
  ),
 ),
);
 }
}
```

따로 클래스를 만들어서 위젯을 구현한 이유는 하나의 클래스가 길어지면 코드를 볼 때 불편
하기 때문입니다. 이뿐만 아니라 공통 코드나 재활용할 수 있는 코드도 따로 클래스로 묶어
위젯으로 만들면 다시 활용하기 편리합니다. 특히 PlayerWidget은 메인 페이지에서도 사용

하므로 따로 만들어 두겠습니다. 이전 곡과 다음 곡 기능은 다음 실습에서 데이터베이스를 구성하면 그때 다시 코드를 작성합니다.

이번 코드 중에는 StreamSubscription 클래스가 보이는데, 이 클래스는 데이터를 계속 구독하다가 데이터가 변경될 때마다 처리할 수 있도록 합니다. 다음 4개의 StreamSubscription 중 _playerCompleteSubscription은 플레이어의 음원의 상태가 변경되었을 때 호출합니다. 다양한 곳에서 사용할 수 있고 기존 패키지에서도 많은 부분에 이 Stream Subscription을 이용합니다.

```dart
StreamSubscription? _durationSubscription;
StreamSubscription? _positionSubscription;
StreamSubscription? _playerCompleteSubscription;
StreamSubscription? _playerStateChangeSubscription;
(... 생략 ...)
_playerCompleteSubscription = player.onPlayerComplete.listen((event) {
  setState(() {
    _playerState = PlayerState.stopped;
    _position = Duration.zero;
  });
});
```

목록 타일을 표시하는 download_listtile.dart 파일을 수정하여 SoundDetailPage()로 이동하도록 변경합니다.

• lib/view/main/sound/download_listtile.dart

```dart
(... 생략 ...)
import 'package:classic_sound/view/main/sound/sound_detail_page.dart';  ← 추가
(... 생략 ...)
// 파일이 있는지 확인하기
bool exists = await file.exists();
if (exists) {
  Navigator.of(context).push(MaterialPageRoute(builder: (context) {  ← 추가
    return SoundDetailPage(music: widget.music);
  }));
} else {
(... 생략 ...)
```

내려받은 파일이 없다면 목록을 터치해 내려받기를 시작합니다. 그리고 다시 터치하면 다음과 같이 음악 재생 페이지로 이동합니다.

▶ 실행 결과

기본적인 음악 앱 구조를 만들었으나 아직 완성은 아닙니다. 스마트폰에 저장한 파일을 데이터베이스로 만들어 인터넷에 연결되지 않아도 사용할 수 있도록 하는 작업이 필요합니다. 다음 실습에서는 SQLite를 이용하여 로컬 데이터베이스를 구현해 봅니다.

플레이어 위젯

Do it! 실습 › 로컬 데이터베이스 구성하기

파이어베이스에 모든 데이터를 저장하면 간단하게 데이터를 쓰고 가져올 수 있겠지만, 인터넷에 연결되어야 하고 읽고 쓸 때마다 비용이 발생한다는 제한이 있습니다.

Cloud Firestore		
저장된 데이터	총 1GiB	최대 1GiB까지 무료 이후 Google Cloud 가격 책정
네트워크 이그레스	10GiB/월	10GiB/월까지 무료 이후 Google Cloud 가격 책정 적용
문서 쓰기	쓰기 20,000회/일	쓰기 20,000회/일까지 무료 이후 Google Cloud 가격 책정 적용
문서 읽기	읽기 50,000회/일	읽기 50,000회/일까지 무료 이후 Google Cloud 가격 책정 적용
문서 삭제	삭제 20,000회/일	삭제 20,000회/일까지 무료 이후 Google Cloud 가격 책정 적용

매일 무료만큼만 사용할 수 있다면 좋겠지만, 사용자가 늘수록 사용하는 데이터도 늘어납니다. 예를 들어, 만 명이 사용하는 앱이라면 두 번씩만 써도 하루에 쓸 수 있는 횟수를 초과해 버립니다. 유명한 앱은 하루 사용자가 1,000만 명을 넘기도 하므로 테스트할 때는 20,000회가 많아 보이지만 전혀 그렇지 않습니다. 이럴 때는 로컬 데이터베이스와 적절히 혼합하여 사용하면 데이터도 절약하고 인터넷이 안 될 때도 사용할 수 있다는 장점이 있습니다.

로컬 데이터베이스를 사용하려면 pubspec.yaml 파일로 이동하여 SQLite 플러그인인 sqflite 패키지를 추가합니다.

```
sqflite: ^2.0.0+3
```

이제 데이터베이스를 만들어야 하는데, 먼저 lib/data 폴더에 local_database.dart 파일을 생성하고 다음 코드를 입력합니다. 여기서는 데이터베이스를 초기화하고 추가, 읽기, 삭제하는 함수를 만듭니다.

```
import 'package:sqflite/sqflite.dart';
import 'package:path/path.dart';
import 'music.dart';

class MusicDatabase {
  final Database database;

  MusicDatabase(this.database);

  static Future<Database> initDatabase() async {
    // 데이터베이스 초기화하기
    Future<Database> database = openDatabase(
      join(await getDatabasesPath(), 'music_database.db'),
      onCreate: (db, version) {
        return db.execute(
          'CREATE TABLE music('
          'id INTEGER PRIMARY KEY,'
          'name TEXT,'
          'composer TEXT,'
          'tag TEXT,'
          'category TEXT,'
          'size INTEGER,'
          'type TEXT,'
          'downloadUrl TEXT,'
          'imageDownloadUrl TEXT'
```

```
            ')',
        );
      },
      version: 1,
    );
    return database;
  }

  Future<void> insertMusic(Music music) async {
    final Database db = database;
    // 데이터베이스에 음악 정보 추가하기
    await db
        .insert(
          'music',
          music.toMap(),
          conflictAlgorithm: ConflictAlgorithm.replace,   // 중복이라면 교체하기
        )
        .then((value) => print("success save"));
  }

  // 데이터베이스 검색하기
  Future<List<Map<String, dynamic>>> getMusic() async {
    final dbPath = await getDatabasesPath();
    final db = await openDatabase(join(dbPath, 'music_database.db'));
    return db.query('music');
  }

  // 모든 데이터베이스 삭제하기
  Future<void> deleteMusicDatabase() async {
    String databasesPath = await getDatabasesPath();
    String path = join(databasesPath, 'music_database.db');
    await deleteDatabase(path);
  }
}
```

main.dart로 이동하여 데이터베이스를 초기화하고 앱에서 사용할 수 있도록 수정합니다.

```
                                                            • lib/main.dart
(... 생략 ...)
import 'package:sqflite/sqflite.dart'; ←─ 추가
import 'data/local_database.dart';

void main() async {
  WidgetsFlutterBinding.ensureInitialized();
  await Firebase.initializeApp(options: DefaultFirebaseOptions.currentPlatform);
  final Database database = await MusicDatabase.initDatabase(); ←─ 추가
  runApp(MyApp(database: database,)); ←─ 수정
}
(... 생략 ...)
class MyApp extends StatelessWidget {
  final Database database; ←─ 추가
  const MyApp({super.key, required this.database}); ←─ 수정
(... 생략 ...)
      home: IntroPage(database: database,), ←─ 수정
(... 생략 ...)
```

database를 만들고 IntroPage로 전달합니다. IntroPage에서는 database를 전달받아 이를 다시 MainPage로 전달합니다.

```
                                              • lib/view/intro/intro_page.dart
(... 생략 ...)
import 'package:sqflite/sqflite.dart'; ←─ 추가

class IntroPage extends StatefulWidget {
  final Database database; ←─ 추가
  const IntroPage({super.key, required this.database}); ←─ 수정
(... 생략 ...)
Future.delayed(const Duration(seconds: 2), () {
  Navigator.of(context).pushReplacement(
      MaterialPageRoute(builder: (context) {
    return MainPage(database: widget.database,); ←─ 수정
  }));
});
(... 생략 ...)
```

전달받은 database를 사용할 수 있도록 MainPage 클래스를 수정합니다.

```
                                                  • lib/view/main/main_page.dart
(... 생략 ...)
import 'package:sqflite/sqflite.dart';  ←─ 추가
(... 생략 ...)
class MainPage extends StatefulWidget {
  final Database database;  ←─ 추가
  const MainPage({super.key, required this.database});  ←─ 수정
(... 생략 ...)
```

전달받은 database에 내려받은 음악을 저장하는 기능을 만들고자 DownloadListTile에도 database를 전달하도록 수정합니다.

```
                                                  • lib/view/main/main_page.dart
(... 생략 ...)
body: ListView.builder(
  itemBuilder: (context, value) {
    Music music = Music.fromStoreData(documentList[value]);
    musicList.add(music);
    return DownloadListTile(music: music, database: widget.database,);  ←─ 수정
  },
  itemCount: documentList.length,
),
(... 생략 ...)
```

download_listtile.dart 파일로 이동하여 database에 음악 정보를 저장하도록 코드를 수정합니다.

```
                                          • lib/view/main/sound/download_listtile.dart
(... 생략 ...)
import 'package:sqflite/sqflite.dart';  ←─ 추가
import '../../../data/local_database.dart';
(... 생략 ...)
class DownloadListTile extends StatefulWidget {
  final Music music;
```

```
  final Database database;  ←─ 추가

  const DownloadListTile({
    super.key,
    required this.music,
    required this.database,  ←─ 추가
  });

  @override
  _DownloadListTileState createState() => _DownloadListTileState();
}
(... 생략 ...)
// dio 이후 내려받기가 끝나면 데이터베이스에 추가하기
setState(() {
  isDownloading = false;
});
MusicDatabase(widget.database).insertMusic(widget.music);  ←─ 추가
(... 생략 ...)
```

이로써 데이터베이스를 추가했습니다. 데이터베이스를 한 번 만들어 두면 다양한 테이블을 만들 수 있으므로 여러 곳에서 사용할 수 있습니다.

본격적으로 데이터베이스를 활용하려면 쿼리 최적화나 데이터베이스 구조 등 공부할 내용이 많으나 시작이 반이니 자주 사용하면서 하나씩 익히도록 합시다. 데이터베이스를 검색하는 기능과 삭제하는 기능은 서랍 메뉴에서 사용할 겁니다.

마찬가지로 auth_page.dart 파일과 intro_page.dart 파일도 **database**를 주고받도록 수정합니다.

* lib/view/auth/auth_page.dart

```
(... 생략 ...)
import 'package:sqflite/sqflite.dart';  ←─ 추가
(... 생략 ...)
class AuthPage extends StatefulWidget {
  final Database database;  ←─ 추가
  const AuthPage({super.key, required this.database,});  ←─ 수정

(... 생략 ...)
```

```
}).then((value) {
  Navigator.of(context).pushAndRemoveUntil(
      MaterialPageRoute(builder: (context) {
        return MainPage(database: widget.database,); ← 수정
      }), (route) => false);
});
(... 생략 ...)
```

• lib/view/intro/intro_page.dart

```
(... 생략 ...)
Future.delayed(const Duration(seconds: 2), () {
  Navigator.of(context).pushReplacement(
      MaterialPageRoute(builder: (context) {
      return AuthPage(database: widget.database,); ← 수정
  }));
});
(... 생략 ...)
```

로컬 데이터베이스 구성을 완료했습니다. 다음 절에서는 데이터베이스를 활용해 서랍 위젯
을 구현해 보겠습니다.

06-4 플레이 리스트 기능과 설정 페이지 만들기

음악 재생 앱에서는 원하는 곡을 모은 플레이 리스트 기능을 제공합니다. 여기에서는 서랍 위젯을 만들어 내려받은 음악을 모아 볼 수 있는 기능을 추가합니다.

Do it! 실습 ▶ 서랍 위젯 만들기

이번에는 서랍 메뉴로 화면을 구성해 보겠습니다. lib/view/main 폴더에 서랍 위젯을 만들 drawer_widget.dart 파일을 생성하고 다음 코드를 작성합니다.

```
• lib/view/main/drawer_widget.dart

import 'package:classic_sound/view/user/user_page.dart';
import 'package:firebase_auth/firebase_auth.dart';
import 'package:flutter/material.dart';
import 'package:sqflite/sqflite.dart';

class DrawerWidget extends StatelessWidget {
  DrawerWidget({super.key, required this.database});
  final Database database;
  final FirebaseAuth _auth = FirebaseAuth.instance;

  Future<String?> getEmail() async {
    User? user = _auth.currentUser;
    String? email = user?.email;
    return email;
  }

  @override
  Widget build(BuildContext context) {
    return FutureBuilder(
        future: getEmail(),
        builder: (context, snapshot) {
          if (snapshot.hasData) {
```

```
        return ListView(
          padding: EdgeInsets.zero,
          children: [
            DrawerHeader(child: Text('${snapshot.data} 님 환영합니다.')),
            ListTile(
              title: const Text('내가 내려받은 음악'),
              onTap: () {},
            ),
            ListTile(
              title: const Text('나의 취향'),
              onTap: () {},
            ),
            ListTile(
              title: const Text('설정'),
              onTap: () async {},
            ),
            ListTile(
              title: const Text('라이선스'),
              onTap: () async {},
            ),
          ],
        );
      } else if (snapshot.hasError) {
        return Text('Error: ${snapshot.error}');
      } else {
        return const CircularProgressIndicator();
      }
    });
  }
}
```

파이어베이스 인증에서 이메일 정보를 받아 헤더에 표시하고 메뉴를 추가했습니다. 이제 각
메뉴를 페이지별로 만들어 봅니다. 내가 내려받은 음악 페이지는 자신이 내려받은 음악만 목
록 형식으로 출력합니다.

나의 취향 페이지는 내려받은 음악의 태그를 표시하며 설정 페이지에는 로그아웃 버튼이 있습니다. Drawer 위젯을 main_page.dart 파일에 추가하고 서랍 메뉴의 개별 페이지를 만들어 보겠습니다.

• lib/view/main/main_page.dart

```
(... 생략 ...)
import 'drawer_widget.dart';        ← 추가
(... 생략 ...)
appBar: AppBar(...),
drawer: Drawer(child: DrawerWidget(database: widget.database,)),   ← 추가
body: ListView.builder(...),
(... 생략 ...)
```

Do it! 실습 ▶ 내려받은 음악 페이지 만들기

먼저 내가 내려받은 음악 페이지부터 만들어 볼까요? DrawerWidget에 전달한 database를 사용할 user_page.dart 파일을 lib/view/user 폴더 안에 생성합니다. 그리고 다음과 같이 코드를 작성합니다.

• lib/view/user/user_page.dart

```
import 'package:classic_sound/data/local_database.dart';
import 'package:classic_sound/view/main/sound/download_listtile.dart';
import 'package:flutter/material.dart';
import 'package:sqflite/sqflite.dart';
import '../../data/music.dart';

class UserPage extends StatefulWidget {
  final Database database;
  const UserPage({super.key, required this.database});

  @override
  State<StatefulWidget> createState() {
    return _UserPage();
  }
}
```

```dart
class _UserPage extends State<UserPage> {
  late Future<List<Map<String, dynamic>>> _data;

  @override
  void initState() {
    super.initState();
    _data = MusicDatabase(widget.database).getMusic();
  }

  @override
  Widget build(BuildContext context) {
    return Scaffold(
      appBar: AppBar(
        title: Text('내가 내려받은 음악'),
      ),
      body: FutureBuilder<List<Map<String, dynamic>>>(
        future: _data,
        builder: (context, snapshot) {
          if (snapshot.connectionState == ConnectionState.done) {
            if (snapshot.hasData) {
              final data = snapshot.data;
              return ListView.builder(
                itemCount: data!.length,
                itemBuilder: (context, index) {
                  final music = data[index];
                  return DownloadListTile(
                    music: Music(
                        music['name'],
                        music['composer'],
                        music['tag'],
                        music['category'],
                        music['size'],
                        music['type'],
                        music['downloadUrl'],
                        music['imageDownloadUrl']),
                    database: widget.database,
                  );
                },
```

```
        );
      } else {
        return Center(child: Text('No data found'));
      }
    } else {
      return Center(child: CircularProgressIndicator());
    }
    },
   ),
  );
 }
}
```

initState() 함수에서 전달받은 데이터베이스에서 내가 내려받은 음악 데이터를 가져와 ListView로 표시합니다. 자신이 내려받은 음악만 있으므로 전체 리스트보다는 그 수가 같거나 적습니다.

이제 drawer_widget.dart 파일로 돌아와 내려받은 음악 페이지로 이동하는 내비게이션 코드를 추가합니다.

• lib/view/main/drawer_widget.dart

```
(... 생략 ...)
ListTile(
  title: const Text('내가 내려받은 음악'),
  onTap: () {
    Navigator.of(context).push(MaterialPageRoute(builder: (context){    ← 추가
      return  UserPage(database: database,);
    }));
  },
),
(... 생략 ...)
```

▶ 실행 결과

이제 빌드하면 다음과 같은 화면을 표시합니다.

Do it! 실습 ▶ 나의 취향 페이지 만들기

이제 나의 취향 페이지를 만들어 봅시다. 이 페이지는 자신이 내려받은 음악의 태그를 바탕으로 취향을 목록으로 보여줍니다. 취향을 활용하면 맞춤형 서비스도 만들 수도 있을 겁니다. 다만, 이런 서비스는 데이터 전문가도 있어야 하고 해야 할 작업도 많으므로 지금은 나의 취향을 보여 주는 수준에서 작업해 보겠습니다.

lib/view/user 폴더에 user_tag_page.dart 파일을 생성하고 다음 코드를 입력합니다.

• lib/view/user/user_tag_page.dart

```dart
import 'package:classic_sound/data/local_database.dart';
import 'package:flutter/material.dart';
import 'package:sqflite/sqflite.dart';

class UserTagPage extends StatefulWidget {
  final Database database;

  const UserTagPage({super.key, required this.database});
  @override
  State<StatefulWidget> createState() {
    return _UserTagPage();
  }
}

class _UserTagPage extends State<UserTagPage> {
  @override
  void initState() {
    super.initState();
  }

  @override
  Widget build(BuildContext context) {
    return Scaffold(
      appBar: AppBar(
        title: Text('나의 취향'),
      ),
      body: FutureBuilder<List<Map<String, dynamic>>>(
        future: MusicDatabase(widget.database).getMusic(),
        builder: (context, snapshot) {
```

```
    if (snapshot.connectionState == ConnectionState.done) {
      if (snapshot.hasData) {
        final data = snapshot.data;
        List<String> tags = List.empty(growable: true);
        data!.forEach((element) {
          var tag = (element['tag'] as String).split(",");
          tags.addAll(tag);
        });
        var mostTag = mostCommonStrings(tags);
        return Center(
          child: Column(
            mainAxisAlignment: MainAxisAlignment.center,
            children: [
              Text('당신이 좋아하는 음악의 Tag (순서대로)'),
              SizedBox(
                height: 20,
              ),
              Row(
                mainAxisAlignment: MainAxisAlignment.center,
                children: [
                  Icon(
                    Icons.music_note,
                    color: Colors.yellow,
                    size: 50,
                  ),
                  Text(
                    mostTag[0],
                    style: TextStyle(
                        fontSize: 30, fontWeight: FontWeight.bold),
                  ),
                ],
              ),
              Row(
                mainAxisAlignment: MainAxisAlignment.center,
                children: [
                  Icon(Icons.music_note, color: Colors.grey),
                  Text(
                    mostTag[1],
                    style: TextStyle(fontSize: 20),
```

> 자주 등장하는 순으로 태그를 정렬
> 하고 List 형식으로 반환합니다.

```
                  ),
                ],
              ),
              Row(
                mainAxisAlignment: MainAxisAlignment.center,
                children: [
                  Icon(Icons.music_note, color: Colors.brown),
                  Text(
                    mostTag[3],
                    style: TextStyle(fontSize: 18),
                  ),
                ],
              ),
            ],
          ),
        );
      } else {
        return Center(child: Text('No data found'));
      }
    } else {
      return Center(child: CircularProgressIndicator());
    }
  },
    ),
  );
}


List<String> mostCommonStrings(List<String> a) {
  final counts = <String, int>{};
  for (final string in a) {
    counts[string] = (counts[string] ?? 0) + 1;
  }
  final sortedCounts = counts.entries.toList()
    ..sort((a, b) => b.value.compareTo(a.value));
  final mostCommonStrings = sortedCounts.map((entry) => entry.key).toList();
  print(mostCommonStrings);
  return mostCommonStrings;
  }
}
```

mostCommonStrings() 함수는 데이터베이스의 모든 태그를 읽어 정렬하고 나서 가장 자주 등장하는 태그를 List 형식으로 반환하고 이를 사용자에게 보여줍니다.

이전 페이지와 마찬가지로 drawer_widget.dart 파일에 나의 취향 페이지로 이동하는 내비게이션을 추가합니다.

• lib/view/main/drawer_widget.dart

```
(... 생략 ...)
import 'package:classic_sound/view/user/user_tag_page.dart';   ← 추가
(... 생략 ...)
ListTile(
  title: const Text('나의 취향'),
  onTap: () {
    Navigator.of(context).push(MaterialPageRoute(builder: (context) {   ← 추가
      return UserTagPage(database: database,);
    }));
  },
),
(... 생략 ...)
```

▶ 실행 결과

빌드하면 다음과 같이 태그를 기준으로 취향을 표시합니다.

Do it! 실습 ▶ 설정 페이지와 라이선스 페이지 만들기

이번에는 설정 페이지를 만들어 볼까요? 설정 페이지에는 로그아웃과 데이터 삭제 기능을 만들겠습니다. lib/view/setting 폴더에 설정 페이지인 setting_page.dart 파일을 생성하고 다음과 같이 코드를 입력합니다.

```dart
import 'package:classic_sound/data/local_database.dart';
import 'package:classic_sound/view/intro/intro_page.dart';
import 'package:firebase_auth/firebase_auth.dart';
import 'package:flutter/material.dart';
import 'package:shared_preferences/shared_preferences.dart';
import 'package:sqflite/sqflite.dart';

class SettingPage extends StatefulWidget {
  final Database database;
  const SettingPage({super.key, required this.database});

  @override
  State<StatefulWidget> createState() {
    return _SettingPage();
  }
}

class _SettingPage extends State<SettingPage> {
  @override
  Widget build(BuildContext context) {
    return Scaffold(
      appBar: AppBar(
        title: Text('설정'),
      ),
      body: Column(
        children: [
          ElevatedButton(
            onPressed: () async {
              final SharedPreferences preferences =
                  await SharedPreferences.getInstance();
              await preferences.setString("id" , "");
              await preferences.setString("pw" , "");
              await FirebaseAuth.instance.signOut().then((value) async {
                Navigator.of(context).pushAndRemoveUntil(
                    MaterialPageRoute(builder: (context) {
                  return IntroPage(database: widget.database);
```

```
            }), (route) => false);
          });
        },
        child: Text('로그아웃'),
      ),
      ElevatedButton(
        onPressed: () async {
          bool confirm = await showDialog(
            context: context,
            builder: (BuildContext context) {
              return AlertDialog(
                title: Text('데이터 삭제'),
                content: Text('정말 삭제하시겠습니까?'),
                actions: [
                  TextButton(
                    onPressed: () => Navigator.of(context).pop(false),
                    child: Text('아니오'),
                  ),
                  TextButton(
                    onPressed: () => Navigator.of(context).pop(true),
                    child: Text('예'),
                  ),
                ],
              );
            },
          );
          if (confirm) {
            MusicDatabase(widget.database).deleteMusicDatabase();
          }
        },
        child: Text('데이터 삭제'),
      ),
    ],
  ),
);
  }
}
```

이제 drawer_widget.dart 파일로 돌아와 설정 페이지로 이동하는 내비게이션 코드를 추가합니다.

• lib/view/main/drawer_widget.dart

```
(... 생략 ...)
import 'package:classic_sound/view/setting/setting_page.dart';   ← 추가
(... 생략 ...)
ListTile(
  title: const Text('설정'),
  onTap: () async {
    Navigator.of(context).push(MaterialPageRoute(builder: (context) {   ← 추가
      return SettingPage(database: database,);
    }));
  },
),
(... 생략 ...)
```

파일 추가와 수정이 끝나고 빌드하면 다음과 같은 설정 화면을 볼 수 있을 겁니다.

▶ 실행 결과

라이선스 페이지 역시 중요합니다. 아무리 출처를 밝히지 않아도 되는 오픈 소스를 사용해서 코드를 작성한다고 해도 대부분 라이선스는 밝히는 것이 바람직합니다. 플러터는 License Page라는 간단한 페이지를 이용하여 라이선스를 표시합니다.

lib/view/setting 폴더에 license_page.dart 파일을 생성하고 다음 코드를 입력합니다.

• lib/view/setting/license_page.dart

```dart
import 'package:flutter/material.dart';

class SoundLicensePage extends StatelessWidget {
  const SoundLicensePage({super.key});

  @override
  Widget build(BuildContext context) {
    return const Scaffold(
      body: LicensePage(
        applicationName: 'Classic Sound',
        applicationVersion: '1.0.0',
      ),
    );
  }
}
```

drawer_widget.dart 파일로 돌아와 라이선스 페이지로 이동하는 내비게이션을 추가합니다.

• lib/view/main/drawer_widget.dart

```dart
(... 생략 ...)
import 'package:classic_sound/view/setting/license_page.dart';   ← 추가
(... 생략 ...)
ListTile(
  title: const Text('라이선스'),
  onTap: () async {
    Navigator.of(context).push(MaterialPageRoute(builder: (context) {   ← 추가
      return SoundLicensePage();
    }));
  },
),
(... 생략 ...)
```

이제 빌드 후 라이선스 페이지를 확인하면 다음 화면처럼 사용한 패키지를 자동으로 읽어 표시합니다.

이것으로 서랍 메뉴 기능 구현을 마치고 다음 절에서는 앱 바에 검색 기능을 추가해 보겠습니다.

▶ 실행 결과

06-5 검색 기능과 부가 기능 만들기

쾌적한 앱 사용을 위한 부가 기능을 만들어 보겠습니다. 음악 검색 기능과 음악 재생을 위한 기능, 오프라인 상태에서도 앱을 사용할 수 있는 부가 기능을 구현합니다.

Do it! 실습 검색 기능 만들기

서비스를 이용할 때 매우 중요한 요소의 하나는 검색 기능입니다. 이번 실습에서는 앱바에 있는 검색 버튼을 터치하면 나타나는 검색 대화 상자에 검색어를 입력하고 그 결과를 보여 주는 기능을 만들어 보겠습니다.

lib/view/main/sound 폴더에 sound_search_dialog.dart 파일을 생성하고 다음처럼 코드를 입력합니다.

```
                                    • lib/view/main/sound/sound_search_dialog.dart
import 'package:cloud_firestore/cloud_firestore.dart';
import 'package:flutter/material.dart';

class MusicSearchDialog extends StatefulWidget {
  const MusicSearchDialog({super.key});

  @override
  State<StatefulWidget> createState() {
    return _MusicSearchDialog();
  }
}

class _MusicSearchDialog extends State<MusicSearchDialog> {
  String dropdownValue = 'name';
  TextEditingController searchController = TextEditingController();

  @override
  void initState() {
```

```dart
      super.initState();
    }

    @override
    Widget build(BuildContext context) {
      return AlertDialog(
        title: Text('Music 클래스 검색'),
        content: Column(
          mainAxisSize: MainAxisSize.min,
          children: [
            DropdownButton<String>(
              value: dropdownValue,
              onChanged: (newValue) {
                setState(() {
                  dropdownValue = newValue!;
                });
              },
              items: <String>['name', 'composer', 'tag', 'category']
                  .map<DropdownMenuItem<String>>((String value) {
                return DropdownMenuItem<String>(
                  value: value,
                  child: Text(value),
                );
              }).toList(),
            ),
            TextField(
              controller: searchController,
              decoration: InputDecoration(hintText: '검색어를 입력하세요.'),
            ),
          ],
        ),
        actions: [
          TextButton(
            onPressed: () {
              Navigator.pop(context);
            },
            child: Text('취소'),
          ),
```

```dart
        TextButton(
          onPressed: () {
            // 검색 기능 구현하기
            var result = searchMusicList(searchController.value.text);
            Navigator.of(context).pop(result);
          },
          child: Text('검색'),
        ),
      ],
    );
  }

  Query searchMusicList(String searchKeyword) {
    Query query = FirebaseFirestore.instance
        .collection('files')
        .where(dropdownValue, isGreaterThanOrEqualTo: searchKeyword)
        .where(dropdownValue, isLessThanOrEqualTo: '$searchKeyword\uf8ff');
    return query;
  }
}
```

> 파이어스토어 검색 결과를 저장합니다.

대화 상자는 Dropdown 위젯과 TextField 위젯으로 구성한 간단한 위젯으로, 이 위젯에 검색 조건을 선택하고 검색어를 입력해 음악을 검색합니다. searchMusicList() 함수에서는 where를 이용하여 파이어스토어를 검색합니다. files 컬렉션 중 선택한 dropdownValue가 searchKeyword보다 크거나 작거나 또는 같은 내용을 반환합니다.

검색 결과는 query 변수에 저장하여 반환합니다. 파이어베이스에서는 중간에 든 문자열 검색은 지원하지 않으므로 SQL의 LIKE 검색같은 부분 일치 검색과는 다른 결과가 나올 수 있습니다. 중간 문자열을 검색하고 싶다면 각 문서의 모든 내용을 따로 필드에 저장했다가 이를 검색해야 하는데, 호출량이 많아질 수 있습니다. 이럴 때는 알골리아algolia같은 검색 서비스 플랫폼을 이용해야 합니다.

다시 main_page.dart 파일로 이동하여 AppBar()의 onPressed: () async { } 안에 해당 내용을 추가합니다.

```
(... 생략 ...)
import 'package:classic_sound/view/main/sound/sound_search_dialog.dart';  ← 추가
(... 생략 ...)
appBar: AppBar(
  title: const Text(Constant.APP_NAME),
  actions: [IconButton(onPressed: () async {
        var result = await showDialog(  ← 추가
            context: context, builder: (context) {
              return const MusicSearchDialog();
            });
        if (result != null) {
          (result as Query).get().asStream().listen((event) {
            if (mounted) {
              setState(() {
                documentList = event.docs;
              });
            }
          });
        } else {
          getMusicList();
        }
      },
      icon: Icon(Icons.search))
  ],
),
(... 생략 ...)
```

▶ 실행 결과

MusicSearchDialog를 이용하여 반환값이 있다면, 즉 검색 결과라면 이를 Query로 하여 화면에 결과를 표시하고 반환값이 빈 문자열이면, 즉 검색이 아니라면 전체 목록을 표시하도록 합니다.

빌드한 후 검색 아이콘을 터치하면 나타나는 대화 상자에서 조건을 선택하고 검색어를 입력하면 음악을 찾을 수 있습니다.

지금은 등록된 음원의 수가 적지만 음원의 수가 많아지면 검색 기능을 통해 원하는 음악을 쉽게 검색할 수 있습니다.

Do it! 실습 인터넷에 연결되지 않았을 때 앱 사용하기

인터넷에 연결되지 않았다고 해서 무조건 앱을 사용하지 못하면 아쉬울 겁니다. 인트로 페이지에서 인터넷 연결을 확인하고, 인터넷에 연결되지 않았더라도 이전에 내려받았던 음악은 들을 수 있도록 하겠습니다.

intro_page.dart 파일로 이동하여 오프라인일 때 사용한 대화 상자에 action을 추가합니다.

• lib/view/intro/intro_page.dart

```
(... 생략 ...)
import '../user/user_page.dart';  ← 추가
(... 생략 ...)
return AlertDialog(  ← 수정
  title: Text(Constant.APP_NAME),
  content: Text('지금은 인터넷에 연결되지 않아 Classic Sound 앱을'
      '사용할 수 없습니다. 나중에 다시 실행해 주세요.'),
  actions: [  ← 추가
    ElevatedButton(
        onPressed: () {
          Navigator.of(context).pushAndRemoveUntil(
              MaterialPageRoute(builder: (context) {
            return UserPage(database: widget.database);
          }), (route) => false);
        },
        child: Text('오프라인으로 사용'))
  ],
);
(... 생략 ...)
```

▶ 실행 결과

Classic Sound

지금은 인터넷이 연결되지 않아 Classic Sound 앱을 사용할 수 없습니다.

오프라인으로 사용

〈오프라인으로 사용〉 버튼을 터치하면 앞서 만들었던 user_page.dart 파일의 **UserPage**()로 이동하도록 했습니다. 이 페이지는 이미 내려받은 음악 목록이므로 인터넷 연결이 필요 없습니다. 비행기 모드에서 앱을 실행하면 결과와 같은 대화 상자를 표시합니다.

Do it! 실습 ▶ 음악 상세 페이지 기능 추가하기

PlayerWidget을 만들면서 데이터베이스를 만들지 않았기에 아직 구현하지 못했던 기능이 있습니다. 바로 이전 곡 버튼(◀)과 다음 곡 버튼(▶|), 그리고 음악 앱이라면 빠질 수 없는 반복 버튼(🔁)과 셔플 버튼(🔀)입니다.

여기서는 이 기능을 추가합니다. player_widget.dart 파일로 이동하여 다음처럼 코드를 수정합니다.

```
                                              • lib/view/main/sound/player_widget.dart
import 'dart:async';

import 'package:audioplayers/audioplayers.dart';
import 'package:classic_sound/data/local_database.dart';    ← 추가
import 'package:classic_sound/data/music.dart';
import 'package:flutter/material.dart';
import 'package:path_provider/path_provider.dart';    ← 추가
import 'package:sqflite/sqflite.dart';

class PlayerWidget extends StatefulWidget {
  final AudioPlayer player;
  final Music music;    ← 추가
  final Database database;
  final Function callback;

  const PlayerWidget({
    required this.player,
    super.key,
    required this.music,    ← 추가
    required this.database,
    required this.callback,
  });
```

```dart
  @override
  State<StatefulWidget> createState() {
    return _PlayerWidgetState();
  }
}

class _PlayerWidgetState extends State<PlayerWidget> {
  // 현재 플레이 상태
  PlayerState? _playerState;

  // 음악 시간 및 현재 재생 시간
  Duration? _duration;
  Duration? _position;

  late Music _currentMusic;   ←  추가
  (... 생략 ...)

  bool _repeatCheck = false;   ←  추가
  bool _shuffleCheck = false;

  @override
  void initState() {
    super.initState();
    _currentMusic = widget.music;   ←  추가
    (... 생략 ...)
  }
  (... 생략 ...)

  @override
  Widget build(BuildContext context) {
    final color = Theme.of(context).primaryColor;
    return Column(
      mainAxisSize: MainAxisSize.min,
      children: <Widget>[
        (... 생략 ...)
        Row(
          mainAxisSize: MainAxisSize.min,
          children: [
            (... 생략 ...)
```

```dart
      ],
    ),
    Row(              ← 추가
      mainAxisSize: MainAxisSize.min,
      mainAxisAlignment: MainAxisAlignment.spaceAround,
      children: [
        IconButton(           ← 반복 버튼
          key: const Key('repeat_button'),
          onPressed: _repeat,
          iconSize: 44.0,
          icon: const Icon(Icons.repeat),
          color: _repeatCheck == true ? Colors.amberAccent : color,
        ),
        IconButton(           ← 서플 버튼
          key: const Key('shuffle_button'),
          onPressed: _shuffle,
          iconSize: 44.0,
          icon: const Icon(Icons.shuffle),
          color: _shuffleCheck == true ? Colors.amberAccent : color,
        ),
      ],
    ),
  ],
  );
}

void _initStreams() {
  (... 생략 ...)
  _playerCompleteSubscription = player.onPlayerComplete.listen((event) async {   ← 수정
    if (_repeatCheck) {    ← 수정
      var dir = await getApplicationDocumentsDirectory();
      setState(() {
        _position = const Duration(milliseconds: 1);
        var path = '${dir.path}/${_currentMusic.name}';
        player.setSourceDeviceFile(path).then((value) => player.resume());
      });
    } else {
      _position = const Duration(milliseconds: 1);
      _next().then((value) {
```

```dart
          player.resume();
        });
      }
    });
    (... 생략 ...)
  }
(... 생략 ...)

  Future<void> _pause() async {
    await player.pause();
    setState(() => _playerState = PlayerState.paused);
  }

  Future<void> _repeat() async {    ← 추가
    setState(() {
      if (_repeatCheck) {
        _repeatCheck = false;
      } else {
        _repeatCheck = true;
      }
    });
  }

  Future<void> _shuffle() async {    ← 추가
    setState(() {
      if (_shuffleCheck) {
        _shuffleCheck = false;
      } else {
        _shuffleCheck = true;
      }
    });
  }

  Future<void> _prev() async {
    // 이전 곡 재생하기
    var musics = await MusicDatabase(widget.database).getMusic();    ← 추가
    var dir = await getApplicationDocumentsDirectory();
    for (int i = 0; i < musics.length; i++) {
      if (musics[i]['name'] == widget.music.name && i != 0) {
```

```dart
    setState(() {
      _currentMusic = Music(
          musics[i - 1]['name'],
          musics[i - 1]['composer'],
          musics[i - 1]['tag'],
          musics[i - 1]['category'],
          musics[i - 1]['size'],
          musics[i - 1]['type'],
          musics[i - 1]['downloadUrl'],
          musics[i - 1]['imageDownloadUrl']);
      var path = '${dir.path}/${_currentMusic.name}';
      player.setSourceDeviceFile(path);
      widget.callback(_currentMusic);
    });
    break;
  } else if (musics[i]['name'] == widget.music.name && i == 0) {
    ScaffoldMessenger.of(context)
        .showSnackBar(SnackBar(content: Text('첫 곡입니다.')));
  }
  }
}

Future<void> _next() async {
  // 다음 곡 재생하기
  var musics = await MusicDatabase(widget.database).getMusic();   ◀── 추가
  if (_shuffleCheck) {
    musics.shuffle();
  }
  var dir = await getApplicationDocumentsDirectory();
  for (int i = 0; i < musics.length; i++) {
    if (musics[i]['name'] == widget.music.name && i + 1 < musics.length) {
      setState(() {
        _currentMusic = Music(
            musics[i + 1]['name'],
            musics[i + 1]['composer'],
            musics[i + 1]['tag'],
            musics[i + 1]['category'],
            musics[i + 1]['size'],
            musics[i + 1]['type'],
```

```
            musics[i + 1]['downloadUrl'],
            musics[i + 1]['imageDownloadUrl']);
        var path = '${dir.path}/${_currentMusic.name}';
        player.setSourceDeviceFile(path);
        widget.callback(_currentMusic);
      });
      break;
    } else if (musics[i]['name'] == widget.music.name &&
        i + 1 == musics.length) {
      ScaffoldMessenger.of(context)
          .showSnackBar(SnackBar(content: Text('마지막 곡입니다.')));
    }
  }
}
(... 생략 ...)
}
```

Row 아래에 반복과 셔플 버튼을 추가하고 _repeat(), _shuffle(), _next(), _prev() 함수를 만들었습니다. _next()와 _prev() 함수는 이전 곡과 다음 곡이 없으면 SnackBar 형태의 메시지가 나오도록 했습니다.

PlayerWidget을 호출하는 soundDetailPage도 다음과 같이 수정합니다.

• lib/view/main/sound/sound_detail_page.dart

```
(... 생략 ...)
import 'package:sqflite/sqflite.dart';  ←[ 추가 ]
(... 생략 ...)
class SoundDetailPage extends StatefulWidget {
  final Music music;
  final Database database;  ←[ 추가 ]
  const SoundDetailPage({super.key, required this.music, required this.database});  ←[ 수정 ]
(... 생략 ...)
class _SoundDetailPage extends State<SoundDetailPage> {
  AudioPlayer player = AudioPlayer();
  late Music currentMusic;  ←[ 추가 ]
  FirebaseFirestore firestore = FirebaseFirestore.instance;
```

```
@override
void initState() {
  super.initState();
  currentMusic = widget.music;  ← 추가
  initPlayer();
}
(... 생략 ...)
// 음악 재생 위젯
PlayerWidget(
  player: player,
  music: currentMusic,  ← 추가
  database: widget.database,
  callback: (music) {
    setState(() {
      currentMusic = music as Music;
    });
  },
)
(... 생략 ...)
```

마지막으로, SoundDetailPage에 인수로 database를 넘기도록 download_listtile.dart 파일
을 수정합니다.

• lib/view/main/sound/download_listtile.dart

```
(... 생략 ...)
if (exists) {
  Navigator.of(context).push(MaterialPageRoute(builder: (context) {
    return SoundDetailPage(music: widget.music, database: widget.database);  ← 수정
  }));
} else {
(... 생략 ...)
```

현재 재생 중인 음악에 맞게 화면이 바뀌도록 했습니다. 빌드
한 후에 음악 재생 페이지에 들어가면 다음과 같은 화면을 볼
수 있습니다.

▶ 실행 결과

이것으로 기획서를 만들고 기획서를 바탕으로 한 음악 앱을 만들어 보았습니다. 쿠팡이나 네
이버, 지마켓 등 여러 종류의 물건을 파는 쇼핑몰도 많은 사람이 이용하지만, 무신사, 크림과
같이 특정 범주의 물건만 파는 서비스 역시 인기가 있습니다. 마찬가지로 클래식 음악 앱 역
시 멜론처럼 다양한 음악이 아니라 클래식만 듣고 싶어하는 사람에게 충분히 매력적일 수 있
습니다. 그리고 특정 분야를 좋아하는 사람은 자신의 취미에 어느 정도는 돈을 낼 생각이 있
다는 조사도 있습니다.

이번 장에서 파이어베이스 기능 중 파이어스토어, 스토리지, 인증을 활용해 보았습니다. 이와
함께 dio 패키지, audioplayers 패키지를 이용해 음악을 내려받고 이를 처리하는 방법도 배웠
습니다. 다음 장에서는 소셜 네트워크 서비스[SNS]를 구현하면서 파이어베이스의 다른 기능도
살펴보겠습니다. 이 책을 끝낼 즈음이면 적어도 파이어베이스의 모든 기능을 한 번씩은 다뤄
볼 수 있도록 셋째마당도 최선을 다합시다.

상용화
체크리스트

☑ 상용화에 필요한 기능을 추가해 나만의 앱으로 발전시켜 보세요!

☐ 로그인 기능을 이용한 데이터 확보와 개인 정보 수집 동의 관련 내용

☐ 음악 앱의 저작권 확보하기

☐ 스트리밍 관련 연구하기: RTMP 서버가 스트리밍 서버 역할을 담당합니다.
플러터에서는 `rtmp_broadcaster` 패키지(https://pub.dev/packages/
rtmp_broadcaster)를 이용합니다.

☐ 소셜 기능: 게시판, 댓글, 팔로우 기능

☐ 음악 설정 기능: 플러터에는 점수가 높은 이퀄라이저 패키지가 아직 없습니다.

☐ 비즈니스 모델: 광고 모델, 유료화 모델

플러터 고급 기능으로
앱 개발자 되기

07

SNS 앱 만들기

셋째마당에서는 취미 기반 SNS 앱과 수공예품을 사고파는 마켓 앱 2가지를 만들어 봅니다. 더 다양한 파이어베이스 기능과 구글 로그인 등을 이용하여 서버 없는 앱을 완성하고 호스팅을 이용하여 웹으로도 서비스를 제공해 봅니다. 이와 함께 수익을 얻을 수 있는 광고 게재와 앱 배포 방법도 함께 살펴봅니다.

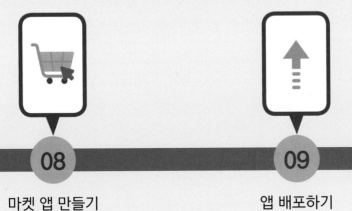

08

마켓 앱 만들기

09

앱 배포하기

SNS 앱 만들기

구글 애널리틱스　　클라우드 파이어스토어　　스토리지　　크래시리틱스　　인증

클라우드 함수　　클라우드 메시징　　알림　　데이터베이스

SharedPreferences　　SQLite　　로티

이 장에서는 앞서 살펴본 여러 가지 파이어베이스 기능과 함께 클라우드 함수와 클라우드 메시징
을 이용하여 정해진 조건일 때 알림을 보내는 방법을 살펴봅니다. 이와 함께 앱 고유의 아이콘을 적
용하고 앱 이름도 바꿔 봅니다.

07-1 SNS 앱 기획하기

7장에서는 SNS 앱을 만들어 보겠습니다. SNS는 소셜 네트워크 서비스의 줄임말로, 사용자 사이의 자유로운 의사소통과 정보 공유, 그리고 인적 네트워크 확대 등을 통해 사회적 관계를 형성하고 강화하는 온라인 플랫폼입니다. SNS는 PC 통신 시절부터 시작했다고 할 수 있는데, 국내에서는 하이텔, 천리안, 나우누리 등의 PC 통신이 그 시작이라고 할 수 있습니다. 그후 싸이월드가 등장하고 트위터, 페이스북이 등장하면서 지금의 SNS가 만들어졌습니다.

SNS의 시작과 오늘

이번 장에서는 트위터 형식의 간단한 SNS 앱을 만들어 보겠습니다. 이 앱에서 사용할 주요 파이어베이스 기능은 다음과 같습니다.

파이어베이스 기능	설명
Storage	이미지를 저장하는 데 사용합니다.
Cloud Firestore	데이터베이스를 저장하는 데 사용합니다.
Cloud Messaging	푸시 메시지를 받을 수 있는 기능을 담당합니다.
Functions	푸시 메시지를 전송하는 서버를 만듭니다.
Authentication	로그인 기능을 담당합니다.

그리고 앞에서 앱을 만들면서 겪었던 인수 전달의 불편함을 없애고자 Get 패키지를 사용합니다. 이 패키지는 네임드 라우트와 함께 간편한 인수 전달을 제공하여 플러터 앱에서 화면 간 데이터 전달을 효율적으로 처리하며 그 외에도 여러 가지 기능을 제공하는 다재다능한 패키지입니다.

다른 위젯에서 아주 간단하게 데이터를 호출할 수 있으며 내비게이션 이동도 편리합니다. 이 Get 패키지를 SNS 앱에 적용해 보겠습니다.

Get 패키지

목적과 기능 정의하기

SNS 앱마다 특징은 다양합니다. 트위터는 140자라는 짧은 글을 올려서 빠르게 공유하는 것이 특징이고 페이스북은 자신의 다양한 정보를 내 이웃에게 알리는 것이 목적입니다. 또한, 인스타그램은 이미지를 중심으로 전달하고 틱톡은 짧은 동영상을 공유합니다.

여기서는 취미에 기반을 둔 SNS 앱을 만들어 보겠습니다. 취미가 같은 사람끼리 모여서 대화를 나누면 즐겁지 않을까요? 필자의 취미는 게임입니다. 지금은 육아에 전념하느라 게임을 할 시간이 없지만, 여전히 무척 게임을 좋아하고 관련 정보를 찾기도 합니다. 새로운 정보를 공유하며 같은 게임을 좋아하는 사람끼리 같은 내용을 보고 즐길 수 있다면 얼마나 좋을까요?

이에 지금은 X로 이름을 바꾼 트위터 서비스 벤치마킹하여 취미라는 그룹으로 묶어 취향을 공유할 목적의 앱을 만들겠습니다. 꿀벌처럼 부지런히 취미를 찾아다닌다는 뜻에서 이름은 '허니비'로 정하겠습니다.

07장에서 벤치마킹할 서비스

흐름도 그리기

SNS 앱은 다양한 기능이 필요하므로 흐름도가 복잡해 지겠죠? 이럴수록 정확하게 흐름도를 그려야 합니다. draw.io를 이용하여 흐름도를 그려 봅니다.

전체 흐름도를 살펴보겠습니다. 앱을 시작하고 로그인했다면 메인 페이지로, 하지 않았다면 로그인 페이지로 넘어갑니다. 여기에서 계정이 없다면 회원 가입하고 처음 로그인하면 취미 선택 페이지로 이동합니다.

취미를 선택하고 이동할 메인 페이지는 4개 탭으로 이루어집니다. 먼저 자신이 선택한 취미와 관련한 글을 보여 주는 메인 페이지인 [홈] 탭, 태그를 검색하는 [검색] 탭, 취미와 관련한 글을 쓰는 [글쓰기] 탭, 마지막으로 앱을 설정하고 자신의 프로필을 확인하는 [프로필] 탭으로 구성합니다.

이제 페이지의 상세 기능을 정의해야 하는데, 흐름도만으로는 정의하기 어려

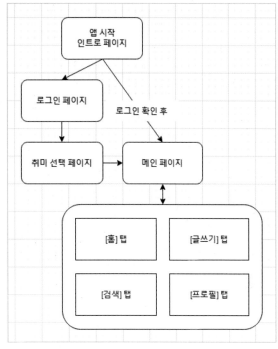

draw.io로 그린 SNS 앱 흐름도

우므로 이번에는 오븐을 이용하여 화면을 그리고 상세 내용을 정의해 보겠습니다.

상세 화면을 구성하기 전에 먼저 무료 이미지를 내려받을 수 있는 플래티콘(https://flaticon.com)에서 앱에 사용할 아이콘을 준비합시다.

플래티콘 웹 사이트

여기서는 상업적으로 사용할 수 있는 무료 이미지를 내려받을 수 있습니다. 물론 유료도 있고 하루에 일정 횟수 이상은 내려받을 수 없으니 적절하게 사용해야 합니다. 이번에는 'honeybee'로 검색한 아이콘 중 하나를 앱 아이콘으로 사용하겠습니다. 검색 결과 중 마음에 드는 이미지를 내려받습니다.

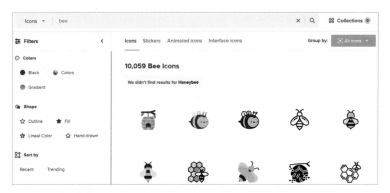

'honeybee'로 검색한 결과

실제 사용할 이미지와 함께 오븐(https://ovenapp.io)을 이용하면 좀 더 현실적인 느낌으로 페이지를 구성할 수 있습니다.

페이지 구성하기

오븐으로 페이지 내용을 구성해 보겠습니다.

인트로 페이지

인터넷 연결과 로그인 여부를 확인합니다. 벡터 그래픽 애니메이션 형식인 로티 파일을 이용하면 생동감 있는 앱 인트로 페이지를 만들 수 있습니다.

로그인 페이지

회원 가입, 로그인 그리고 비밀번호를 잊었을 때를 처리하는 페이지입니다. 처음 로그인하면 자동으로 아이디와 비밀번호를 저장하므로 로그아웃 전까지 회원 가입 페이지는 나타나지 않습니다.

취미 선택 페이지

취미는 하나만 선택할 수 있으며 설정에서 변경할 수 있습니다. 취미를 선택하면 이를 파이어스토어에 저장하고 메인 페이지 [홈] 탭으로 이동합니다.

메인 페이지: [홈] 탭

[홈] 탭에서는 자신이 선택한 취미와 관련한 피드를 표시합니다. 최신 피드부터 표시하며, 피드에는 내용, 이미지, 글쓴이, 댓글 버튼 등이 있습니다. 페이징 처리를 이용하여 10개씩 목록을 출력합니다.

메인 페이지: [검색] 탭

[검색] 탭에서는 태그를 검색합니다. 자신의 취미뿐 아니라 전체 태그도 검색할 수 있습니다. 파이어스토어에 데이터를 저장하므로 쿼리를 이용하여 처리합니다.

메인 페이지: [글쓰기] 탭

[글쓰기] 탭에서는 자신의 취미와 관련한 글을 쓸 수 있습니다. 내용과 태그를 입력하고 사진을 추가할 수 있습니다. 올린 피드는 [홈] 탭에서 확인할 수 있습니다.

메인 페이지: [프로필] 탭

알림 설정, 취미 변경, 로그아웃, 오픈 소스 라이선스가 있습니다.

상세 페이지

피드를 클릭하면 보이는 게시물 페이지입니다. 피드 내용과 함께 댓글도 확인할 수 있습니다. 댓글 아래에 추가 댓글을 달 수도 있습니다.

이것으로 기본이 될 8개 화면을 구성했습니다. 기획서를 완성했으니 다음 절부터 본격적으로 앱을 만들어 보겠습니다. 앱을 만들고 테스트하는 동안 어떤 부분은 부족하다는 생각이 들 때가 있을 겁니다. 우선 지붕을 지탱하는 큰 기둥을 먼저 만들고 부족한 기능이나 장식을 추가하면서 완성해 가면 됩니다. 이렇게 변화에 대응하며 유연하게 개발하는 방식을 애자일 방법론이라고 합니다. 이 책에서 소개한 SNS 허니비에 머물지 말고 나름의 방식으로 더 좋은 기능을 추가해 보세요.

07-2 SNS 앱 기본 페이지 만들기

SNS 앱의 기본 페이지인 인트로 페이지와 회원 가입, 로그인 페이지를 만들어 보겠습니다.

Do it! 실습 ▶ 프로젝트 생성하고 추가 기능 설정하기

프로젝트를 만들어 주도록 하겠습니다. 'honeybee'라는 이름으로 프로젝트를 생성하고 파이어베이스를 추가합니다. 이 부분은 프로젝트마다 반복했던 내용으로, 따로 다루지는 않겠습니다.　　　　▶ 파이어베이스 추가 과정이 헷갈린다면 03-2절 '앱에 파이어베이스 추가하기' 실습을 참고하세요.

파이어베이스를 추가했다면 pubspec.yaml 파일을 열고 다음과 같은 패키지를 추가합니다.

• pubspec.yaml

```
(... 생략 ...)
dependencies:
  flutter:
    sdk: flutter
```

```
firebase_core: ^2.14.0

firebase_analytics: ^10.4.3

firebase_app_check: ^0.2.1+18

cloud_firestore: ^4.9.2

firebase_storage: ^11.2.7

firebase_crashlytics: ^3.3.3

firebase_ui_firestore: ^1.5.5

firebase_auth: ^4.10.0

firebase_messaging: ^14.7.4

flutter_local_notifications: ^16.1.0

firebase_database: ^10.3.4

connectivity_plus: ^4.0.2

shared_preferences: ^2.2.1

sqflite: ^2.0.0+3

get: ^4.6.6

lottie: ^2.7.0

image_picker: ^1.0.4
(... 생략 ...)
```

각 패키지의 기능은 다음 표를 참고하세요.

패키지	설명
firebase_core	파이어베이스 핵심 기능을 제공하며 파이어베이스 앱을 초기화하고 구성하는 데 필요한 코드를 제공합니다.
firebase_analytics	애널리틱스를 사용하여 앱 사용자 행동과 속성 데이터를 수집하고 분석합니다.
firebase_app_check	승인하지 않은 클라이언트가 백엔드 리소스에 접근하는 것을 방지합니다.
cloud_firestore	클라우드 기반 NoSQL 데이터베이스인 파이어스토어를 사용하여 앱에서 데이터를 저장, 동기화하고 쿼리합니다.
firebase_storage	스토리지를 사용하여 앱에서 사용하는 파일(예: 이미지, 오디오, 비디오 등)을 저장합니다.
firebase_crashlytics	크래시리틱스를 사용하여 앱에서 발생하는 충돌을 식별하고 디버깅할 수 있습니다.
firebase_ui_firestore	FirebaseUI를 사용하여 파이어스토어 데이터베이스를 사용하는 앱의 인증, 로그인과 UI 흐름을 구현합니다.
firebase_auth	파이어베이스 인증을 사용하여 앱에서 사용자 인증을 관리합니다.
firebase_messaging	클라우드 메시징을 사용하여 앱에서 메시지를 보내고 받습니다.
flutter_local_notifications	로컬 알림을 생성하고 표시하는 플러그인입니다.

firebase_database	실시간 데이터베이스를 사용하여 앱에서 데이터를 실시간으로 동기화합니다.
connectivity_plus	네트워크 연결 상태를 확인할 수 있는 플러그인입니다.
shared_preferences	간단한 키-값 쌍 데이터를 저장하는 플러그인입니다.
sqflite	SQLite 데이터베이스를 사용하는 플러그인입니다.
get	상태 관리를 위한 간단한 라이브러리입니다.
lottie	로티 애니메이션을 사용하는 플러그인입니다.
image_picker	이미지를 선택하고 가져오는 플러그인입니다.

많은 패키지를 추가하다 보니 안드로이드에서 Multidex 문제가 발생할 수 있습니다. 이럴 때는 4장에서도 설명한 대로 프로젝트 창에서 android/app/build.gradle 파일로 이동하여 다음 코드를 추가합니다.

• android/app/build.gradle

```
(... 생략 ...)
defaultConfig {
    applicationId "com.example.honeybee"
    minSdkVersion 21      ← 수정
    targetSdkVersion flutter.targetSdkVersion
    versionCode flutterVersionCode.toInteger()
    versionName flutterVersionName
    multiDexEnabled true    ← 추가
}
(... 생략 ...)
```

lib/data 폴더에 사용자 클래스를 정의한 user.dart 파일과 상수를 정의한 constant.dart 파일을 추가합니다.

• lib/data/user.dart

```
class HoneyBeeUser {
  final String email;
  final String? uid;
  late String? hobby;

  HoneyBeeUser({required this.email, required this.uid});
}
```

• lib/data/constant.dart

```
class Constant {
  static const APP_NAME = '허니비';
}
```

이제 main.dart 파일에 다음과 같이 코드를 작성합니다.

• lib/main.dart

```
import 'package:firebase_app_check/firebase_app_check.dart';
import 'package:firebase_core/firebase_core.dart';
import 'package:firebase_messaging/firebase_messaging.dart';
import 'package:flutter/material.dart';
import 'package:flutter_local_notifications/flutter_local_notifications.dart';
import 'package:get/get.dart';
import 'package:honeybee/view/intro/intro_page.dart';

import 'data/constant.dart';
import 'firebase_options.dart';

// 앱이 백그라운드에 있을 때 앱을 처리하는 함수
// 백그라운드에서 파이어베이스를 호출하여 알림을 보여 줌
@pragma('vm:entry-point')
```

└── 안드로이드 네이티브 코드에서 다트 함수를 실행합니다.

```
Future<void> _firebaseMessagingBackgroundHandler(RemoteMessage message) async {
  await Firebase.initializeApp(options: DefaultFirebaseOptions.currentPlatform);
  await setupFlutterNotifications();
  showFlutterNotification(message);
  print('Handling a background message ${message.messageId}');
}

late AndroidNotificationChannel channel;

bool isFlutterLocalNotificationsInitialized = false;

// 플러터 알림 관련 설정하기
// 안드로이드는 채널을 등록해야 하므로 다음과 같은 설정이 필요함
Future<void> setupFlutterNotifications() async {
  if (isFlutterLocalNotificationsInitialized) {
    return;
```

```dart
      }
      channel = const AndroidNotificationChannel(
        'honey_bee_channel', // id
        'SNS 알림', // title
        description: '허니비 앱에서 사용하는 SNS 알림입니다.', // description
        importance: Importance.high,
      );

      flutterLocalNotificationsPlugin = FlutterLocalNotificationsPlugin();

      await flutterLocalNotificationsPlugin
          .resolvePlatformSpecificImplementation<
              AndroidFlutterLocalNotificationsPlugin>()
          ?.createNotificationChannel(channel);

      // 알림을 보낼 때 어떻게 보낼지 정의하기(알림 창, 배지, 소리)
      await FirebaseMessaging.instance.setForegroundNotificationPresentationOptions(
        alert: true,
        badge: true,
        sound: true,
      );
      isFlutterLocalNotificationsInitialized = true;
}

// 알림을 직접 보이는 함수
// 서버에서 전달하는 데이터를 message 클래스에 담아서 각각 보여 줌
void showFlutterNotification(RemoteMessage message) {
  RemoteNotification? notification = message.notification;
  AndroidNotification? android = message.notification?.android;
  if (notification != null && android != null) {
    flutterLocalNotificationsPlugin.show(
      notification.hashCode,
      notification.title,
      notification.body,
      NotificationDetails(
        android: AndroidNotificationDetails(
          channel.id,
          channel.name,
          channelDescription: channel.description,
```

```
          icon: 'noti_launch',
      ),
    ),
  );
 }
}

late FlutterLocalNotificationsPlugin flutterLocalNotificationsPlugin;

void main() async {
  WidgetsFlutterBinding.ensureInitialized();
  await Firebase.initializeApp(options: DefaultFirebaseOptions.currentPlatform);
  FirebaseMessaging.onBackgroundMessage(_firebaseMessagingBackgroundHandler);
  await setupFlutterNotifications();
  runApp(const MyApp());
}

String? initialMessage;

class MyApp extends StatelessWidget {
  const MyApp({super.key});

  @override
  Widget build(BuildContext context) {
    FirebaseMessaging.instance.getInitialMessage().then((value) {
      initialMessage = value?.data.toString();
    });

    // 앱이 실행될 때 메시지를 받으면 처리하는 콜백 함수
    FirebaseMessaging.onMessage.listen(showFlutterNotification);

    // 앱이 백그라운드에서 실행 중일 때 사용자가 알림을 탭하여 앱을 열 때 호출
    FirebaseMessaging.onMessageOpenedApp.listen((RemoteMessage message) {
      print('A new onMessageOpenedApp event was published!');
    });

    return GetMaterialApp(
      title: Constant.APP_NAME,
      theme: ThemeData(
```

```
        colorScheme: ColorScheme.fromSeed(seedColor: Colors.deepPurple),
        useMaterial3: true,
      ),
      home: const IntroPage(),
    );
  }
}
```

코드를 살펴보면 이전 코드와 비교하여 main.dart 파일에 더 많은 코드를 추가했는데, 대부분 알림 관련 코드입니다. 플러터의 특성상 네이티브 앱과 비교하면 백그라운드 처리가 매끄럽지 않습니다. 그래서 따로 백그라운드 처리를 하고 main()에서 푸시 메시지가 왔을 때 알림창에 표시하거나 메시지를 처리하여 어느 페이지에 있든지 해당 트리까지 이동하여 화면에 표시할 수 있도록 하는 함수를 호출합니다.

showFlutterNotification() 함수는 메시지에서 보내는 다양한 데이터를 처리하여 보여 주는 함수로, 파이어베이스 다이내믹 링크를 이용하여 페이지를 이동할 때 필요한 기능을 제공합니다.

```
void showFlutterNotification(RemoteMessage message) {
  RemoteNotification? notification = message.notification;
  AndroidNotification? android = message.notification?.android;
  if (notification != null && android != null) {
    flutterLocalNotificationsPlugin.show(
      notification.hashCode,
      notification.title,
      notification.body,
      NotificationDetails(
        android: AndroidNotificationDetails(
          channel.id,
          channel.name,
          channelDescription: channel.description,
          icon: 'noti_launch',
        ),
      ),
    );
  }
}
```

@pragma('vm:entry-point')는 안드로이드 네이티브 코드에서 다트 함수를 실행할 수 있는 구문입니다. 백그라운드 호출을 위해 안드로이드에서 푸시가 오면 다트 함수를 호출한다고 생각하면 됩니다.

```
@pragma('vm:entry-point')
Future<void> _firebaseMessagingBackgroundHandler(RemoteMessage message) async {
  await Firebase.initializeApp(options: DefaultFirebaseOptions.currentPlatform);
  await setupFlutterNotifications();
  showFlutterNotification(message);
  print('Handling a background message ${message.messageId}');
}
late AndroidNotificationChannel channel;
bool isFlutterLocalNotificationsInitialized = false;
```

Do it! 실습 ▶ 동적 애니메이션을 활용한 인트로 페이지 만들기

이제 인트로 페이지를 만들어 보겠습니다. 이전 실습에서 만든 인트로 화면에서는 정적인 이미지를 이용했지만, 이번에는 로티 파일을 이용하여 동적인 애니메이션을 추가해 보겠습니다.

로티 애니메이션 파일과 글꼴 파일 준비하기

로티는 JSON에 기반을 둔 애니메이션을 파일입니다. 파일을 내려받기 위해 로티파일즈 웹 사이트에 접속해 로그인 합니다(https://lottiefiles.com/kr/what-is-lottie). 구글 로그인을 지원하므로 구글 계정으로 로그인합니다. 로그인 후 검색창에 'honeybee'라고 입력하면 다음과 같이 다양한 애니메이션을 찾을 수 있습니다. 상업적으로 사용할 수 있는 무료 이미지인 [free]를 선택합니다. 물론, 유료로 결제하면 더 많은 애니메이션을 사용할 수 있습니다.

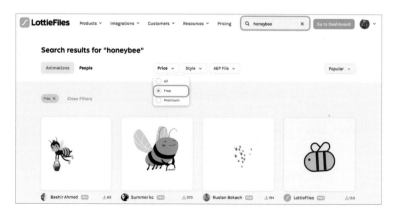

원하는 이미지를 선택하고 〈Download〉 → 〈Save to workspace to download〉 버튼을 클릭하여 선택한 작업 공간에 저장합니다.

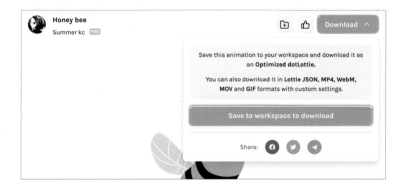

대시보드로 이동하여 저장한 로티 파일을 Lottie JSON 형식으로 내려받습니다.

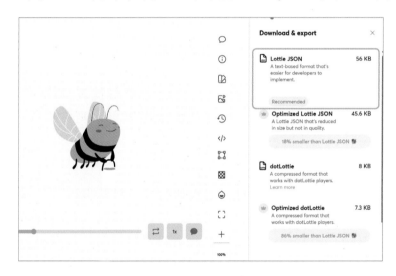

안드로이드 스튜디오를 열고 내려받은 파일을 honeybee 프로젝트의 res/animation 폴더에 honeybee.json이라는 이름으로 추가합니다.

앱에서 사용할 글꼴 파일도 준비합니다. 눈누(noonnu.cc)에서 무료 글꼴 파일을 내려받을 수 있으므로 이곳에서 웹 사이트에 사용할 글꼴 파일을 선택하여 내려받도록 합니다. 이때 확장자는 ttf이어야 하며 글꼴 파일은 res/font 폴더에 저장합니다.

인트로 페이지에 적용하기

이제 pubspec.yaml 파일로 이동하여 다음처럼 로티 파일과 글꼴 파일을 **assets**에 추가합니다.

```yaml
• pubspec.yaml

(... 생략 ...)
assets:
  - res/animation/honeybee.json

fonts:
  - family: clover
    fonts:
      - asset: res/font/YClover-Regular.ttf
(... 생략 ...)
```

〈Pub get〉버튼을 클릭하여 사용할 자원을 가져온 다음 lib/view/intro 폴더에 intro_page.dart 파일을 생성하고 다음 코드를 입력합니다.

```dart
• lib/view/intro/intro_page.dart

import 'dart:async';

import 'package:connectivity_plus/connectivity_plus.dart';
import 'package:firebase_auth/firebase_auth.dart';
import 'package:firebase_messaging/firebase_messaging.dart';
import 'package:flutter/material.dart';
import 'package:get/get.dart';
import 'package:honeybee/data/constant.dart';
import 'package:lottie/lottie.dart';
import 'package:shared_preferences/shared_preferences.dart';

import '../../data/user.dart';

class IntroPage extends StatefulWidget {
  const IntroPage({super.key});

  @override
  State<StatefulWidget> createState() {
```

```dart
      return _IntroPage();
  }
}

class _IntroPage extends State<IntroPage> {
  late HoneyBeeUser user;
```

FirebaseMessaging으로 알림 허용을 확인합니다.

```dart
  Future<bool> _notiPermissionCheck() async {
    FirebaseMessaging messaging = FirebaseMessaging.instance;
    NotificationSettings settings = await messaging.requestPermission(
      alert: true,
      announcement: false,
      badge: true,
      carPlay: false,
      criticalAlert: false,
      provisional: false,
      sound: true,
    );
    if (settings.authorizationStatus == AuthorizationStatus.authorized) {
      return true;
    } else {
      return false;
    }
  }

  Future<bool> _loginCheck() async {
    final SharedPreferences preferences = await SharedPreferences.getInstance();
    String? id = preferences.getString("id");
    String? pw = preferences.getString("pw");
    String? hobby = preferences.getString("hobby");
    if (id != null && pw != null) {
      final FirebaseAuth auth = FirebaseAuth.instance;
      try {
        await auth.signInWithEmailAndPassword(email: id, password: pw);
        user = HoneyBeeUser(
            email: auth.currentUser!.email!, uid: auth.currentUser!.uid);
        user.hobby = hobby;
        Get.put(user);
        return true;
```

```dart
        } on FirebaseAuthException catch (e) {
          return false;
        }
      } else {
        return false;
      }
    }

    @override
    Widget build(BuildContext context) {
      return Scaffold(
        body: FutureBuilder(
          builder: (context, snapshot) {
            switch (snapshot.connectionState) {
              case ConnectionState.active:
                return const Center(
                  child: CircularProgressIndicator(),
                );
              case ConnectionState.done:
                if (snapshot.data != null) {
                  if (snapshot.data!) {
                    _notiPermissionCheck().then((value) {
                      _loginCheck().then((value) {
                        if (value == true) {
                          Future.delayed(const Duration(seconds: 2), () {
                            Get.snackbar(Constant.APP_NAME, '로그인했습니다.');
                            if (user.hobby != null) {
                              // 메인 페이지로 이동하기
                            } else {
                              // 취미 선택 페이지로 이동하기
                            }
                          });
                        } else {
                          Future.delayed(const Duration(seconds: 2), () {
                            // 회원 가입 페이지로 이동하기
                          });
                        }
                      });
                    });
```

```
        return Container(
          color: Colors.greenAccent,
          child: Center(
            child: Column(
              mainAxisAlignment: MainAxisAlignment.center,
              children: [
                const Text(
                  Constant.APP_NAME,
                  style:
                      TextStyle(fontSize: 50, fontFamily: 'clover'),
                ),
                SizedBox(
                  height: 20,
                ),
                Lottie.asset('res/animation/honeybee.json'),
              ],
            ),
          ),
        );
      } else {
        return AlertDialog(
          title: Text(Constant.APP_NAME),
          content:
              Text('인터넷에 연결되지 않아 '
                  '허니비 SNS를 사용할 수 없습니다.'),
          actions: [],
        );
      }
    } else {
      return const Center(
        child: Text('데이터가 없습니다.'),
      );
    }
  case ConnectionState.waiting:
    return const Center(
      child: CircularProgressIndicator(),
    );
  case ConnectionState.none:
    return const Center(
```

```
          child: Text('데이터가 없습니다.'),
        );
      }
    },
    future: connectCheck(),
  ),
 );
}

Future<bool> connectCheck() async {
  var connectivityResult = await Connectivity().checkConnectivity();
  if (connectivityResult == ConnectivityResult.mobile ||
      connectivityResult == ConnectivityResult.wifi) {
    return true;
  } else {
    return false;
  }
 }
}
```

코드를 하나씩 살펴볼까요? 먼저 _notiPermissionCheck() 함수는 FirebaseMessaging을 이용하여 퍼미션을 요청합니다. AuthorizationStatus.authorized라면 퍼미션 요청을 승인했다는 뜻이므로 true를 반환하고 그 이외에는 false를 반환합니다. carPlay나 ciriticalAlert 매개변수는 사용하지 않으므로 alert, badge, sound 이외에는 모두 false로 지정합니다.

```
Future<bool> _notiPermissionCheck() async {
  FirebaseMessaging messaging = FirebaseMessaging.instance;
  NotificationSettings settings = await messaging.requestPermission(
    alert: true,
    announcement: false,
    badge: true,
    carPlay: false,
    criticalAlert: false,
    provisional: false,
    sound: true,
  );
  if (settings.authorizationStatus == AuthorizationStatus.authorized) {
```

```
      return true;
    } else {
      return false;
    }
  }
```

위젯에 로티 파일을 적용하는 방법은 간단합니다. Image 위젯처럼 Lottie를 호출하고 asset()
메서드에 JSON 파일 경로를 지정하면 끝입니다. 이때 pubspec.yaml 파일의 **assets:** 부분에
로티 형식 JSON 파일을 미리 등록해야 합니다. 글꼴도 마찬가지로 pubspec.yaml 파일의
family:에 등록한 이름을 fontFamily:에 지정하여 적용합니다.

```
return Container(
  color: Colors.greenAccent,
  child: Center(
    child: Column(
      mainAxisAlignment: MainAxisAlignment.center,
      children: [
        const Text(
          Constant.APP_NAME,
          style:
              TextStyle(fontSize: 50, fontFamily: 'clover'),
        ),
        SizedBox(
          height: 20,
        ),
        Lottie.asset('res/animation/honeybee.json'),
      ],
    ),
  ),
);
```

인트로 페이지의 전체 흐름은 다음과 같습니다. 먼저 인터넷에 연결되었는지 확인하고 온라
인이라면 알림을 요청합니다. 그 후 어떤 값을 받든지 로그인 여부를 확인하고 이에 따라 2초
후 이동할 페이지를 정합니다.

빌드하고 실행하면 다음과 같은 인트로 페이지를 표시합니다. 안드로이드 13부터는 오른쪽 실행 결과처럼 알림을 허용할지 묻는 대화 상자도 함께 표시합니다.

▶ 실행 결과

Do it! 실습 회원 가입과 로그인 페이지 만들기

이어서 회원 가입, 로그인 페이지와 비밀번호 재설정 기능을 만들어 볼까요?

회원 가입과 로그인 페이지 만들기

앞서 만들었던 회원 가입 페이지를 로티 파일을 이용한 디자인으로 변경하고 비밀번호 재설정 기능도 추가하겠습니다. 먼저 lib/view/auth 폴더에 로그인 페이지로 사용할 auth_page.dart 파일을 추가하고 다음 코드를 작성합니다.

• lib/view/auth/auth_page.dart

```
import 'package:cloud_firestore/cloud_firestore.dart';
import 'package:firebase_messaging/firebase_messaging.dart';
import 'package:flutter/material.dart';
import 'package:firebase_auth/firebase_auth.dart';
import 'package:get/get.dart';
import 'package:honeybee/data/constant.dart';
import 'package:lottie/lottie.dart';
import 'package:shared_preferences/shared_preferences.dart';
```

```dart
import '../../data/user.dart';

class AuthPage extends StatefulWidget {
  const AuthPage({super.key});

  @override
  _AuthPage createState() => _AuthPage();
}

class _AuthPage extends State<AuthPage> {
  // Firebase Auth 객체 생성하기
  final FirebaseAuth _auth = FirebaseAuth.instance;

  // 이메일과 비밀번호 입력 컨트롤러 생성하기
  final TextEditingController _emailController = TextEditingController();
  final TextEditingController _passwordController = TextEditingController();

  // 이메일과 비밀번호로 회원 가입하는 메서드
  void _signUp() async {
    try {
      // createUserWithEmailAndPassword 메서드로 회원 가입 요청하기
      await _auth.createUserWithEmailAndPassword(
          email: _emailController.text, password: _passwordController.text);
      // 회원 가입이 성공이면 메시지 업데이트하기
      setState(() {
        Get.snackbar(Constant.APP_NAME, '회원 가입 성공');
      });
    } on FirebaseAuthException catch (e) {
      // 에러 발생 시 메시지 업데이트하기
      setState(() {
        Get.snackbar(Constant.APP_NAME, e.message!);
      });
    }
  }

  // 비밀번호 재설정 이메일을 발송하는 메서드
  void _findPassword() async {
    String email = '';
    await showDialog(
```

비밀번호 재설정 이메일을 보냅니다.

```dart
        context: context,
        builder: (BuildContext context) {
          return AlertDialog(
            title: Text('비밀번호 초기화'),
            content: TextFormField(
              decoration: InputDecoration(hintText: 'Enter your email'),
              onChanged: (value) {
                email = value;
              },
            ),
            actions: [
              TextButton(
                onPressed: () {
                  Get.back();
                },
                child: Text('Cancel'),
              ),
              TextButton(
                onPressed: () async {
                  await _auth.sendPasswordResetEmail(email: email);
                  Get.snackbar(Constant.APP_NAME, "메일 전송 완료");
                  Get.back();
                },
                child: Text('Confirm'),
              ),
            ],
          );
        },
      );
}

// 이메일과 비밀번호로 로그인하는 메서드
void _signIn() async {
    try {
      // signInWithEmailAndPassword 메서드로 로그인 요청하기
      await _auth.signInWithEmailAndPassword(
          email: _emailController.text, password: _passwordController.text);
      // 로그인이 성공이면 메시지 업데이트
      setState(() {
        Get.snackbar(Constant.APP_NAME, '로그인 성공');
```

```
      });
      HoneyBeeUser user = HoneyBeeUser(
          email: _emailController.text!, uid: _auth.currentUser?.uid);
      Get.lazyPut(() => user);
      var token = await FirebaseMessaging.instance.getToken();
      final SharedPreferences preferences =
          await SharedPreferences.getInstance();
      await preferences.setString("id", _emailController.text);
      await preferences.setString("pw", _passwordController.text);
      await preferences.setBool("hobbyNoti", true);
      await preferences.setBool("commentNoti", true);
      await FirebaseFirestore.instance
          .collection('users')
          .doc(_emailController.text)
          .set({
        'email': _emailController.text,
        'fcm': token,
        'uid': _auth.currentUser?.uid,
        'hobbyNoti': true,
        'commentNoti': true,
      }).then((value) {
        // 취미 선택 페이지로 이동하기
      });
    } on FirebaseAuthException catch (e) {
      // 에러 발생 시 메시지 업데이트
      setState(() {
        Get.snackbar(Constant.APP_NAME, e.message!);
      });
    }
  }

  @override
  Widget build(BuildContext context) {
    return Scaffold(
      backgroundColor: Colors.greenAccent,
      body: Center(
        child: Padding(
          padding: EdgeInsets.only(left: 20, right: 20),
          child: Column(
            mainAxisAlignment: MainAxisAlignment.center,
```

```
    children: <Widget>[
      const Text(
        '허니비',
        style: TextStyle(fontFamily: 'clover', fontSize: 30),
      ),
      Lottie.asset(
        'res/animation/honeybee.json',
        width: MediaQuery.of(context).size.width / 2,
      ),
      // 이메일 입력 필드
      TextField(
        controller: _emailController,
        decoration: const InputDecoration(
          border: OutlineInputBorder(),
          labelText: '이메일',
          hintText: 'example@example.com',
          prefixIcon: Icon(Icons.email),
          suffixIcon: Icon(Icons.check),
        ),
      ),
      SizedBox(
        height: 20,
      ),
      // 비밀번호 입력 필드
      TextField(
        controller: _passwordController,
        decoration: const InputDecoration(
          border: OutlineInputBorder(),
          labelText: '비밀번호',
          hintText: '6자 이상',
          prefixIcon: Icon(Icons.password),
          suffixIcon: Icon(Icons.check),
        ),
        obscureText: true, // 비밀번호 가리기
      ),
      SizedBox(
        height: 20,
      ),
      Row(
        mainAxisAlignment: MainAxisAlignment.spaceAround,
```

```
                children: [
                    // 회원 가입 버튼
                    ElevatedButton(
                        onPressed: _signUp,
                        child: Text('회원 가입'),
                    ),
                    // 로그인 버튼
                    ElevatedButton(
                        onPressed: _signIn,
                        child: Text('로그인'),
                    ),
                ],
            ),
            SizedBox(
                height: 20,
            ),
            ElevatedButton(
                onPressed: _findPassword,
                child: Text('비밀번호 찾기'),
            ),
          ],
        ),
      ),
    ),
  );
  }
}
```

작성한 코드를 살펴보면 먼저 위젯에 다음과 같은 비밀번호 찾기 버튼을 추가한 것을 알 수 있습니다. 버튼을 누르면 onPressed:에 지정한 _findPassword() 함수를 호출합니다. 이는 대화상자를 호출하는 함수로, 이 함수를 통해 등록된 이메일을 입력하면 비밀번호를 재설정하는 이메일을 보냅니다.

```
ElevatedButton(
    onPressed: _findPassword,
    child: Text('비밀번호 찾기'),
),
```

회원 가입 페이지로 이동하도록 intro_page.dart 파일도 수정합니다.

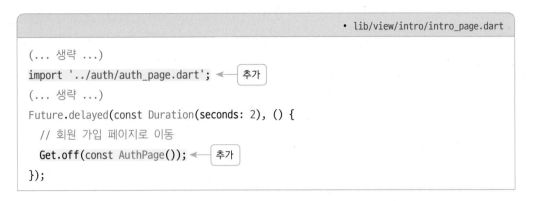

```
• lib/view/intro/intro_page.dart

(... 생략 ...)
import '../auth/auth_page.dart';          ← 추가
(... 생략 ...)
Future.delayed(const Duration(seconds: 2), () {
  // 회원 가입 페이지로 이동
  Get.off(const AuthPage());               ← 추가
});
```

로그인 페이지로 이동하도록 인트로 페이지를 수정하고 실행하면 다음과 같은 화면이 나타납니다. 여기서 〈비밀번호 찾기〉 버튼을 터치하면 [비밀번호 초기화] 대화 상자를 표시합니다. 비밀번호를 잊어버렸을 때 이메일을 입력하고 재설정 메일을 받으면 비밀번호를 변경할 수 있습니다.

▶ 실행 결과

비밀번호 재설정 이메일 꾸미기

다음은 비밀번호 재설정 이메일을 전송하고 메일함을 확인한 모습입니다. 링크를 클릭하면 비밀번호를 다시 설정할 수 있습니다.

이메일 내용은 파이어베이스 콘솔 [Authentication] 메뉴의 [템플릿] 탭에서 수정할 수 있습니다.

이메일 보내기가 완료되면 Get.snackbar() 함수를 호출하여 간단한 토스트 메시지를 출력합니다. Get.back()은 현재 대화 상자를 끝내는 Navigator.pop() 함수와 같습니다.

▶ 토스트 메시지는 모바일 앱에서 간단한 정보나 알림을 화면에 짧은 시간 동안 표시하는 작은 팝업입니다.

Get을 이용한 내비게이션에는 몇 가지 방법이 있는데, Get.off()는 현재 페이지를 스택에 넣지 않고 다음 페이지로 이동합니다. 인트로 페이지는 뒤로 가기 버튼을 눌렀을 때 돌아가지 않아도 되므로 Get.off()로 처리합니다. 일반적으로 스택에 남기고 다음 페이지로 이동할 때는 Get.to()를 이용합니다. 모든 스택을 지우고 이동할 때는 Get.offAll() 함수를 이용합니다.

이전과 달라진 함수가 하나 더 있는데, 바로 _SignIn() 함수입니다. 기존 코드보다 파이어스토어에 저장하는 데이터가 많은데, 사용자 취미와 알림 설정에 따라 알림을 보내는 코드를 만들려면 이러한 정보가 필요합니다. Get.put() 함수와 Get.lazyPut() 함수에 필요한 클래스나 데이터를 넣으면 Get.find()를 이용하여 언제든, 어느 트리에서든 호출하여 사용할 수 있으므로 Get 내비게이션 중에서 가장 자주 사용하는 방법입니다. 앞서 본 것처럼 Get을 이용하면 database 인수를 다음 페이지로 계속 전달하는 번거로움을 한 번에 없앨 수 있습니다.

```
HoneyBeeUser user = HoneyBeeUser(
    email: _emailController.text!, uid: _auth.currentUser?.uid);
Get.lazyPut(() => user);    ◀── Get.lazyPut()으로 사용자 정보를 전달합니다.
var token = await FirebaseMessaging.instance.getToken();
final SharedPreferences preferences =
    await SharedPreferences.getInstance();
await preferences.setString("id", _emailController.text);
await preferences.setString("pw", _passwordController.text);
await preferences.setBool("hobbyNoti", true);
await preferences.setBool("commentNoti", true);
await FirebaseFirestore.instance
    .collection('users')
```

```
      .doc(_emailController.text)
      .set({
  'email': _emailController.text,
  'fcm': token,
  'uid': _auth.currentUser?.uid,
  'hobbyNoti': true,
  'commentNoti': true,
}).then((value) {
  // 취미 선택 페이지로 이동하기
});
```

Do it! 실습 카테고리 선택 페이지 만들기

이번에는 사용자가 관심 있는 취미를 선택할 수 있는 카테고리 선택 페이지를 만들어 보겠습니다. 취미 리스트를 관리할 수 있는 관리자용 웹 페이지와 사용자가 취미를 선택하는 앱 페이지를 제작합니다.

관리자용 카테고리 관리 웹 페이지 만들기

취미를 선택하려면 파이어스토어에 저장한 취미를 가져와야 합니다. 세상에는 많은 취미가 있지만, 도덕적으로 문제가 될 수 있는 취미도 있으므로 서비스에서 허락한 취미만 목록으로 표시하도록 해야 합니다. 그러려면 파이어스토어에 취미를 등록하는 관리자 페이지를 따로 만들어 관리자만 사용하도록 합니다.

lib/admin 폴더에 hobby_add_page.dart 파일을 생성하고 다음 코드를 입력합니다.

• lib/admin/hobby_add_page.dart

```
import 'package:flutter/material.dart';
import 'package:firebase_database/firebase_database.dart';

class HobbyAddPage extends StatelessWidget {
  final databaseReference = FirebaseDatabase.instance.ref();

  final hobbyKeyController = TextEditingController();
  final hobbyValueController = TextEditingController();
```

```dart
  @override
  Widget build(BuildContext context) {
    return Scaffold(
      appBar: AppBar(
        title: Text('Add Data'),
      ),
      body: Padding(
        padding: EdgeInsets.all(16.0),
        child: Column(
          children: [
            TextField(
              controller: hobbyKeyController,
              decoration: InputDecoration(
                labelText: 'Key',
              ),
            ),
            TextField(
              controller: hobbyValueController,
              decoration: InputDecoration(
                labelText: 'Value',
              ),
            ),
            SizedBox(height: 16.0),
            ElevatedButton(
              onPressed: () {
                final hobby = hobbyKeyController.text;
                final hobbykr = hobbyValueController.text;
                databaseReference.child('hobby').push().set({
                  'key': hobby,
                  'value': hobbykr,
                  'showing': true,
                });
              },
              child: Text('Add Data'),
            ), ], ), ), );
  }
}
```

Key와 Value를 입력받아 실시간 데이터베이스에 추가하는 간단한 코드입니다. showing 필드는 이 취미를 보일지를 결정합니다. 지금은 관리자 페이지에서 등록하므로 true로 고정했습니다.

이 페이지를 실행하려면 main.dart 파일의 home을 HobbyAddPage()로 수정하고 크롬에서 빌드합니다. 그러면 다음과 같은 웹 페이지를 크롬 브라우저로 확인할 수 있습니다.

▶ 실행 결과

이 페이지의 Key와 Value 필드에 몇 가지 데이터를 입력해 볼까요? Key에 'Reading', Value에 '읽기'라고 입력합니다. 이어서 다음과 같은 방식으로 Key와 Value를 추가합니다.

```
Reading: 읽기
Cooking: 요리
Gardening: 가드닝
Photography: 사진 촬영
Hiking: 하이킹
(... 생략 ...)
```

입력이 끝났다면 파이어베이스 콘솔의 [Realtime Database] 메뉴로 이동하여 데이터를 확인합니다. 그러면 다음과 같은 데이터를 확인할 수 있을 겁니다.

취미 선택 페이지 만들기

이제 이 페이지를 호출할 수 있는 취미 선택 페이지를 만들어 보겠습니다. lib/view/hobby 폴더에 hobby_selection_page.dart 파일을 생성하고 다음과 같이 코드를 작성합니다.

• lib/view/hobby/hobby_selection_page.dart

```dart
import 'package:cloud_firestore/cloud_firestore.dart';
import 'package:firebase_database/firebase_database.dart';
import 'package:flutter/material.dart';
import 'package:get/get.dart';
import 'package:honeybee/data/user.dart';
import 'package:honeybee/view/hobby/hobby_api.dart';
import 'package:shared_preferences/shared_preferences.dart';

import '../../data/constant.dart';

class HobbySelectionPage extends StatefulWidget {
  const HobbySelectionPage({super.key});

  @override
  _HobbySelectionPageState createState() => _HobbySelectionPageState();
}

class _HobbySelectionPageState extends State<HobbySelectionPage> {
  int _selectedIndex = -1;

  Map<String, String> _hobbies = {};
  HoneyBeeUser user = Get.find();
  final _searchController = TextEditingController();
  String myHobby = '';
  String email = '';

  @override
  void initState() {
    super.initState();
    SharedPreferences.getInstance().then((value) {
      setState(() {
        email = value.getString("id")!;
      });
    });
```

```dart
  HobbyApi.getHobbies().then((value) {
    if (mounted) {
      setState(() {
        _hobbies = value;
      });
    }
  });
}

@override
Widget build(BuildContext context) {
  return Scaffold(
    appBar: AppBar(
      title: Text('Select a hobby'),
    ),
    body: Column(
      children: [
        TextField(
          controller: _searchController,
          decoration: InputDecoration(
            hintText: '검색어를 입력하세요.',
            suffixIcon: IconButton(
              icon: Icon(Icons.search),
              onPressed: () async {
                // 검색 버튼을 눌렀을 때 실행할 코드
                final searchQuery = _searchController.text;
                final snapshot = await FirebaseDatabase.instance
                    .ref()
                    .child('hobby')
                    .orderByChild('value')
                    .startAt(searchQuery)
                    .endAt(searchQuery + '\uf8ff')
                    .once();
                final hobbies = <String, String>{};
                final value = snapshot.snapshot.value;
                if (value is Map) {
                  value.forEach((key, value) {
                    if (value['showing'] == true) {
                      hobbies[value['key']] = value['value'];
```

```dart
              }
            });
          }
          setState(() {
            _hobbies = hobbies;
          });
        },
      ),
    ),
  ),
  Expanded(
      child: ListView.builder(
        itemCount: _hobbies.length,
        itemBuilder: (context, index) {
          final entry = _hobbies.entries.elementAt(index);
          final hobby = entry.key;
          final translation = entry.value;
          return ListTile(
            title: Text(hobby),
            subtitle: Text(translation),
            selected: index == _selectedIndex,
            onTap: () {
              setState(() {
                _selectedIndex = index;
              });
              myHobby = hobby;
              Get.snackbar(Constant.APP_NAME, '$translation를 선택했습니다.');
            },
          );
        },
      ))
  ],
),
bottomNavigationBar: _selectedIndex != -1
    ? BottomAppBar(
        child: ElevatedButton(
          onPressed: () async {
            await FirebaseFirestore.instance
                .collection('users')
```

```
                .doc(email)
                .update({'hobby': myHobby}).then((value) async {
              final SharedPreferences preferences =
                  await SharedPreferences.getInstance();
              preferences.setString("hobby", myHobby);
            });
          },
          child: Text('다음'),
        ),
      )
    : null,
  );
 }
}
```

HobbySelectionPage 클래스는 initState()에서 getHobbies()로 받아온 데이터를 화면에 표시합니다. 지금은 데이터가 많지 않아 모든 목록을 볼 수 있지만, 취미가 늘어나 100~200개가 된다면 하나씩 보기가 불편하므로 검색 기능을 추가합니다.

검색할 때 사용한 startAt()과 endAt()은 전체 문자열이 아니라 '영화'만 입력해도 '영화 관람하기'를 검색할 수 있도록 하는 쿼리입니다. endAt()에 지정한 searchQuery + '\uf8ff'는 searchQuery로 시작하는 모든 문자열을 뜻합니다. 이런 검색을 라이크 검색이라고 합니다.

▶ \uf8ff 문자는 유니코드 범위에서 매우 높은 코드 포인트입니다. 이 문자는 유니코드에서 대부분의 정규 문자보다 뒤에 나오므로 쿼리는 searchQuery로 시작하는 모든 값과 일치합니다.

```
final snapshot = await FirebaseDatabase.instance
    .ref()
    .child('hobby')
    .orderByChild('value')
    .startAt(searchQuery)
    .endAt(searchQuery + '\uf8ff')
    .once();
```

검색 후 아이템을 선택하면 selectedIndex가 -1이 아니게 되면서 bottomNavigationBar에 BottomAppBar를 표시합니다. 그리고 로그인할 때 파이어스토어에 저장한 user 정보의 취미 필드를 업데이트합니다. 이때 set이 아니라 update로 내용을 추가한다는 점을 꼭 명심하세요. set으로 넣으면 취미만 기록하고 남은 데이터는 모두 사라지게 됩니다. 업데이트 후 파이어스토어의 데이터를 확인하면 다음과 같습니다.

다음과 같은 HobbyApi 클래스를 구현한 hobby_api.dart 파일도 추가합니다.
HobbyApi 클래스는 getHobbies() 함수로 파이어베이스의 데이터베이스에 있는 데이터를 가져와 Map에 넣고 이를 반환합니다. value['showing'] == true일 때만 Map에 저장하고 false라면 저장하지 않습니다.

• lib/view/hobby/hobby_api.dart

```dart
import 'package:firebase_database/firebase_database.dart';

class HobbyApi {
  static Future<Map<String, String>> getHobbies() async {
    final databaseReference = FirebaseDatabase.instance.ref();
    final snapshot = await databaseReference.child('hobby').get();

    final hobbies = <String, String>{};
    final value = snapshot.value;

    if (value is Map) {
      value.forEach((key, value) {
        if(value['showing'] == true) {
          hobbies[value['key']] = value['value'];
        }
      });
    }
    return hobbies;
  }
}
```

로그인 페이지인 auth_page.dart 파일을 열고 취미 선택 화면으로 이동하는 코드를 추가합니다.

```
                                              • lib/view/auth/auth_page.dart
(... 생략 ...)
import '../hobby/hobby_selection_page.dart';   ←─ 추가
(... 생략 ...)
await FirebaseFirestore.instance
    .collection('users')
    .doc(_emailController.text)
    .set({ ... }).then((value) {
  // 취미 선택 페이지로 이동하기
  Get.off(HobbySelectionPage());   ←─ 추가
});
(... 생략 ...)
```

그리고 취미 선택 페이지로 이동할 수 있도록 다음과 같이 intro_page.dart 파일을 수정하고 main.dart 파일의 home을 IntroPage()로 되돌립니다.

```
                                              • lib/view/intro/intro_page.dart
(... 생략 ...)
import '../hobby/hobby_selection_page.dart';   ←─ 추가
(... 생략 ...)
if (user.hobby != null) {
  // 메인 페이지로 이동
} else {
  // 취미 선택 페이지로 이동하기
  Get.off(HobbySelectionPage());   ←─ 추가
}
(... 생략 ...)
```

다음은 빌드하고 취미 선택 페이지로 이동한 모습입니다. 취미 선택 페이지의 기본 페이지와 검색 기능, 검색했을 때의 화면을 구현했습니다.

▶ 실행 결과

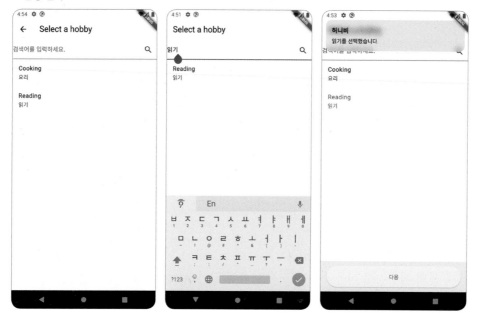

이로써 취미 선택 페이지를 완성했습니다. 이제 메인 페이지의 각 탭을 하나씩 만들어 볼까요?

07-3 SNS 앱 메인 페이지 만들기

SNS 앱의 메인 페이지를 구성해 보겠습니다. 홈 탭, 글쓰기 탭, 검색 탭, 프로필 탭을 만들어 사용자가 글을 올리고 소통할 수 있는 앱 페이지를 만듭니다.

Do it! 실습 홈 탭 만들기

기획 내용을 보면 메인 페이지에는 4개의 탭 버튼이 있고 이 버튼을 터치하여 페이지를 전환합니다. 먼저 lib/view/main 폴더에 main_page.dart 파일을 생성하여 4개의 탭을 배치할 화면을 만듭니다. 각 화면으로 이동하는 코드는 우선 주석으로 작성합니다.

• lib/view/main/main_page.dart

```dart
import 'package:flutter/material.dart';

class MainPage extends StatefulWidget {
  @override
  State<StatefulWidget> createState() {
    return _MainPage();
  }
}

class _MainPage extends State<MainPage> {
  int tapNumber = 0;

  @override
  Widget build(BuildContext context) {
    return Scaffold(
      body: Container(
        child: SubPage(tapNumber),
      ),
      bottomNavigationBar: BottomNavigationBar(
        backgroundColor: Colors.greenAccent,
        currentIndex: tapNumber,
        items: const [
```

```dart
          BottomNavigationBarItem(
            icon: Icon(Icons.home, color: Colors.black),
            label: 'Home',
          ),
          BottomNavigationBarItem(
            icon: Icon(
              Icons.search,
              color: Colors.black,
            ),
            label: 'Search',
          ),
          BottomNavigationBarItem(
            icon: Icon(Icons.draw, color: Colors.black),
            label: 'Write',
          ),
          BottomNavigationBarItem(
            icon: Icon(Icons.person, color: Colors.black),
            label: 'Profile',
          ),
        ],
        onTap: (value) {
          setState(() {
            tapNumber = value;
          });
        },
      ),
    );
  }

  SubPage(int tapNumber) {
    switch (tapNumber) {
      case 0:
      // return HomePage();
      case 1:
      // return SearchPage();
      case 2:
      // return DrawPage();
      case 3:
      // return ProfilePage();
    }
  }
}
```

이와 함께 hobby_selection_page.dart 파일과 intro_page.dart 파일에 메인 페이지로 이동하는 내비게이션을 추가합니다.

• lib/view/hobby/hobby_selection_page.dart

```
(... 생략 ...)
import 'package:honeybee/view/main/main_page.dart';  ← 추가
(... 생략 ...)
}).then((value) async {
  final SharedPreferences preferences =
      await SharedPreferences.getInstance();
  preferences.setString("hobby", myHobby);
  Get.off(MainPage());  ← 추가
});
(... 생략 ...)
```

• lib/view/intro/intro_page.dart

```
(... 생략 ...)
import 'package:honeybee/view/main/main_page.dart';  ← 추가
(... 생략 ...)
if (user.hobby != null) {
  // 메인 페이지로 이동하기
  Get.off(MainPage());  ← 추가
} else {
  // 취미 선택 페이지로 이동하기
  Get.off(HobbySelectionPage());
}
(... 생략 ...)
```

main_page.dart 파일에서 주석으로 처리한 탭 중 메인 페이지로 이동했을 때 가장 먼저 표시할 HomePage 화면부터 만들어 보겠습니다. lib/view/main/sub 폴더에 home_page.dart 파일을 생성하고 다음 코드를 입력합니다.

• lib/view/main/sub/home_page.dart

```
import 'package:cloud_firestore/cloud_firestore.dart';
import 'package:flutter/material.dart';
import 'package:get/get.dart';
```

```dart
import 'package:shared_preferences/shared_preferences.dart';

import '../../../data/user.dart';

class HomePage extends StatefulWidget {
  const HomePage({super.key});

  @override
  State<StatefulWidget> createState() {
    return _HomePage();
  }
}

class _HomePage extends State<HomePage> {
  final _scrollController = ScrollController();   // 위젯의 스크롤 관련 정보를 확인합니다.
  final _firestore = FirebaseFirestore.instance;
  List<DocumentSnapshot> _posts = [];
  bool _loadingPosts = false;
  bool _hasMorePosts = true;
  HoneyBeeUser user = Get.find();

  @override
  void initState() {
    super.initState();
    _scrollController.addListener(() {
      if (_scrollController.position.pixels ==
          _scrollController.position.maxScrollExtent) {
        _getPosts();
      }
    });
    SharedPreferences.getInstance().then((value) {
      setState(() {
        user.hobby = value.getString("hobby");
        _getPosts();
        Get.put(user);
      });
    });
  }
```

```dart
@override
void dispose() {
  _scrollController.dispose();
  super.dispose();
}

Future<void> _getPosts() async {
  if (!_hasMorePosts || _loadingPosts) {
    return;
  }
  setState(() {
    _loadingPosts = true;
  });
  QuerySnapshot querySnapshot;
  if (_posts.isEmpty) {
    querySnapshot = await _firestore
        .collection('posts')
        .where('hobby', isEqualTo: user.hobby)
        .orderBy('timestamp', descending: true)
        .limit(10)
        .get();
  } else {
    querySnapshot = await _firestore
        .collection('posts')
        .where('hobby', isEqualTo: user.hobby)
        .orderBy('timestamp', descending: true)
        .startAfterDocument(_posts.last)
        .limit(10)
        .get();
  }
  final posts = querySnapshot.docs;
  if (posts.length < 10) {
    _hasMorePosts = false;
  }
  setState(() {
    _loadingPosts = false;
    _posts.addAll(posts);
  });
}
```

```dart
  @override
  Widget build(BuildContext context) {
    return ListView.builder(
      controller: _scrollController,
      itemCount: _posts.length + (_hasMorePosts ? 1 : 0),
      itemBuilder: (context, index) {
        if (index == _posts.length) {
          return Center(
            child: CircularProgressIndicator(),
          );
        }
        final _selectedPost = _posts[index];
        final email = _selectedPost['user'];
        return Center(
          child: Card(
            child: ListTile(
              title: Text(_selectedPost['content']),
              subtitle: Column(
                crossAxisAlignment: CrossAxisAlignment.start,
                children: [
                  Text(email.substring(0, email.indexOf('@'))),
                  ClipRRect(
                    borderRadius: BorderRadius.circular(10.0),
                    child: _selectedPost['image'] != ''
                        ? SizedBox(
                            height: 200,
                            width: 200,
                            child: Image.network(_selectedPost['image'],
                                fit: BoxFit.cover),
                          )
                        : Container(),
                  ),
                  SizedBox(height: 10),
                  Row(
                    mainAxisAlignment: MainAxisAlignment.center,
                    children: [
                      Text(_selectedPost['timestamp']
                          .toDate()
```

```
                            .toString()
                            .substring(0, 16)),
                    SizedBox(width: 10),
                    ElevatedButton(
                      onPressed: () {
                        // 상세 페이지로 이동하기
                      },
                      child: Text('Comment'),
                    ),
                  ],
                ),
              ],
            ),
          ),
        );
      },
    );
  }
}
```

코드를 살펴보겠습니다. SNS는 트래픽이 많이 발생하므로 한 번에 모든 글을 다 가져오려 하면 메모리가 버티지 못하고 앱이 종료할지도 모릅니다. 이 때문에 데이터 크기를 나누어서 번호를 붙이는 페이징 처리를 하곤 합니다.

페이징을 이용하면 필요한 데이터만 불러오므로 파이어베이스 사용량에 따라 달라지는 요금제에서는 비용 관리를 위한 중요한 요소입니다. 이때 _scrollController가 꼭 필요한 변수입니다. initState() 함수에서 _getPosts() 함수를 호출하여 가장 최근 글 10개를 가져옵니다. 그리고 _scrollController에 listener를 등록하여 스크롤할 때마다 이벤트가 들어오면서 스크롤 위치의 픽셀과 maxScrollExtent가 같으면, 즉 스크롤이 끝나면 _getPosts()를 호출하여 목록을 추가합니다.

```
void initState() {
  super.initState();
  _getPosts();
  _scrollController.addListener(() {
    if (_scrollController.position.pixels ==
```

```
        _scrollController.position.maxScrollExtent) {
      _getPosts();
    }
  });
}
```

_scrollContoller 변수를 사용할 때는 자원 관리를 통해 메모리 누수를 방지하고 앱의 성능을 최적화하기 위해 페이지가 종료될 때 dispose() 함수를 꼭 호출해야 합니다.

```
@override
void dispose() {
  _scrollController.dispose();
  super.dispose();
}
```

홈 탭에서 가장 중요한 _getPosts() 함수를 살펴봅시다. 다음 코드는 로드할 게시물이 없거나 현재 게시물을 로딩 중이라면 함수를 빠져나갑니다. 그렇지 않다면 이후 코드로 진행합니다. 로딩을 시작해야 하므로 _loadingPosts를 true로 설정합니다.

```
if (!_hasMorePosts || _loadingPosts) {
  return;
}
setState(() {
  _loadingPosts = true;
});
```

그 후 파이어스토어에서 데이터를 가져옵니다. 데이터가 하나도 없다면 최근 글 10개를 가져옵니다. where 조건을 이용하여 내가 선택한 취미에 해당하는 글만 가져옵니다. _posts가 isEmpty가 아니라면, 즉 가져온 글이 있다고 판단하면 마지막으로 가져왔던 글 다음 10개를 가져오는 startAfterDocument 코드를 추가합니다.

```
QuerySnapshot querySnapshot;
if (_posts.isEmpty) {
  querySnapshot = await _firestore
      .collection('posts')
      .where('hobby', isEqualTo: user.hobby)
      .orderBy('timestamp', descending: true)
      .limit(10)
      .get();
} else {
  querySnapshot = await _firestore
      .collection('posts')
      .where('hobby', isEqualTo: user.hobby)
      .orderBy('timestamp', descending: true)
      .startAfterDocument(_posts.last)
      .limit(10)
      .get();
}
```

이제 querySnapshot의 데이터를 가져와 posts 변수에 넣습니다. 이때 가져온 posts의 숫자가 10개 이하라면 더는 글이 없다는 뜻이므로 _hasMorePosts를 false로 변경하고 가져오기도 끝났으므로 _loadingPosts도 마찬가지도 false로 변경합니다. 그리고 addAll() 함수를 이용하여 추가했던 posts를 기존 목록에 추가합니다.

```
final posts = querySnapshot.docs;
if (posts.length < 10) {
  _hasMorePosts = false;
}
setState(() {
  _loadingPosts = false;
  _posts.addAll(posts);
});
```

이렇게 만든 _posts를 ListView로 표시합니다. 이제 메인 페이지의 내비게이션 부분 주석을 풀겠습니다.

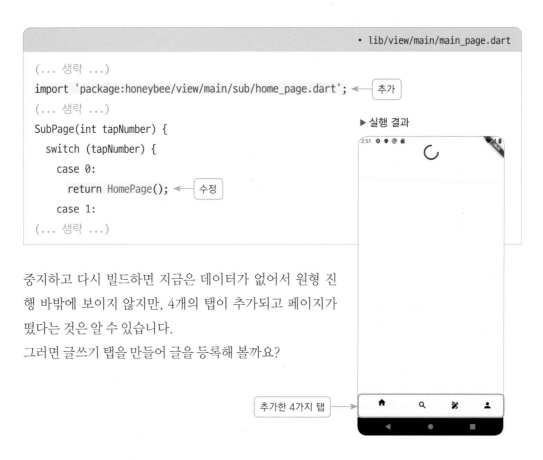

```
                                                    • lib/view/main/main_page.dart

(... 생략 ...)
import 'package:honeybee/view/main/sub/home_page.dart';    ← 추가
(... 생략 ...)
SubPage(int tapNumber) {
  switch (tapNumber) {
    case 0:
      return HomePage();    ← 수정
    case 1:
(... 생략 ...)
```

▶ 실행 결과

추가한 4가지 탭

중지하고 다시 빌드하면 지금은 데이터가 없어서 원형 진행 바밖에 보이지 않지만, 4개의 탭이 추가되고 페이지가 떴다는 것은 알 수 있습니다.

그러면 글쓰기 탭을 만들어 글을 등록해 볼까요?

Do it! 실습 ▶ 글쓰기 탭 만들기

SNS에서 글쓰기는 필수입니다. 글쓰기 페이지를 이용하여 이미지와 내용, 그리고 태그 등을 입력하고 데이터베이스에 등록하는 페이지를 만들어 보겠습니다. lib/view/main/sub 폴더에 draw_page.dart 페이지를 생성하고 다음과 같이 코드를 작성합니다.

```
                                                    • lib/view/main/sub/draw_page.dart

import 'dart:convert';
import 'dart:io';

import 'package:cloud_firestore/cloud_firestore.dart';
import 'package:firebase_storage/firebase_storage.dart';
import 'package:flutter/material.dart';
import 'package:get/get.dart';
import 'package:image_picker/image_picker.dart';
import 'package:path/path.dart';
```

```dart
import '../../../data/user.dart';
import 'package:http/http.dart' as http;

class DrawPage extends StatefulWidget {
  @override
  State<StatefulWidget> createState() {
    return _DrawPage();
  }
}

class _DrawPage extends State<DrawPage> {
  final TextEditingController _textEditingController = TextEditingController();
  final TextEditingController _tagtextEditingController =
      TextEditingController();
  HoneyBeeUser user = Get.find();
  XFile? _mediaFile;

  @override
  Widget build(BuildContext context) {
    return Scaffold(
      appBar: AppBar(
        title: Text(user.hobby!),
      ),
      body: ListView(
        children: [
          Container(
            margin: const EdgeInsets.only(right: 10, left: 10),
            height: 150,
            child: TextField(
              controller: _textEditingController,
              keyboardType: TextInputType.emailAddress,
              expands: true,      ←—— 모든 공간을 쓰겠다고 선언합니다.
              decoration: InputDecoration(
                border: OutlineInputBorder(),
                labelText: 'Write your post here',
              ),
              maxLines: null,
            ),
          ),
```

```
    _mediaFile != null
        ? SizedBox(
            height: 300,
            child: Image.file(
              File(_mediaFile!.path),
              errorBuilder: (BuildContext context, Object error,
                  StackTrace? stackTrace) {
                return const Center(
                    child: Text('This image type is not supported'));
              },
            ),
          )
        : Container(),
SizedBox(
  height: 10,
),
Container(
  margin: const EdgeInsets.only(right: 10, left: 10),
  child: TextField(
    controller: _tagtextEditingController,
    keyboardType: TextInputType.text,
    decoration: InputDecoration(
      border: OutlineInputBorder(),
      labelText: '쉼표(,)로 구분한 태그를 입력하세요.',
    ),
    maxLines: null,
  ),
),
SizedBox(
  height: 10,
),
Row(
  mainAxisAlignment: MainAxisAlignment.spaceEvenly,
  children: [
    ElevatedButton(
      onPressed: () async {
        // 이미지 업로드 기능 추가하기
        final ImagePicker _picker = ImagePicker();
        final XFile? pickedFile = await _picker.pickImage(
```

가져온 이미지를 화면에 표시합니다.

image_picker 패키지로 이미지를 가져옵니다.

```
          source: ImageSource.gallery,
          maxWidth: 500,
          maxHeight: 500,
          imageQuality: 80,
        );
        setState(() {
          _mediaFile = pickedFile;
        });
      },
      child: Text('갤러리 찾기'),
    ),
ElevatedButton(
    onPressed: () async {
      // 이미지 업로드 기능 추가하기
      final ImagePicker _picker = ImagePicker();
      final XFile? pickedFile = await _picker.pickImage(
        source: ImageSource.camera,
        maxWidth: 500,
        maxHeight: 500,
        imageQuality: 80,
      );
      setState(() {
        _mediaFile = pickedFile;
      });
    },
    child: Text('카메라 앱'),
),
ElevatedButton(
    onPressed: () async {
      final hobby = user.hobby;
      final content = _textEditingController.text.trim();
      final tag = _tagtextEditingController.text.trim();
      if (content.isEmpty) {
        return;
      }
      String downloadurl = '';
      if (_mediaFile != null) {
        downloadurl = await uploadFile(File(_mediaFile!.path));
      }
```

> image_picker 패키지로
> 이미지를 가져옵니다.

```dart
          final post = {
            'user': user.email,
            'hobby': hobby,
            'content': content,
            'image': downloadurl,
            'tag': getTag(tag.split(",")),
            'timestamp': FieldValue.serverTimestamp(),
          };
          await FirebaseFirestore.instance
              .collection('posts')
              .add(post);
          _textEditingController.clear();
        },
        child: Text('Post'),
        style: ElevatedButton.styleFrom(
          foregroundColor: Colors.white,
          backgroundColor: Colors.deepPurpleAccent,
          shape: RoundedRectangleBorder(
            borderRadius: BorderRadius.circular(20),
          ),
          padding: EdgeInsets.symmetric(horizontal: 30, vertical: 15),
        ),
      )
    ],
  ),
    ],
  ),
);
}


final FirebaseStorage storage = FirebaseStorage.instance;

Future<String> uploadFile(File file) async {
  String downloadURL = '';
  try {
    String fileName = basename(file.path);
    Reference reference = storage.ref().child('uploads/$fileName');
    UploadTask uploadTask = reference.putFile(file);
    TaskSnapshot taskSnapshot = await uploadTask;
```

```
    downloadURL = await taskSnapshot.ref.getDownloadURL();
  } on FirebaseException catch (e) {
    print(e.toString());
  }
  return downloadURL;
}


getTag(List<String> split) {
  List<String> tags = List.empty(growable: true);
  split.forEach((element) {
    if (element.isNotEmpty) {
      tags.add(element);
    }
  });
  return tags;
}
}
```

코드를 살펴보겠습니다. 여기서 사용한 TextField는 사용자가 텍스트를 입력할 수 있도록 하는 위젯입니다. 일반적인 TextField는 한 줄로만 표시합니다. 이럴 때는 Container 위젯을 이용하여 높이를 지정하고 expands를 true로 설정하여 모든 공간을 쓰겠다고 선언하면 여러 줄의 TextField를 만들 수 있습니다.

```
Container(
  margin: const EdgeInsets.only(right: 10, left: 10),
  height: 150,
  child: TextField(
    controller: _textEditingController,
    keyboardType: TextInputType.emailAddress,
    expands: true,
    decoration: InputDecoration(
      border: OutlineInputBorder(),
      labelText: 'Write your post here',
    ),
    maxLines: null,
  ),
),
```

이미지는 `image_picker` 패키지를 이용하면 간단하게 가져올 수 있습니다. `maxWidth`와 `maxHeight`를 이용하면 이미지 크기를 조정할 수 있습니다. `imageQuality`는 가져올 이미지를 얼마나 압축하여 데이터를 줄일지 정합니다. `source`의 인수가 `ImageSource.gallery`면 갤러리를, `ImageSource.camera`면 카메라를 이용하여 이미지를 가져옵니다. 이미지를 가져와 `pickedFile`에 넣고 `Image.file()` 함수로 화면에 표시합니다.

```dart
final ImagePicker _picker = ImagePicker();
final XFile? pickedFile = await _picker.pickImage(
  source: ImageSource.gallery,
  maxWidth: 500,
  maxHeight: 500,
  imageQuality: 80,
);
setState(() {
  _mediaFile = pickedFile;
});
```

〈Post〉 버튼을 터치하면 먼저 이미지가 있는지 확인하고 이미지가 있다면 파이어베이스 스토리지에 저장합니다. 저장할 때 가져온 이미지 url은 파이어스토어에 저장합니다.

`getTag()` 함수는 쉼표를 기준으로 태그를 나누고 이를 리스트로 반환합니다. 이를 파이어스토어에 문자열 배열 형태로 저장합니다. `timestamp`에는 파이어스토어의 현재 시각을 저장합니다. 이렇게 저장한 시간을 기준으로 서버에서 호출할 때 정렬할 수 있습니다.

```dart
final hobby = user.hobby;
final content = _textEditingController.text.trim();
final tag = _tagtextEditingController.text.trim();
if (content.isEmpty) {
  return;
}
String downloadurl = '';
if (_mediaFile != null) {
  downloadurl = await uploadFile(File(_mediaFile!.path));
}

final post = {
  'user': user.email,
```

```
  'hobby': hobby,
  'content': content,
  'image': downloadurl,
  'tag': getTag(tag.split(",")),
  'timestamp': FieldValue.serverTimestamp(),
};
await FirebaseFirestore.instance
    .collection('posts')
    .add(post);
_textEditingController.clear();
```

이제 메인 페이지의 내비게이션 부분 주석을 풀고 빌드해 봅시다.

• lib/view/main/main_page.dart

```
(... 생략 ...)
import 'package:honeybee/view/main/sub/draw_page.dart';  ← 추가
(... 생략 ...)
SubPage(int tapNumber) {
  switch (tapNumber) {
    case 0:
      return HomePage();
    (... 생략 ...)
    case 2:
      return DrawPage();  ← 수정
(... 생략 ...)
```

▶ 실행 결과

그러면 다음과 같이 글쓰기 탭
을 이용하여 글을 올릴 수 있습
니다. 〈Post〉 버튼을 터치하면
글과 이미지가 등록됩니다.

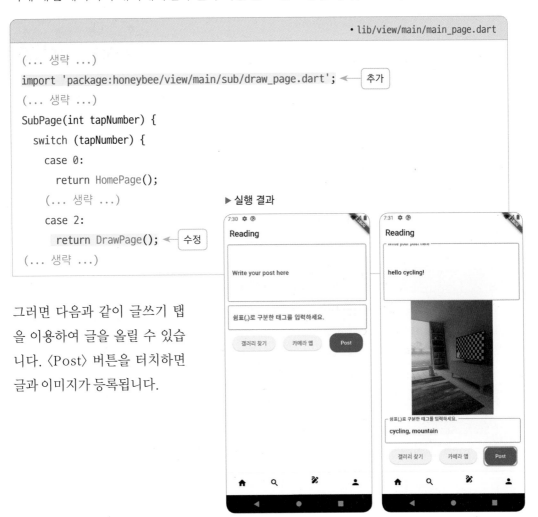

홈 탭으로 이동하면 방금 쓴 글을 확인할 수 있습니다. 글쓰기 탭까지 만들었으니 내가 선택한 취미와 관련한 글을 쓰고 메인 페이지에서 이를 확인해 봅시다.

다음 실습에서는 태그를 검색하여 다른 취미 관련 글도 조회할 수 있도록 해보겠습니다.

▶ 빌드하다 보면 파이어스토어에 색인이 없다는 메시지가 나올 수 있는데 이럴 때는 안내에 따라 링크를 클릭하고 색인을 생성합니다.

▶ 실행 결과

Do it! 실습 검색 탭 만들기

인스타그램나 페이스북 등 다양한 앱에서 태그를 이용합니다. 태그를 통해 요즘 유행하는 것이 무엇인지, 그리고 내가 단 태그를 얼마나 공유했는지 확인할 수 있습니다. 이번에는 이러한 태그를 검색하는 페이지를 만들어 보겠습니다.

lib/view/main/sub 폴더에 search_page.dart 파일을 생성하고 다음과 같이 코드를 작성합니다.

• lib/view/main/sub/search_page.dart

```dart
import 'package:cloud_firestore/cloud_firestore.dart';
import 'package:flutter/material.dart';
import 'package:get/get.dart';

class SearchPage extends StatefulWidget {
  @override
  State<StatefulWidget> createState() {
    return _SearchPage();
  }
}
```

```dart
class _SearchPage extends State<SearchPage> {
  TextEditingController _searchController = TextEditingController();
  final List<dynamic> _searchList = List.empty(growable: true);

  @override
  Widget build(BuildContext context) {
    return Scaffold(
      appBar: AppBar(
        title: Text('Search'),
      ),
      body: Column(
        children: [
          Row(
            children: [
              Expanded(
                child: TextField(
                  controller: _searchController,
                  decoration: InputDecoration(hintText: '검색할 태그를 입력하세요.'),
                ),
              ),
              IconButton(
                onPressed: () {
                  final query = _runFilter(_searchController.text.trim());
                  // query.asStream().map((event) => print(event!.length));
                  _searchList.clear();
                  query.then((value) {
                    if (value != null) {
                      value.forEach((element) {
                        print(element.data());
                        setState(() {
                          _searchList.add(element);
                        });
                      });
                    }
                  });
                },
                icon: Icon(Icons.search),
              ),
```

태그를 검색합니다.

```dart
              ],
            ),
            Expanded(
              child: ListView.builder(
                itemCount: _searchList.length,
                itemBuilder: (BuildContext context, int index) {
                  return ListTile(
                    title: Text(
                        '${_searchList[index]['content']} ,'
                            '(${_searchList[index]['hobby']})'),
                    subtitle: Column(
                      crossAxisAlignment: CrossAxisAlignment.start,
                      children: [
                        Text(_searchList[index]['user']),
                        const SizedBox(height: 10),
                        Row(
                          children: [
                            Text(_searchList[index]['timestamp']
                                .toDate()
                                .toString()
                                .substring(0, 16)),
                            SizedBox(width: 10),
                            ElevatedButton(
                              onPressed: () {
                                // Get.to(CommentPage(
                                // selectedPost: _searchList[index]));
                              },
                              child: Text('Comment'),
                            ),
                          ],
                        ),
                      ],
                    ),
                  );
                },
              ),
            ),
          ],
```

```
      ),
    );
  }

  Future<List<QueryDocumentSnapshot<Map<String, dynamic>>>?> _runFilter(
      String enteredKeyword) async {
    if (enteredKeyword.isEmpty) {
      return null;
    }
    var snapshot = await FirebaseFirestore.instance
        .collection('posts')
        .where('tag', arrayContains: enteredKeyword)
        .get();
    return snapshot.docs;
  }
}
```

이 클래스에서는 태그를 검색하는 _runFilter() 함수가 중요합니다. trim()으로 입력한 검색어의 공백을 제거하고 이 함수를 호출합니다.

```
final query = _runFilter(_searchController.text.trim());
```

이때 값이 비었으면 null을 반환하고 값이 있으면 where 구문으로 검색을 시도합니다. arrayContains는 tag 필드에 저장한 배열에 같은 값이 있으면 그 문서를 가져옵니다. 태그는 정확해야 하므로 라이크 검색보다는 태그 자체가 있는지 확인합니다. 그리고 가져온 문서를 반환합니다.

```
if (enteredKeyword.isEmpty) {
  return null;
}
var snapshot = await FirebaseFirestore.instance
    .collection('posts')
    .where('tag', arrayContains: enteredKeyword)
    .get();
```

그 후 forEach를 이용하여 데이터를 저장하고 화면에 표시합니다. 검색한 글이 많다면 목록이 길어지므로 이때는 where 다음에 limit를 이용하여 페이징 처리를 합니다. limit를 이용한 페이징 처리는 홈 탭 만들기 실습을 참고하세요.

```
query.then((value) {
  if (value != null) {
    value.forEach((element) {
      print(element.data());
      setState(() {
        _searchList.add(element);
      });
    });
  }
});
```

이후에는 검색한 내용을 ListView로 화면에 표시합니다. 취미를 Reading으로 바꾸고 글을 몇 개 등록합니다. 이제 main_page.dart 파일에서 주석을 제거하고 빌드한 후 태그를 검색하면 다른 취미 관련 글도 목록에 함께 표시하는 것을 볼 수 있습니다.

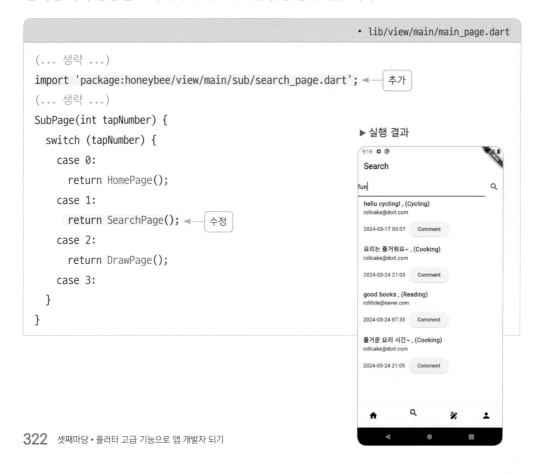

• lib/view/main/main_page.dart

```
(... 생략 ...)
import 'package:honeybee/view/main/sub/search_page.dart';  ← 추가
(... 생략 ...)
SubPage(int tapNumber) {
  switch (tapNumber) {
    case 0:
      return HomePage();
    case 1:
      return SearchPage();  ← 수정
    case 2:
      return DrawPage();
    case 3:
  }
}
```

▶ 실행 결과

검색 탭까지 만들었습니다. 이제 프로필 탭을 만들어 설정을 변경하고 개인 정보를 확인할 수 있도록 해볼까요?

Do it! 실습 프로필 탭 만들기

프로필 탭에서는 알림 등을 설정하고 개인 정보를 확인할 수 있습니다. 안드로이드 설정만 보더라도 아주 많은 옵션이 있지만, 여기서는 몇 가지 필요한 설정만 추가해 보겠습니다. lib/view/main/sub 폴더에 profile_page.dart 파일을 생성하고 다음과 같이 코드를 작성합니다.

```dart
                                          • lib/view/main/sub/profile_page.dart
import 'package:cloud_firestore/cloud_firestore.dart';
import 'package:firebase_auth/firebase_auth.dart';
import 'package:flutter/material.dart';
import 'package:get/get.dart';
import 'package:honeybee/data/user.dart';
import 'package:honeybee/view/hobby/hobby_selection_page.dart';
import 'package:honeybee/view/intro/intro_page.dart';
import 'package:honeybee/view/main/sub/license_page.dart';
import 'package:shared_preferences/shared_preferences.dart';

class ProfilePage extends StatefulWidget {
  @override
  State<StatefulWidget> createState() {
    return _ProfilePage();
  }
}

class _ProfilePage extends State<ProfilePage> {
  bool _hobbyNotification = false;
  bool _postNotification = false;

  HoneyBeeUser user = Get.find();

  @override
  void initState() {
    super.initState();
    initProfile();
```

```dart
  }

  @override
  Widget build(BuildContext context) {
    return Scaffold(
      appBar: AppBar(
        title: Text('My Profile'),
      ),
      body: Column(
        children: [
          SizedBox(height: 20),
          SwitchListTile(
            title: Text('취미 알림 설정'),
            value: _hobbyNotification,
            onChanged: (value) async {
              setState(() {
                _hobbyNotification = value;
              });
              await FirebaseFirestore.instance
                  .collection('users')
                  .doc(user.email)
                  .update({'hobbyNoti': value});
              final SharedPreferences preferences =
                  await SharedPreferences.getInstance();
              await preferences.setBool('hobbyNoti', value);
            },
          ),
          SwitchListTile(
            title: Text('내 글 알림 설정'),
            value: _postNotification,
            onChanged: (value) async {
              setState(() {
                _postNotification = value;
              });
              await FirebaseFirestore.instance
                  .collection('users')
                  .doc(user.email)
                  .update({'commentNoti': value});
```

```
          final SharedPreferences preferences =
              await SharedPreferences.getInstance();
          await preferences.setBool('commentNoti', value);
        },
      ),
      SizedBox(height: 20),
      ElevatedButton(
        onPressed: () {},
        child: Text('내 글 보기'),
      ),
      SizedBox(height: 20),
      ElevatedButton(
        onPressed: () {
          Get.to(HobbySelectionPage());
        },
        child: Text('취미 변경'),
      ),
      SizedBox(height: 20),
      ElevatedButton(
        onPressed: () async {
          await FirebaseAuth.instance.signOut().then((value) async {
            final SharedPreferences preferences =
                await SharedPreferences.getInstance();
            await preferences.remove("id");
            await preferences.remove("pw");
            Get.offAll(IntroPage());
          });
        },
        child: Text('로그아웃'),
      ),
      SizedBox(height: 20),
      ElevatedButton(
        onPressed: () async {
          Get.to(SNSLicensePage());
        },
        child: Text('오픈 소스 라이선스'),
      ),
    ],
```

```dart
        ));
  }


  void initProfile() async {
    final SharedPreferences preferences = await SharedPreferences.getInstance();
    if (mounted) {
      setState(() {
        _hobbyNotification = preferences.getBool("hobbyNoti")!;
        _postNotification = preferences.getBool("commentNoti")!;
      });
    }
  }
}
```

license_page.dart 파일을 추가하고 다음처럼 오픈 소스 라이선스 페이지를 만듭니다.

• lib/view/main/sub/license_page.dart

```dart
import 'package:flutter/material.dart';

class SNSLicensePage extends StatelessWidget {
  const SNSLicensePage({super.key});

  @override
  Widget build(BuildContext context) {
    return const Scaffold(
      body: LicensePage(
        applicationName: 'HoneyBEE',
        applicationVersion: '1.0.0',
      ),
    );
  }
}
```

프로필 탭에서는 SharedPreferences를 이용하여 푸시 설정을 확인합니다. initProfile() 함수에서는 if (mounted) 구문을 이용하여 발생할지도 모르는 오류를 방지하고 값을 불러와 화면에 표시합니다.

```
@override
void initState() {
  super.initState();
  initProfile();
}
```

```
void initProfile() async {
  final SharedPreferences preferences = await SharedPreferences.getInstance();
  if (mounted) {
    setState(() {
      _hobbyNotification = preferences.getBool("hobbyNoti")!;
      _postNotification = preferences.getBool("commentNoti")!;
    });
  }
}
```

그리고 각 설정을 켜고 끌 때마다 파이어스토어를 업데이트합니다. 업데이트를 기록하는 이유는 나중에 파이어베이스 함수로 푸시 메시지를 보낼 때 이 옵션을 켠 사람에게만 보내기 위해서입니다.

```
await FirebaseFirestore.instance
    .collection('users')
    .doc(user.email)
    .update({'hobbyNoti': value});
final SharedPreferences preferences =
    await SharedPreferences.getInstance();
await preferences.setBool('hobbyNoti', value);
```

〈로그아웃〉 버튼은 현재 FirebaseAuth를 로그아웃하면서 기존 id와 pw를 삭제함과 동시에 Get.offAll() 함수를 호출하여 모든 히스토리를 삭제하고 인트로 페이지로 이동합니다. 로그인 상태가 아니므로 자동으로 회원 가입/로그인 페이지로 다시 이동합니다.

```dart
ElevatedButton(
  onPressed: () async {
    await FirebaseAuth.instance.signOut().then((value) async {
      final SharedPreferences preferences =
          await SharedPreferences.getInstance();
      await preferences.remove("id");
      await preferences.remove("pw");
      Get.offAll(IntroPage());
    });
  },
  child: Text('로그아웃'),
),
```

내 글 보기 페이지는 검색 탭의 위젯과 형태는 비슷합니다. lib/view/main/sub 폴더에 my_history_page.dart 파일을 새로 만들고 다음과 같은 코드를 작성합니다.

• lib/view/main/sub/my_history_page.dart

```dart
import 'package:cloud_firestore/cloud_firestore.dart';
import 'package:flutter/material.dart';
import 'package:get/get.dart';
import 'package:honeybee/data/constant.dart';
import 'package:honeybee/data/user.dart';

class MyHistoryPage extends StatefulWidget {
  const MyHistoryPage({super.key});

  @override
  State<StatefulWidget> createState() {
    return _MyHistoryPage();
  }
}

class _MyHistoryPage extends State<MyHistoryPage> {
  final List<dynamic> _searchList = List.empty(growable: true);
  final HoneyBeeUser user = Get.find();
```

```dart
  @override
  void initState() {
    super.initState();
    _getList().then((value) {
      if (mounted) {
        setState(() {
          if (value != null) {
            value.forEach((element) {
              setState(() {
                _searchList.add(element);
              });
            });
          }
        });
      }
    });
  }

  @override
  Widget build(BuildContext context) {
    return Scaffold(
      appBar: AppBar(
        title: Text('내가 쓴 글'),
      ),
      body: ListView.builder(
        itemCount: _searchList.length,
        itemBuilder: (BuildContext context, int index) {
          return ListTile(
            title: Text(
              '${_searchList[index]['content']} , (${_searchList[index]['hobby']})'),
            subtitle: Column(
              crossAxisAlignment: CrossAxisAlignment.start,
              children: [
                Text(_searchList[index]['user']),
                const SizedBox(height: 10),
                Row(
                  children: [
```

```
                        Text(_searchList[index]['timestamp']
                            .toDate()
                            .toString()
                            .substring(0, 16)),
                    SizedBox(width: 10),
                    ElevatedButton(
                      onPressed: () {
                        FirebaseFirestore.instance
                            .collection('posts')
                            .doc(_searchList[index].id)
                            .delete()
                            .then((value) {
                          Get.snackbar(Constant.APP_NAME, '삭제했습니다.');
                        });
                      },
                      child: Text('삭제하기'),
                    ),
                  ],
                ),
              ],
            ),
          );
        },
      ),
    );
  }


  Future<List<QueryDocumentSnapshot<Map<String, dynamic>>>?> _getList() async {
    var snapshot = await FirebaseFirestore.instance
        .collection('posts')
        .where('user', isEqualTo: user.email)
        .get();
    return snapshot.docs;
  }
}
```

시작과 함께 initState() 함수에서 _getList() 함수를 호출할 때 posts 컬렉션에서 user가 내 이메일과 같은 데이터만 가져오고 이를 ListView에 추가합니다. 위젯을 살펴보면 기존의 댓글 쓰기 버튼이 〈삭제하기〉 버튼으로 바뀐 것을 알 수 있습니다. 〈삭제하기〉 버튼을 터치하면 해당 문서의 **id**를 이용하여 파이어스토어 데이터를 삭제합니다. 삭제 후에는 '삭제했습니다.'라는 스낵바를 표시합니다.

▶ 스낵바(snack bar)는 사용자가 수행한 작업의 결과를 간단한 텍스트로 보여주는 UI 요소입니다.

```
ElevatedButton(
  onPressed: () {
    FirebaseFirestore.instance
        .collection('posts')
        .doc(_searchList[index].id)
        .delete()
        .then((value) {
      Get.snackbar(Constant.APP_NAME, "삭제했습니다.");
    });
  },
  child: Text('삭제하기'),
),
```

프로필 탭에 내가 쓴 글 페이지로 이동할 수 있는 내비게이션 코드를 추가하고 main_page.dart에서 프로필 탭 이동 부분 주석을 해제합니다.

```
                                            • lib/view/main/sub/profile_page.dart
(... 생략 ...)
import 'my_history_page.dart';   ←─ 추가
(... 생략 ...)
ElevatedButton(
  onPressed: () {
    Get.to(MyHistoryPage());   ←─ 추가
  },
  child: Text('내 글 보기'),
)
(... 생략 ...)
```

```
(... 생략 ...)
import 'package:honeybee/view/main/sub/profile_page.dart';    ← 추가
(... 생략 ...)
SubPage(int tapNumber) {
  switch (tapNumber) {
    case 0:
      return HomePage();
    case 1:
      return SearchPage();
    case 2:
      return DrawPage();
    case 3:
      return ProfilePage();    ← 수정
  }
}
```

빌드하면 내가 쓴 글 목록을 볼 수 있고 〈삭제하기〉를 터치하고 뒤로 갔다 돌아오면 해당 글이 삭제된 것을 확인할 수 있습니다.

이동하지 않고 페이지를 새로 고침 하고 싶다면 해당 문서의 트리에 있는 데이터를 다시 읽는 코드를 추가하면 됩니다. 다만, 파이어스토어를 한 번 더 호출해야 하므로 요금이나 UI를 고려해서 적용 여부를 판단하세요.

프로필 탭에서 설정을 변경하고 내가 쓴 글을 확인했습니다. 다음 실습에서는 올린 글을 읽고 서로 댓글을 달 수 있는 상세 페이지를 추가해 보겠습니다.

▶ 실행 결과

07-4 댓글 페이지와 알림 푸시 기능 만들기

여기에서는 댓글을 달고 확인할 수 있는 상세 페이지와 알림을 푸시할 수 있는 부가 기능을 만듭니다. 이어서 사용자 화면에 표시될 앱 아이콘과 이름도 적용해 보겠습니다.

Do it! 실습 댓글 페이지 만들기

상세 페이지는 〈Comment〉 버튼을 터치했을 때 표시할 댓글 페이지입니다. 이 페이지에서는 글 내용을 확인할 수 있고 댓글도 달 수 있습니다. lib/view/main/sub 폴더에 comment_page.dart 파일을 생성하고 다음처럼 코드를 작성합니다.

• lib/view/main/sub/comment_page.dart

```dart
import 'package:cloud_firestore/cloud_firestore.dart';
import 'package:flutter/material.dart';
import 'package:get/get.dart';
import 'package:honeybee/view/main/sub/comment_list.dart';

import '../../../data/constant.dart';
import '../../../data/user.dart';

class CommentPage extends StatefulWidget {
  final DocumentSnapshot<Object?> selectedPost;

  const CommentPage({super.key, required this.selectedPost});

  @override
  State<StatefulWidget> createState() {
    return _CommentPage();
  }
}

class _CommentPage extends State<CommentPage> {
  final TextEditingController _commentEditingController =
```

```
        TextEditingController();
HoneyBeeUser user = Get.find();
QuerySnapshot<Map<String, dynamic>>? comments;


@override
Widget build(BuildContext context) {
  return Scaffold(
    appBar: AppBar(
      title: Text(user.hobby!),
    ),
    body: FutureBuilder(
        future: _getFirestoreComments(),
        builder: (context, snapshot) {
          if (!snapshot.hasData) {
            return Container(
              child: CircularProgressIndicator(),
            );
          }
          comments = snapshot.data!;
          return Column(
            children: [
              Container(
                margin: EdgeInsets.all(20),
                padding: EdgeInsets.all(20),
                width: MediaQuery.of(context).size.width,
                decoration: BoxDecoration(
                  borderRadius: BorderRadius.circular(10),
                  color: Colors.greenAccent,
                ),
                child: Column(
                  crossAxisAlignment: CrossAxisAlignment.start,
                  children: [
                    Text(widget.selectedPost['content']),
                    SizedBox(
                      height: 10,
                    ),
                    Text(
                      widget.selectedPost['user'],
                      style: TextStyle(fontSize: 12),
                    ),
```

```
              SizedBox(
                height: 10,
              ),
              Text(
                widget.selectedPost['timestamp']
                    .toDate()
                    .toString()
                    .substring(0, 16),
                style: TextStyle(fontSize: 10),
              ),
              SizedBox(
                height: 10,
              ),
              widget.selectedPost['image'] != ''
                  ? SizedBox(
                      height: 200,
                      child:
                          Image.network(widget.selectedPost['image']),
                    )
                  : Container(),
            ],
          ),
        ),
        Expanded(
            child: SingleChildScrollView(
          child: CommentList(comments: comments!,),
        )),
        SizedBox(
          height: 60,
          child: Row(
            children: [
              Expanded(
                  child: TextField(
                controller: _commentEditingController,
                keyboardType: TextInputType.emailAddress,
                expands: true,
                decoration: InputDecoration(
                  border: OutlineInputBorder(),
                  labelText: 'Write your comment here',
                ),
```

댓글 목록을 출력합니다.

```dart
              maxLines: null,
            )),
            SizedBox(
              width: 10,
            ),
            ElevatedButton(
              onPressed: () async {
                HoneyBeeUser user = Get.find();
                final content =
                    _commentEditingController.text.toString();
                if (content.isEmpty) {
                  return;
                }
                final comment = {
                  'user': user.email,
                  'content': content,
                  'timestamp': FieldValue.serverTimestamp(),
                };
                await FirebaseFirestore.instance
                    .collection('posts')
                    .doc(widget.selectedPost.id)
                    .collection('comments')
                    .add(comment)
                    .then((value) {
                  Get.snackbar(Constant.APP_NAME, 'comment add');
                  _commentEditingController.clear();
                });

                _getFirestoreComments().then((value) {
                  setState(() {
                    comments = value;
                  });
                });
              },
              child: Text('Post'),
              style: ElevatedButton.styleFrom(
                foregroundColor: Colors.white,
                backgroundColor: Colors.deepPurpleAccent,
                shape: RoundedRectangleBorder(
```

```
                    borderRadius: BorderRadius.circular(20),
                  ),
                  padding: EdgeInsets.symmetric(
                      horizontal: 30, vertical: 15),
                ),
              )
            ],
          ),
        ),
      ],
    );
  }),
  );
}

Future<QuerySnapshot<Map<String, dynamic>>> _getFirestoreComments() async {
  final comments = await FirebaseFirestore.instance
      .collection('posts')
      .doc(widget.selectedPost.id)
      .collection('comments')
      .orderBy('timestamp', descending: true)
      .get();
  return comments;
}
}
```

같은 폴더에 comment_list.dart 파일을 생성하고 다음 코드를 추가합니다.

• lib/view/main/sub/comment_list.dart

```
import 'package:cloud_firestore/cloud_firestore.dart';
import 'package:flutter/material.dart';

class CommentList extends StatefulWidget {
  final QuerySnapshot<Map<String, dynamic>> comments;
  const CommentList({super.key, required this.comments});

  @override
  _CommentListState createState() => _CommentListState();
```

```
}

class _CommentListState extends State<CommentList> {
  final List<bool> _isExpandedList = [];
  final List<dynamic> _comments = [];

  @override
  void initState() {
    super.initState();
    widget.comments.docs.forEach((element) {
      _isExpandedList.add(false);
    });
  }

  @override
  Widget build(BuildContext context) {
    initList();  ◀─── 목록을 초기화하고 데이터를 다시 불러옵니다.
    return ExpansionPanelList(
      expansionCallback: (int index, bool isExpanded) {
        setState(() {
          _isExpandedList[index] = isExpanded;
        });
      },
      children: _comments.map((comment) {
        final index = _comments.indexOf(comment);
        return ExpansionPanel(
          headerBuilder: (BuildContext context, bool isExpanded) {
            return ListTile(
              title: Text(comment['content']),
            );
          },
          body: ListTile(
            title: Text('${comment['user']} '
                '${comment['timestamp'].toDate().toString().substring(0, 16)}'),
          ),
          isExpanded: _isExpandedList[index],
        );
```

```
    }).toList(),
  );
}

void initList() {
  _comments.clear();
  widget.comments.docs.forEach((element) {
    _comments.add(element.data());
  });
  _isExpandedList.add(false);
}
}
```

먼저 위젯을 살펴보면 크게 세 부분으로 구성된 것을 알 수 있습니다. 선택한 글을 표시하는 상단 부분, 해당 글의 댓글을 표시하는 댓글 부분, 그리고 마지막으로 댓글을 쓸 수 있는 하단 TextField 부분입니다.

이 중에서 가장 중요한 부분은 CommentList()입니다. 댓글을 작성하면 페이지를 다시 생성하므로 build 시작과 함께 initList() 함수를 호출합니다. 이 함수는 기존 배열을 초기화하고 다시 데이터를 불러옵니다.

```
void initList() {
  _comments.clear();
  widget.comments.docs.forEach((element) {
    _comments.add(element.data());
  });
  _isExpandedList.add(false);
}
```

그리고 해당 데이터를 comment_list.dart 파일의 ExpansionPanelList로 표시합니다. 이 위젯은 열고 닫을 수 있어 자세한 내용을 확인할 수 있습니다. title은 닫았을 때, body는 열었을 때 표시합니다.

```
return ExpansionPanelList(
  expansionCallback: (int index, bool isExpanded) {
    setState(() {
      _isExpandedList[index] = isExpanded;
    });
  },
  children: _comments.map((comment) {
    final index = _comments.indexOf(comment);
    return ExpansionPanel(
      headerBuilder: (BuildContext context, bool isExpanded) {
        return ListTile(
          title: Text(comment['content']),
        );
      },
      body: ListTile(
        title: Text(
          '${comment['user']} ${comment['timestamp']
            .toDate().toString().substring(0, 16)}'),
      ),
      isExpanded: _isExpandedList[index],
    );
  }).toList(),
);
```

파이어스토어에는 데이터를 트리 구조로 저장합니다. 특히 comments 컬렉션은 posts 컬렉션에
종속되어야 하므로 collection('posts')를 doc으로 설정하고 다시 collection에 'comments'를
설정하여 그 아래에 데이터를 추가합니다.

```
Future<QuerySnapshot<Map<String, dynamic>>> _getFirestoreComments() async {
  final comments = await FirebaseFirestore.instance
      .collection('posts')
      .doc(widget.selectedPost.id)
      .collection('comments')
      .orderBy('timestamp', descending: true)
      .get();
  return comments;
}
```

home_page.dart 파일에 상세 페이지로 이동하는 코드를 추가합니다.

• lib/view/main/sub/home_page.dart

```
(... 생략 ...)
import 'package:honeybee/view/main/sub/comment_page.dart';  ← 추가
(... 생략 ...)
ElevatedButton(
  onPressed: () {
    // 상세 페이지로 이동하기
    Get.to(CommentPage(selectedPost: _posts[index]));  ← 추가
  },
  child: Text('Comment'),
),
(... 생략 ...)
```

▶ 실행 결과

빌드하고 〈Comment〉 버튼을 클릭하면 다음과 같은 화면을 표시합니다.

파이어베이스 콘솔에서 [Fire store Database]를 선택하여 데이터를 확인하면 posts의 문서 아래에 comments 컬렉션이 있는 것을 확인할 수 있습니다. 그러므로 내가 쓴 글 페이지에서 게시물을 삭제하면 댓글도 함께 삭제합니다.

기획서대로 기본 앱은 완성했으므로 다음은 클라우드 함수를 이용한 푸시 시스템을 만들어 보겠습니다.

Do it! 실습 클라우드 함수를 이용한 푸시 시스템 만들기

클라우드 함수를 이용하여 자동으로 알림을 푸시하는 시스템을 만들어 보겠습니다.

명령줄 도구 설치하기

클라우드 함수 Cloud Functions는 파이어베이스 기능이나 HTTPS 요청과 같은 이벤트가 발생할 때 백엔드 코드를 자동으로 실행하는 서버리스 프레임워크입니다. HTTPS뿐만 아니라 파이어스토어, 실시간 데이터베이스, 스토리지를 통한 트리거를 포함합니다. 자바스크립트나 타입스크립트 코드로 동작하며 구글 클라우드 서비스에 저장하고 구글 클라우드 플랫폼 환경에서 관리합니다.

이번에는 클라우드 함수를 이용하여 자동으로 알림을 푸시하는 시스템을 만들어 보겠습니다. 푸시 메시지는 두 종류로, 취미와 관련한 글을 올리면 같은 취미를 가진 모두에게 보내는 메시지와 누군가 내 글에 댓글을 달았을 때 나에게 보내는 메시지입니다.

먼저 클라우드 함수를 설정해 보겠습니다. 파이어베이스 콘솔에서 [Functions] 메뉴를 선택합니다. 프로젝트에 결제를 설정했다면 〈시작하기〉 버튼을, 그렇지 않다면 〈프로젝트 업그레이드〉 버튼을 표시합니다.

프로젝트 업그레이드는 요금제를 변경하는 것으로, 결제 정보를 등록해야 합니다. 이 부분은 05-3절 '구글 지도 마커 적용하기' 실습을 참고하세요.

여기서는 결제를 설정했다고 가정하고 〈시작하기〉 버튼을 누릅니다.

클라우드 함수를 사용하려면 Node.js를 설치해야 하는데, 14, 16, 18 버전을 지원하므로 최신 버전이 아닌 이 중 하나를 설치해야 합니다.

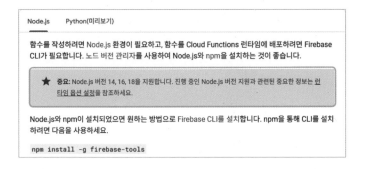

Node.js 웹 사이트(https://nodejs.org)를 방문하면 현재 버전은 20임을 알 수 있습니다.

이때는 위에 있는 'I want the'를 클릭하여 18 버전을 찾습니다. 이 버전을 선택하면 내려받기 버튼이 나타납니다.

이곳에서 필요한 버전과 운영 체제를 선택합니다.

여기에서 자신의 컴퓨터 사양에 맞는 파일을 내려받아 설치합니다. 필자는 64비트 윈도우를 사용하므로 'Windows running x64'를 내려받아 설치했습니다. 설치 후 명령 프롬프트를 열어 다음 명령어를 입력하면 Node.js의 버전을 확인할 수 있습니다.

▶ npm과 함께 설치한 최신 버전이 있다면 이를 삭제하고 설치하세요.

이제 **npm -v** 입력하여 npm 버전을 확인합니다. 버전을 확인한 후 다음 명령을 입력하여 파이어베이스 명령줄 도구CLI를 설치합니다.

설치가 끝나고 명령 프롬프트에 **firebase** 명령어를 입력하면 관련 내용을 출력합니다.

함수 만들고 배포하기

이제 클라우드 함수를 추가할 폴더를 하나 만들고 이 폴더로 이동하여 다음 명령을 입력합니다.

이미 로그인했다면 해당 아이디를 출력하며 그렇지 않다면 인터넷 브라우저가 열리며 로그인 페이지가 나옵니다. 구글 아이디로 로그인할 수 있습니다.

로그인이 끝났다면 이제 함수를 만들고 배포해 봅시다. 다음 명령을 입력하여 프로젝트를 초기화합니다.

```
project folder> firebase init
```

사용할 프로젝트를 선택합니다. 추가할 파이어베이스 기능을 묻는데, 여기서는 클라우드 함수만 사용할 것이므로 Functions만 체크한 후 (Enter)를 눌러줍니다.

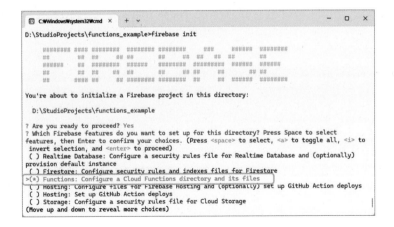

어떤 언어로 클라우드 함수를 만들지 선택합니다. 여기서는 자바스크립트로 만들므로 JavaScript를 선택합니다.

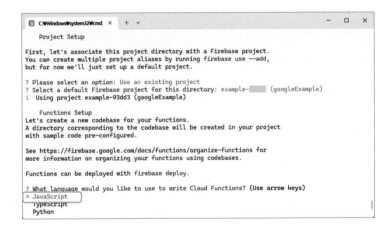

그리고 나머지는 Enter 를 눌러 기본값대로 설정을 진행합니다. 자동으로 필요한 파일을 내려받고 프로젝트를 초기화합니다.

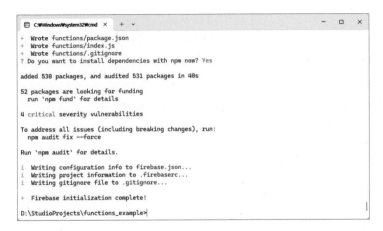

이제 안드로이드 스튜디오로 이 폴더를 열면 다음과 같이 초기화한 프로젝트를 확인할 수 있습니다.

자동으로 생성한 기본 index.js 코드를 확인해 보면 helloWorld()라는 함수를 호출하면 로그가 쌓이고 응답으로 "Hello from Firebase!"를 반환한다는 것을 알 수 있습니다. 다시 명령 프롬프트로 돌아와 해당 폴더에서 다음 명령을 입력합니다. 함수를 주석으로 처리했다면 먼저 이를 해제합니다.

그러면 자동으로 서버로 전송합니다. 이때 오류가 발생한다면 이는 ESLint를 적용하지 않아서 생기는 문제입니다. ESLint를 이용하여 index.js 파일을 수정해 봅시다. 프로젝트 폴더 아래 functions 폴더로 이동하여 다음 명령을 실행합니다.

설치가 끝났다면 다음 명령으로 ESLint를 적용합니다.

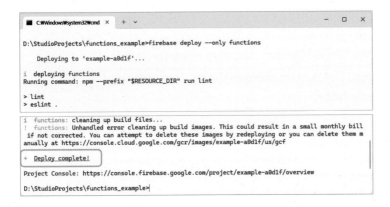

이제 다시 deploy 명령을 입력하면 오류 없이 올라가는 것을 확인할 수 있습니다.

Deploy complete! 메시지가 표시되면 모든 배포가 완료된 것입니다. 이제 파이어베이스 콘솔에서 [Functions] 메뉴를 선택하면 다음과 같이 helloWorld 함수를 확인할 수 있습니다.

요청 URL을 브라우저로 열면 다음과 같이 index.js가 응답한 내용을 표시합니다.

이제 이 index.js에 다음과 같은 코드를 입력합시다. ESLint를 적용할 것이므로 정렬은 신경 쓰지 않아도 됩니다.

• functions/index.js

```
const functions = require("firebase-functions");
const admin = require("firebase-admin");


admin.initializeApp();

exports.sendPostNotification = functions    ← 글을 올렸을 때 호출하는 함수입니다.
    .runWith({timeoutSeconds: 120}).https.onRequest(async (req, res) => {
      const hobby = req.body.hobby;

      const payload = {
        notification: {
          title: "새로운 Post 추가",
          body: "당신의 취미에 새로운 글이 추가되었습니다.",
        },
      };

      try {
        const querySnapshot = await admin.firestore().collection("users")
            .where("hobby", "==", hobby).get();
        const tokens = [];
        querySnapshot.forEach((doc) => {
          const data = doc.data();
          if (data.hobbyNoti) {
            tokens.push(data.fcm);
            console.log(tokens);
          }
        });
        if (tokens.length > 0) {
          const response = await admin.messaging()
              .sendToDevice(tokens, payload);
          console.log("Successfully sent message:", response);
          res.status(200).send("Successfully sent message");
        } else {
          res.status(500).send("not found tokens");
```

```
        }
    } catch (error) {
        console.error("Error sending push notification:", error);
        res.status(500).send("Error sending message" + error);
    }
});


exports.commentPushNotification = functions   ←┤ 댓글을 썼을 때 호출하는 함수입니다.
    .firestore.document("posts/{postId}/comments/{commentId}")
    .onCreate(async (snapshot, context) => {
      const postId = context.params.postId;
      const postSnapshot = await admin.firestore()
          .collection("posts").doc(postId).get();
      const post = postSnapshot.data();
      const user = post.user;

      const payload = {
        notification: {
          title: "새로운 댓글",
          body: post.content,
        },
      };

      const userSnapshot = await admin.firestore()
          .collection("users").doc(user).get();
      console.log("userSnapshot.commentNoti" + userSnapshot.data().commentNoti);
      if (userSnapshot.data().commentNoti) {
        const userToken = userSnapshot.data().fcm;
        await admin.messaging().sendToDevice(userToken, payload);
      }
    });
```

코드를 하나씩 살펴볼까요? 먼저 firebase-admin을 불러와 변수로 만듭니다. 함수는 2개인데 sendPostNotification과 commentPushNotification입니다. 각각 취미에 글을 올렸을 때 호출하는 함수, 그리고 댓글을 썼을 때 호출하는 함수입니다.

sendPostNotification은 https.onRequest, 즉 HTTPS를 요청했을 때 호출하는 함수이고 commentPushNotification는 document.onCreate, 즉 파이어스토어에 문서가 만들어졌을 때 호출하는 함수입니다. 이처럼 다양한 트리거를 이용하여 함수를 만들 수 있습니다.

sendPostNotification은 user의 hobby값을 가져와서 나와 같은 취미인지 확인합니다. 그리고 같은 취미가 있으면 tokens에 추가합니다. 이때 알림 설정인 hobbyNoti가 true인 사람만 추가하고 false인 사람은 푸시 받기를 원하지 않기 때문에 추가하지 않습니다. 이제 추가한 tokens값 개수가 0보다 크다면 sendToDevice를 통해 메시지를 보내고 반환값을 응답합니다.

```javascript
// 같은 취미와 노티피케이션이 true인 사람의 tokens 추가하기
const querySnapshot = await admin.firestore().collection("users")
    .where("hobby", "==", hobby).get();
const tokens = [];
querySnapshot.forEach((doc) => {
  const data = doc.data();
  if (data.hobbyNoti) {
    tokens.push(data.fcm);
    console.log(tokens);
  }
});
```

```javascript
// 추가한 tokens를 장치로 전달하기
const response = await admin.messaging()
    .sendToDevice(tokens, payload);
```

commentPushNotification도 비슷하나 user를 찾아서 해당 사용자의 commentNoti가 true일 때만 푸시 메시지를 보낸다는 점이 다릅니다.

```javascript
const userSnapshot = await admin.firestore()
    .collection("users").doc(user).get();
if (userSnapshot.data().commentNoti) {
  const userToken = userSnapshot.data().fcm;
  await admin.messaging().sendToDevice(userToken, payload);
}
```

함수를 배포하면 다음과 같이 [Functions] 메뉴의 [대시보드] 탭에서 함수를 표시합니다.

이제 안드로이드 스튜디오로 돌아와 프로젝트를 열고 sendPostNotification을 추가합니다. 글쓰기 탭인 draw_page.dart 파일로 이동하여 〈Post〉 버튼을 터치했을 때 호출할 이벤트에 다음 코드를 추가합니다. Uri.parse()에는 대시보드에서 확인한 HTTP 요청 URL을 지정합니다.

• lib/view/main/sub/draw_page.dart

```
(... 생략 ...)
_textEditingController.clear();

                                                       이곳에 HTTP 요청 URL을 지정합니다.
http.post(  ←─ 추가
  Uri.parse('https://example-00.cloudfunctions.net/sendPostNotification'),
  headers: <String, String>{
    'Content-Type': 'application/json; charset=UTF-8',
  },
  body: jsonEncode(<String, String>{
    'hobby': user.hobby!,
  }),
);
(... 생략 ...)
```

이제 빌드한 후 글을 등록하거나 댓글을 쓰면 알림이 오는 것을 확인할 수 있습니다.

▶ 한글로 입력한 알림 내용이 깨진다면 index.js 파일을 UTF-8로 저장하세요.

▶ 실행 결과

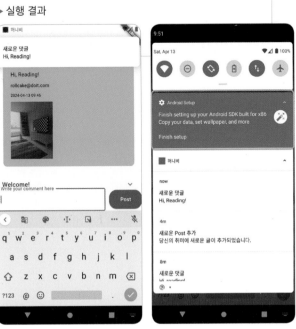

[Functions] 메뉴에서 오른쪽 추가 메뉴를 클릭하고 [로그 보기]를 선택하면 해당 함수가 호출될 때 발생한 로그를 확인할 수 있습니다.

▶ PROJECT_NOT_PERMITTED 오류가 발생한다면 구글 클라우드 Cloud Messaging API의 사용 설정을 활성화합니다.

Do it! 실습 ▶ 앱 아이콘과 이름 적용하기

앱을 나타내는 아이콘은 상용화된 앱에서 아주 중요한 요소의 하나입니다. 이번 실습에서는 플래티콘에서 내려받은 이미지를 아이콘으로 만들어 보겠습니다.

메뉴에서 [File → Open]을 클릭하고 허니비 프로젝트 폴더 아래에 있는 android를 선택하고 엽니다. 그러면 안드로이드 프로젝트를 열 수 있는데, 이곳에서 아이콘을 변경해 봅니다.

프로젝트가 열리면 app/res 폴더에서 오른쪽 마우스를 클릭하여 나타나는 컨텍스트 메뉴에서 [New → Image Asset]을 선택합니다.

빌드에 실패하여 [Image Asset] 메뉴가 나타나지 않는다면 프로젝트 터미널(▶_)에서 flutter clean 명령을 실행(캐시 삭제)하고 [File → Sync Project with Gradle Files] 메뉴를 선택한 다음, 다시 터미널에서 flutter pub get 명령을 실행(패키지 가져오기)합니다.

[Asset Studio]가 열렸다면 플랫티콘에서 내려받은 이미지를 추가하고 [Icon type]은 'Launcher Icons (Legacy only)', [Name]은 'sns_launcher'로 변경한 다음, 〈Next〉 버튼을 눌러 아이콘을 만듭니다.

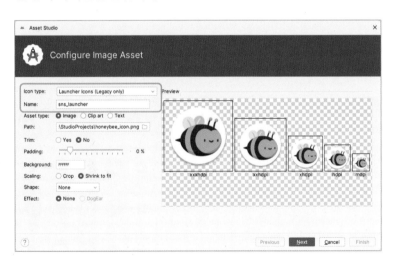

이제 AndroidManifest.xml 파일을 열고 앱 이름과 아이콘을 변경합니다.

• android/app/src/main/AndroidManifest.xml

```xml
<manifest xmlns:android="http://schemas.android.com/apk/res/android">
    <application
        android:label="허니비"         ← 수정
        android:name="${applicationName}"
        android:icon="@mipmap/sns_launcher">   ← 수정
(... 생략 ...)
```

그리고 res/drawable 폴더에 다음과 같은 내용의 noti_launch.xml 파일을 추가합니다.

• android\app\src\main\res\drawable\noti_launch.xml

```xml
<?xml version="1.0" encoding="utf-8"?>
<layer-list xmlns:android="http://schemas.android.com/apk/res/android">
    <item android:drawable="@android:color/white" />
    <item>
        <bitmap
            android:gravity="center"
            android:src="@mipmap/sns_launcher" />
    </item>
</layer-list>
```

다시 플러터 프로젝트로 돌아와 빌드하면 아이콘과 앱 이름이 변경되고 푸시 메시지를 보낼 때도 앱 아이콘을 함께 표시하는 것을 확인할 수 있습니다.

▶ 실행 결과

'허니비'라는 취미 SNS 앱을 만들어 보면서 다양한 파이어베이스 기능을 활용했습니다. 이번 장에서는 클라우드 함수, 클라우드 메시징, 그리고 Get() 함수를 이용하여 간단하게 코드를 구현했습니다. SNS 앱은 워낙 기능이 다양하고 복잡하여 파이어스토어나 스토리지 이용 요금이 순식간에 늘어나므로 서버리스로 구현하기에는 적당하지 않은 서비스일 수도 있지만, 얼마나 잘 튜닝하는지에 따라 요금은 큰 폭으로 달라질 수 있으므로 많이 고민하면서 데이터베이스 구조 등을 만들어 봅시다.

이 앱을 업그레이드하여 나만의 SNS 앱을 만들고 매일 1,000~2,000명만 꾸준히 이용하는 서비스로 키운다면 수익을 얻을 수도 있습니다. 독자 여러분도 즐거운 상상을 하며 새로운 SNS 앱을 만들어 보세요.

상용화 체크리스트

☑ 상용화에 필요한 기능을 추가해 나만의 앱으로 발전시켜 보세요!

☐ 개인 정보 관련 법률 검토하기: 소셜 기능은 개인 정보를 많이 사용하므로 법률 검토가 필수입니다.

☐ 로그인 처리 로직: SNS는 개인 성향이 강하므로 이미 로그인한 스마트폰 이외에 다른 장치로 로그인할 때 이를 처리하는 로직을 만들어 두면 좋습니다.

☐ 이미지와 텍스트 필터: 욕설이나 음담패설 등 바람직하지 못한 표현에 필터를 적용합니다.

☐ 서버 비용 절감을 위한 이미지 크기 조절과 캐시 처리하기: 호출할 때마다 데이터를 불러오면 비용이 많이 들 수 있으므로 섬네일을 먼저 호출하는 방식으로 구현합니다.

☐ 전체 데이터베이스에의 백업 처리하기: 과거 데이터는 백업하고 지워서 데이터베이스를 최소한으로 사용하는 등 많은 용량을 사용하지 않도록 해야 합니다. 읽기, 쓰기, 저장 등에서 다양하게 요금이 발생합니다.

☐ 비즈니스 모델 고민하기: SNS는 서버 비용이 많이 들므로 광고 모델, 부분 유료화 등 비즈니스 모델을 먼저 고민한 후 만드는 것이 좋습니다.

마켓 앱 만들기

구글 애널리틱스 　 클라우드 파이어스토어 　 스토리지 　 크래시리틱스 　 인증

클라우드 함수 　 클라우드 메시징 　 알림 　 앱 체크 　 리모트 컨피그

호스팅 　 SharedPreferences 　 로티 　 구글 로그인 　 구글 광고

지금까지 배운 파이어베이스 기능과 아직 다루지 않은 기능을 활용하여 마켓 앱을 만들고, 광고 설정과 푸시 메시지를 선택하면 앱으로 이동하는 기능까지 구현해 보겠습니다.

08-1 마켓 앱 기획하기

마켓 앱에는 다양한 종류가 있습니다. 네이버 쇼핑이나 지마켓과 같은 오픈 마켓, 쿠팡과 같은 직매입 마켓, 무신사와 같은 버티컬 쇼핑몰 등이 있습니다. 당근마켓이나 와디즈처럼 중고품이나 펀딩을 통해 원하는 물건을 구매할 수도 있습니다.

이 장에서는 개인별로 거래할 수 있는 버티컬 쇼핑몰 플랫폼을 만듭니다. 당근 같은 중고 거래 플랫폼이 아니라 자신의 공예품을 만들고 이를 직접 올려 판매하는 쇼핑몰을 구현해 볼 겁니다.

당근마켓 앱과 무신사 앱(출처: 구글플레이)

이번 앱에 사용할 주요 파이어베이스 기능은 다음과 같습니다.

파이어베이스 기능	설명
Storage	이미지를 저장하는 데 사용합니다.
Firestore	데이터베이스를 저장하는 데 사용합니다.
Cloud Messaging	푸시 메시지를 받을 수 있는 기능을 담당합니다. 메시지를 클릭하면 해당 내용으로 이동하는 기능까지 개발합니다.
Cloud Functions	푸시 메시지를 전송하는 서버를 만듭니다. 매일 한 번씩 한 달이 지난 데이터베이스는 삭제하는 로직을 추가합니다.
Authentication	로그인 기능을 담당합니다. 구글 간편 로그인 기능을 추가합니다.
Hosting	관리자 웹 페이지를 만들어 콘텐츠를 관리합니다.
App Check	파이어베이스에 저장한 데이터를 보호하는 코드를 적용합니다.
Remote Config	버전을 관리하고 A/B 테스트를 진행합니다.
Crashlytics	앱 충돌이 발생했을 때 이 내용을 서버로 전송합니다.
AdMob	배너와 전면 광고를 제공합니다.

여기서 만들 마켓 앱은 당근마켓처럼 C2C 방식으로, 개인이 개인에게 직접 판매하는 수공예 전문 쇼핑몰입니다. C2C 방식은 개인 간 직접 거래이므로 창고에 물건을 쌓아 둘 필요가 없고 앱 하나만 있으면 바로 서비스할 수 있습니다.

그럼, 기존 C2C 쇼핑몰과는 달리 수공예품을 사고파는 마켓 앱을 기획해 볼까요?

목적과 기능 정의하기

이번에는 앱을 만들 때 필요한 비즈니스 모델을 한번 생각해 보도록 하겠습니다. 앱을 만들고 구글플레이나 앱 스토어에 런칭하고 나면 더는 추가 비용이 들지 않는다고 생각하지만, 서버 비용, API 호출 시 드는 비용 등 지속적으로 비용이 발생합니다.

처음에 아무것도 모르고 아마존 웹 서비스 서버를 사용하다가 월수입은 몇십만 원인데 서버 비용이 몇백, 몇천만 원이 나오는 웃지 못할 일도 생길 수 있으므로 어떻게 앱으로 수익을 얻을지 고민해야 합니다. 가장 쉬운 방법은 바로 광고 게시입니다. 광고가 너무 많다면 앱을 사용하는 데 불편하지만, 적절한 광고는 앱을 유지하는 데 좋은 윤활유가 됩니다.

이와 함께 글을 등록할 때마다 포인트가 차감되고 추가 포인트를 얻으려면 출석 체크하거나 광고를 봐야 하는 방식으로 앱을 만들어 보겠습니다.

흐름도 그리기

먼저 draw.io를 이용하여 앱의 흐름도를 간단히 그려볼까요?

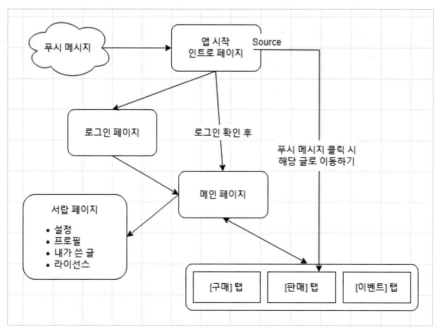

draw.io로 그린 마켓 앱 흐름도

흐름도를 보면 앞서 만들었던 SNS 앱과 비슷하다는 것을 알 수 있습니다. 즉, 기존 앱에 있던 기능을 묶어서 또 하나의 앱을 만든 것이라 할 수 있습니다. 다른 점은 직접 앱을 실행하는 것뿐만 아니라 푸시 메시지를 통해서도 앱에 들어올 수 있다는 것입니다. 푸시 메시지를 통해 들어왔을 때는 시작과 마찬가지로 인트로 페이지를 거친 후 바로 해당 게시 글로 이동하도록 구현하겠습니다.

[구매] 탭은 목록 형태로 이루어지며 이 목록 중간마다 광고를 노출하도록 하고, [판매] 탭에서 팔 물건을 등록하려면 10포인트가 필요하도록 해서 이를 비즈니스 모델로 만들도록 하겠습니다. 그리고 애널리틱스를 이용해 페이지별로 얼마나 많은 호출이 있었는지도 확인해 보겠습니다.

그린 흐름도를 바탕으로 오븐으로 각 페이지를 구성해 보겠습니다.

페이지 구성하기

다음은 오븐으로 구성한 페이지 디자인과 설명입니다.

인트로 페이지	로그인 페이지	회원 가입 페이지
이 페이지에서 인터넷 연결을 확인하고 다음 화면으로 넘어갑니다. 로그인 상태라면 인트로 화면에서 로그인을 확인하여 고유 번호를 가져오고 최근 로그인한 시간을 업데이트한 후 메인 페이지로 이동합니다.	이메일로 회원 가입하거나 구글 계정으로 로그인합니다. 〈구글로 로그인〉 버튼을 터치하면 현재 스마트폰에 로그인된 구글 아이디를 표시하며 이 중 하나를 선택하면 자동으로 로그인됩니다. 〈비밀번호 찾기〉 버튼을 터치하면 가입한 메일 주소로 비밀번호 재설정 메일을 보냅니다.	이 페이지에는 이메일, 비밀번호, 비밀번호 확인 등 3개의 텍스트 필드가 있으며, 이 텍스트 필드를 입력하고 제출하면 회원 가입이 완료됩니다.

메인 페이지 [구매] 탭

이 페이지는 현재 판매하는 물건을 목록 형식으로 제공하며 검색하거나 수공예품 종류에 따라 정렬할 수 있습니다. 너무 오래된 글(180일 기준)은 보이지 않도록 합니다. 페이징 처리를 하여 10개씩 보여 주면서 아래로 스크롤이 가능하도록 합니다. 팔린 상품은 팔렸다고 표시하고 상품 5개마다 광고를 노출합니다.

메인 페이지 [판매] 탭

이 탭에 제목, 내용, 판매 금액, 태그 등을 입력하고 사진을 추가하면 글이 올라갑니다. 이때 푸시 메시지가 발송되며 이 메시지를 터치하면 해당 글로 이동합니다. 사진은 자동으로 크기를 조절하며 갤러리나 카메라로 가져올 수 있습니다.

글을 쓰려면 10포인트가 필요합니다. 푸시 메시지로 알리려면 추가로 5포인트가 필요하도록 구현합니다.

메인 페이지 [이벤트] 탭

이벤트 페이지는 매일 출석 이벤트와 광고 보고 포인트 받기 이벤트를 진행합니다. 출석할 때마다 1일 10포인트를 받을 수 있습니다. 광고 보고 포인트 받기는 리워드 광고 형태를 띠며 이 광고를 보고 돌아오면 5포인트를 추가로 받을 수 있습니다.

출석은 하루에 한 번만 인정하며 광고는 하루에 여러 번 볼 수 있습니다.

서랍 페이지

개인 정보를 표시하며 이곳에서 설정, 내 프로필, 내가 쓴 글 확인하기, 라이선스 페이지로 이동할 수 있습니다.

서랍 페이지 [설정]

이 페이지에서는 푸시 알림을 설정합니다. 로그아웃도 이 페이지에서 이루어집니다.

서랍 페이지 [내가 쓴 글]

내가 쓴 글을 확인하고 삭제합니다. 파이어스토어에서 바로 삭제하므로 다른 사용자는 이 글을 볼 수 없습니다.

서랍 페이지 [프로필]

이 페이지에서는 가입한 아이디, 로그인 유형, 마지막으로 로그인한 시간, 포인트, 기타 개인 정보 등을 확인할 수 있습니다.

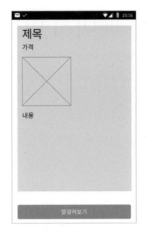

상세 페이지

[구매] 탭에서 글을 클릭했을 때 나타나는 페이지입니다. 상품의 내용을 표시하며 〈말 걸어 보기〉 버튼을 터치하면 채팅 페이지로 이동합니다.

채팅 페이지

채팅 기능을 이용하여 판매자와 대화를 나눕니다. 구매가 끝나거나 한 달이 지난 채팅이라면 자동으로 삭제합니다.

이로써 마켓 앱을 기획해 보았습니다. 디자인 가이드로 사용하기에는 페이지 구성이 다소 간단하지만, 지금은 앱의 기능이 더 중요하므로 이 부분에 초점을 두고 진행해 보겠습니다.

08-2 마켓 앱 기본 페이지 만들기

기획을 따라 마켓 앱의 기본 페이지인 인트로 페이지와 로그인 페이지를 만들어 보겠습니다.

Do it! 실습 프로젝트 생성하고 추가 기능 설정하기

첫 단계로, 앱 제작에 필요한 패키지를 추가하고 보안을 위한 앱 체크를 설정합니다.

프로젝트 만들고 패키지 추가하기

안드로이드 스튜디오를 시작하고 'crafty'라는 이름으로 프로젝트를 하나 생성합니다. 입력한 내용이 올바르다면 〈Create〉 버튼을 눌러 프로젝트를 생성합니다.

그리고 파이어베이스를 추가합니다. 기억이 나지 않는다면 03-2절 '앱에 파이어베이스 추가하기' 실습을 참고하세요.

파이어베이스를 추가했다면 pubspec.yaml 파일을 열고 다음과 같이 패키지를 추가합니다.

```
(... 생략 ...)
dependencies:
  flutter:
    sdk: flutter
  firebase_core: ^2.24.0
  firebase_analytics: ^10.4.3
  cloud_firestore: ^4.9.2
  firebase_storage: ^11.2.7
  firebase_crashlytics: ^3.3.3
  firebase_ui_firestore: ^1.5.5
  firebase_auth: ^4.10.0
  firebase_messaging: ^14.7.4
  flutter_local_notifications: ^16.1.0
  firebase_app_check: ^0.2.1+6
  firebase_remote_config: ^4.3.8
  connectivity_plus: ^4.0.2
  shared_preferences: ^2.2.1
  get: ^4.6.6
  lottie: ^2.7.0
  image_picker: ^1.0.4
  sign_in_button: ^3.2.0
  google_sign_in: ^6.1.6
  #google_mobile_ads: ^3.1.0   ◄── 08-3절에서 광고를 설정하며 주석을 풉니다.
  uuid: ^3.0.4
(... 생략 ...)
```

각 패키지의 기능은 다음 표를 참고하세요.

패키지	설명
firebase_core	파이어베이스 앱을 초기화하는 데 필요한 기본적인 기능을 제공합니다.
firebase_analytics	애널리틱스를 사용하여 앱 사용자를 분석합니다.
cloud_firestore	파이어스토어를 사용하여 클라우드에 데이터베이스를 만들고 관리합니다.
firebase_storage	스토리지를 사용하여 클라우드에 파일을 저장하고 검색합니다.
firebase_crashlytics	크래시리틱스를 사용하여 앱의 충돌 정보를 수집하고 분석합니다.

firebase_ui_firestore	FirebaseUI를 사용하여 파이어스토어 데이터를 쉽게 표시하고 편집할 수 있는 UI를 제공합니다.
firebase_auth	파이어베이스 인증을 사용하여 사용자 인증을 처리합니다.
firebase_messaging	클라우드 메시징을 사용하여 클라우드에서 메시지를 보내고 받습니다.
flutter_local_notifications	로컬 알림을 생성하고 표시하는 데 사용합니다.
firebase_app_check	앱 체크를 사용하여 앱의 안전성을 유지합니다.
firebase_remote_config	리모트 컨피그를 사용하여 앱의 동작이나 외관을 변경합니다.
connectivity_plus	네트워크 연결 상태를 확인하고 모니터링하는 데 사용합니다.
shared_preferences	앱에서 데이터를 저장하고 검색하는 데 사용합니다.
get	플러터에서 상태 관리를 단순화하는 데 사용합니다.
lottie	로티 파일을 사용하여 애니메이션을 표시합니다.
image_picker	이미지를 선택하고 가져오는 데 사용합니다.
sign_in_button	구글 로그인 버튼을 표시하는 데 사용합니다.
google_sign_in	구글 로그인을 처리하는 데 사용합니다.
google_mobile_ads	구글 애드몹을 사용하여 광고를 표시합니다.
uuid	UUID를 생성하고 검색하는 데 사용합니다. 고유한 키를 만듭니다.

〈Pub get〉 버튼을 클릭하여 패키지를 가져왔다면 data 폴더에 user.dart 파일과 constant.dart 파일을 만들어 사용자 클래스와 상수를 정의합니다.

• lib/data/user.dart

```
class CraftyUser {
  final String email;
  final String password;
  late String type;
  late String uid;

  CraftyUser({required this.email, required this.password});
}
```

```
                                                    • lib/data/constant.dart

class Constant {
  static const APP_NAME = 'Crafty';
}


enum SignType {
  Email,
  Google,
}
```

main.dart 파일을 열고 파이어베이스를 사용하여 데이터를 처리하는 코드를 입력합니다.

```
                                                         • lib/main.dart

import 'dart:ui';

import 'package:firebase_app_check/firebase_app_check.dart';
import 'package:firebase_core/firebase_core.dart';
import 'package:firebase_crashlytics/firebase_crashlytics.dart';
import 'package:firebase_messaging/firebase_messaging.dart';
import 'package:flutter/foundation.dart';
import 'package:flutter/material.dart';
import 'package:flutter_local_notifications/flutter_local_notifications.dart';
import 'package:get/get.dart';

import 'data/constant.dart';
import 'firebase_options.dart';
import 'intro/intro_page.dart';

@pragma('vm:entry-point')
Future<void> _firebaseMessagingBackgroundHandler(RemoteMessage message) async {
  await Firebase.initializeApp(options: DefaultFirebaseOptions.currentPlatform);
  await setupFlutterNotifications();
  showFlutterNotification(message);

  print('Handling a background message ${message.messageId}');
}


late AndroidNotificationChannel channel;
```

```dart
bool isFlutterLocalNotificationsInitialized = false;

Future<void> setupFlutterNotifications() async {
  if (isFlutterLocalNotificationsInitialized) {
    return;
  }
  channel = const AndroidNotificationChannel(
    'crafty_channel',  // id
    'Crafty 알림',    // title
    description: 'Crafty 앱에서 사용하는 알림입니다.', // description
    importance: Importance.high,
  );

  flutterLocalNotificationsPlugin = FlutterLocalNotificationsPlugin();

  await flutterLocalNotificationsPlugin
      .resolvePlatformSpecificImplementation<
      AndroidFlutterLocalNotificationsPlugin>()
      ?.createNotificationChannel(channel);

  await FirebaseMessaging.instance.setForegroundNotificationPresentationOptions(
    alert: true,
    badge: true,
    sound: true,
  );
  isFlutterLocalNotificationsInitialized = true;
}

void showFlutterNotification(RemoteMessage message) {
  RemoteNotification? notification = message.notification;
  AndroidNotification? android = message.notification?.android;
  if (notification != null && android != null) {
    flutterLocalNotificationsPlugin.show(
      notification.hashCode,
      notification.title,
      notification.body,
      NotificationDetails(
        android: AndroidNotificationDetails(
          channel.id,
```

```dart
          channel.name,
          channelDescription: channel.description,
          icon: 'noti_launch',
        ),
      ),
    );
  }
}

late FlutterLocalNotificationsPlugin flutterLocalNotificationsPlugin;

void main() async {
  WidgetsFlutterBinding.ensureInitialized();
  await Firebase.initializeApp(options: DefaultFirebaseOptions.currentPlatform);
  if(!kIsWeb){
    FirebaseMessaging.onBackgroundMessage(_firebaseMessagingBackgroundHandler);
    await setupFlutterNotifications();
    FlutterError.onError = (errorDetails) {
      FirebaseCrashlytics.instance.recordFlutterError(errorDetails);
    };

    PlatformDispatcher.instance.onError = (error , stack) {
      FirebaseCrashlytics.instance.recordError(error, stack , fatal: true);
      return true;
    };
    await FirebaseAppCheck.instance
        .activate(
      androidProvider: AndroidProvider.debug,
      appleProvider: AppleProvider.debug,
    );
  }

  runApp(const MyApp());
}

String? _token;
String? initialMessage;
bool _resolved = false;
```

```
class MyApp extends StatelessWidget {
  const MyApp({super.key});

  @override
  Widget build(BuildContext context) {
    if(!kIsWeb){
      FirebaseMessaging.instance.getInitialMessage().then((value) {
        _resolved = true;
        initialMessage = value?.data.toString();
      });

      FirebaseMessaging.onMessage.listen(showFlutterNotification);

      FirebaseMessaging.onMessageOpenedApp.listen((RemoteMessage message) {
        print('A new onMessageOpenedApp event was published! ${message.data}' );
      });
    }
    return GetMaterialApp(
      title: Constant.APP_NAME,
      theme: ThemeData(
        colorScheme: ColorScheme.fromSeed(seedColor: Colors.deepOrange),
        useMaterial3: true,
      ),
      home: IntroPage(),
    );
  }
}
```

다른 코드는 7장에서 이미 다룬 내용으로, 여기서는 앱 체크 코드를 중심으로 살펴봅니다. 앱 체크App Check는 파이어스토어, 실시간 데이터베이스, 스토리지, 클라우드 함수 등에 대한 방어 코드를 제공합니다.

앱 체크 설정하기

앱 체크를 사용하려면 파이어베이스 콘솔에서 [App Check] 메뉴를 선택합니다. 그리고 〈시작하기〉 버튼을 클릭합니다.

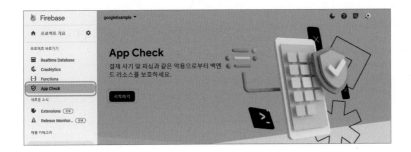

표시된 crafty 앱을 선택하면 다음과 같은 내용을 볼 수 있습니다.

▶ crafty 앱이 보이지 않는다면 아직 플러터 프로젝트가 빌드가 되지 않았기 때문이니 플러터 프로젝트를 빌드해서 앱과 서버가 한 번 통신하도록 합니다.

이제 이곳에 보안을 위한 SHA256 인증서 지문을 추가해야 하는데, 이는 keytool 명령어로 생성하고 관리합니다.

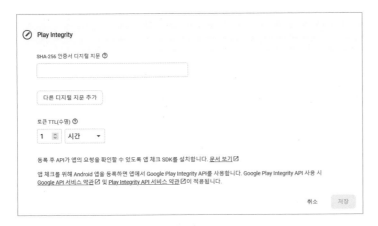

keytool 명령어를 사용해 보겠습니다. 명령 프롬프트를 실행하고 다음 폴더로 이동합니다.

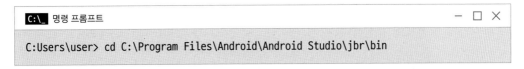

그리고 다음 명령어를 입력합니다.

```
C:\_ 명령 프롬프트                                              — □ ×

keytool -list -v -alias androiddebugkey -keystore (키 저장소 위치)
```

키 저장소 위치는 보통 %USERPROFILE%\.android\debug.keystore입니다. 명령을 실행하고 키
저장소 비밀번호를 입력하라고 하면 'android'를 입력합니다.

```
C:\_ 명령 프롬프트                                              — □ ×

C:\Program Files\Android\Android Studio\jbr\bin> keytool -list -v -alias
androiddebugkey -keystore "%USERPROFILE%\.android\debug.keystore"
```

그러면 다음과 같이 인증서 지문을 확인할 수 있습니다. SHA1과 SHA256 두 가지가 있는데,
SHA1은 구글 로그인에 필요하고 SHA256은 앱 체크에 필요하므로 둘 다 복사해서 저장합니
다. 다른 컴퓨터로 키 저장소를 호출하면 다른 SHA1, SHA256 인증서 지문이 출력되니 등록
한 컴퓨터로만 빌드해야 합니다.

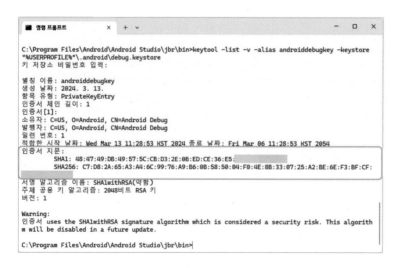

파이어베이스 페이지에 SHA256 인증서 지문을 붙여 넣고 토큰 수명은 기본값을 선택합니
다. 너무 자주 호출하면 호출 횟수가 늘어나 자주 토큰이 변경되어 부하가 걸리거나 요금이
나올 수 있으므로 7일로 저장합니다. 저장하면 상태가 '등록됨'으로 변경되며 앱을 배포할 때
도 마찬가지 방법으로 등록합니다. 지금은 안드로이드
스튜디오에서 빌드하기 때문에 디버그용 키 등록이 따
로 필요합니다.

▶ 구글플레이에 배포할 때는 릴리즈용 키를
따로 등록해야 합니다. 이 내용은 09-1절에
서 다룹니다.

main.dart 파일의 코드 중 `androidProvider`를 보면 `AndroidProvider.debug`로 된 것을 볼
수 있습니다. 지금은 디버그용으로 사용하겠다는 뜻입니다.

```dart
await FirebaseAppCheck.instance.activate(
  androidProvider: AndroidProvider.debug,  // 개발 중, 즉 디버그용이라는 뜻입니다.
  appleProvider: AppleProvider.debug,
);
```

빌드 후 안드로이드 스튜디오의 콘솔에 출력된 로그에서 'AppCheck'로 검색하면 다음과 같
은 부분을 찾을 수 있습니다.

이 코드를 복사하고 파이어베이스 콘솔의 [App Check] 메뉴에서 패키지 오른쪽 메뉴 중 [디
버그 토큰 관리]를 클릭하여 디버그 토큰을 추가합니다.

이제 빌드 후에 [API] 탭으로 이동하여 해당 기능을 클릭하면 다음과 같이 확인된 요청과 확인되지 않은 요청의 비율을 확인할 수 있습니다. 여기에서 〈적용〉 버튼을 클릭하면 이후는 확인된 요청만 통신하며 확인되지 않은 요청은 따로 데이터를 전달하지 않습니다.

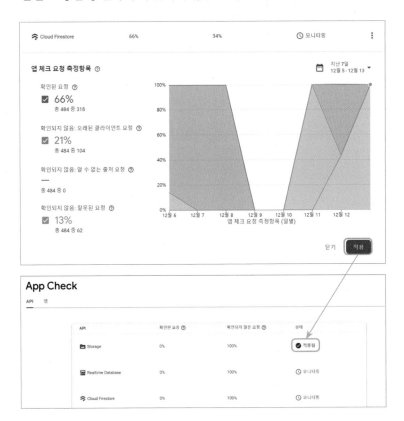

앱 체크 등록도 끝났으니 지금부터 기획대로 페이지를 하나씩 만들어 볼까요?

인트로 페이지는 기본적으로 7장과 비슷하지만, 로그인 유형을 비교하여 처리하는 부분이 다릅니다. 먼저 인트로 페이지에 사용할 로티 파일을 내려받습니다.

필자는 이 애니메이션 파일을 선택했지만, 원하는 로티 파일을 어떤 것이든 내려받아 사용해도 좋습니다. 이제 이 파일을 res/animation 폴더에 shop.json이라는 이름으로 복사하고 pubspec.yaml 파일의 **assets**에 추가합니다. 폰트도 마찬가지로 추가합니다.

▶ 폰트 설치 및 추가 방법은 07-2절 '동적 애니메이션을 활용한 인트로 페이지 만들기' 실습을 참고하세요.

```yaml
                                                       • pubspec.yaml
(... 생략 ...)
assets:
  - res/animation/shop.json

fonts:
  - family: clover
    fonts:
      - asset: res/font/YClover-Regular.ttf
(... 생략 ...)
```

이제 lib/intro 폴더에 intro_page.dart 파일을 생성하고 다음 코드를 입력합니다.

```dart
                                                • lib/intro/intro_page.dart
import 'dart:async';


import 'package:cloud_firestore/cloud_firestore.dart';
import 'package:connectivity_plus/connectivity_plus.dart';
```

```dart
import 'package:crafty/data/user.dart';
import 'package:firebase_auth/firebase_auth.dart';
import 'package:firebase_messaging/firebase_messaging.dart';
import 'package:flutter/material.dart';
import 'package:get/get.dart';
import 'package:google_sign_in/google_sign_in.dart';
import 'package:lottie/lottie.dart';
import 'package:shared_preferences/shared_preferences.dart';

import '../data/constant.dart';

class IntroPage extends StatefulWidget {
  const IntroPage({super.key});

  @override
  State<StatefulWidget> createState() {
    return _IntroPage();
  }
}

class _IntroPage extends State<IntroPage> {
  Future<bool> _notiPermissionCheck() async {
    FirebaseMessaging messaging = FirebaseMessaging.instance;
    NotificationSettings settings = await messaging.requestPermission(
      alert: true,
      announcement: false,
      badge: true,
      carPlay: false,
      criticalAlert: false,
      provisional: false,
      sound: true,
    );
    if (settings.authorizationStatus == AuthorizationStatus.authorized) {
      return true;
    } else {
      return false;
    }
  }
```

```
Future<bool> _loginCheck() async {  ← 로그인 상태를 확인하는 함수입니다.
  final SharedPreferences preferences = await SharedPreferences.getInstance();
  String? id = preferences.getString('id');
  String? pw = preferences.getString('pw');
  String? type = preferences.getString('type');

  if (id == null || pw == null) {
    return false;
  }

  final FirebaseAuth auth = FirebaseAuth.instance;

  if (type == SignType.Email.name) {
    try {
      await auth.signInWithEmailAndPassword(email: id, password: pw);
      CraftyUser user = CraftyUser(email: id, password: pw);
      user.type = SignType.Email.name;
      user.uid = auth.currentUser!.uid;
      Get.lazyPut(() => user);
      return true;
    } on FirebaseAuthException catch (e) {
      return false;
    }
  } else if (type == SignType.Google.name) {
    final GoogleSignIn googleSignIn = GoogleSignIn();
    final GoogleSignInAccount? googleSignInAccount =
        await googleSignIn.signIn();
    final GoogleSignInAuthentication googleSignInAuthentication =
        await googleSignInAccount!.authentication;

    final AuthCredential credential = GoogleAuthProvider.credential(
      accessToken: googleSignInAuthentication.accessToken,
      idToken: googleSignInAuthentication.idToken,
    );

    final UserCredential authResult =
        await FirebaseAuth.instance.signInWithCredential(credential);
    final User? user = authResult.user;
```

```dart
      if (user != null) {
        CraftyUser craftyUseruser = CraftyUser(email: id, password: pw);
        craftyUseruser.type = SignType.Google.name;
        craftyUseruser.uid = user.uid;
        Get.lazyPut(() => craftyUseruser);
        return true;
      } else {
        return false;
      }
    }

    return false;
  }

  @override
  Widget build(BuildContext context) {
    return Scaffold(
      body: FutureBuilder(
        builder: (context, snapshot) {
          switch (snapshot.connectionState) {
            case ConnectionState.active:
              return const Center(
                child: CircularProgressIndicator(),
              );
            case ConnectionState.done:
              if (snapshot.data != null) {
                if (snapshot.data!) {
                  _notiPermissionCheck().then((value) {
                    _loginCheck().then((value) {
                      if (value == true) {
                        Future.delayed(const Duration(seconds: 2), () async {
                          Get.snackbar(Constant.APP_NAME, '로그인했습니다.');
                          CraftyUser user = Get.find();
                          await FirebaseFirestore.instance
                              .collection('craftyusers')
                              .doc(user.email)
                              .update({
                            'loginTimeStamp': FieldValue.serverTimestamp()
                          });
```

```
                // 메인 페이지로 이동하기
            });
          } else {
            // 로그인 페이지로 이동하기
            Future.delayed(const Duration(seconds: 2), () {
            });
          }
        });
      });
      return Container(
        child: Center(
          child: Column(
            mainAxisAlignment: MainAxisAlignment.center,
            children: [
              const Text(
                Constant.APP_NAME,
                style:
                TextStyle(fontSize: 50, fontFamily: 'clover'),
              ),
              SizedBox(
                height: 20,
              ),
              Lottie.asset('res/animation/shop.json'),
            ],
          ),
        ),
      );
    } else {
      return const AlertDialog(
        title: Text(Constant.APP_NAME),
        content: Text(
            '지금 인터넷에 연결되지 않아'
                '${Constant.APP_NAME}를 사용할 수 없습니다.'),
      );
    }
  } else {
    return const Center(
      child: Text('데이터가 없습니다.'),
    );
```

```
        }
      case ConnectionState.waiting:
        return const Center(
          child: CircularProgressIndicator(),
        );
      case ConnectionState.none:
        return const Center(
          child: Text('데이터가 없습니다.'),
        );
    }
  },
  future: connectCheck(),
),
  );
}


Future<bool> connectCheck() async {
  var connectivityResult = await Connectivity().checkConnectivity();
  if (connectivityResult == ConnectivityResult.mobile ||
      connectivityResult == ConnectivityResult.wifi) {
    return true;
  } else {
    return false;
  }
}
}
```

여기서는 로그인 확인을 위한 _loginCheck() 함수를 살펴봅니다. 코드는 길지만 하나씩 볼까요? 먼저 type을 가져옵니다.

```
String? type = preferences.getString('type');
```

그리고 type이 Email이면 이전 코드와 같이 email과 password를 확인하고 같다면 true를 반환합니다.

```
await auth.signInWithEmailAndPassword(email: id, password: pw);
CraftyUser user = CraftyUser(email: id, password: pw);
user.type = SignType.Email.name;
user.uid = auth.currentUser!.uid;
Get.lazyPut(() => user);
```

type이 Google이면 GoogleSingIn() 함수를 호출하여 구글에서 가져온 토큰으로 구글에 인증을 요청하고 인증된 user 데이터를 추출하여 필요한 데이터를 CraftyUser에 저장합니다. Google일 때는 구글에서 인증하는 토큰값이 있기에 따로 pw는 넣지 않고 빈칸으로 둡니다. 그리고 true를 반환합니다.

```
final GoogleSignIn googleSignIn = GoogleSignIn();
final GoogleSignInAccount? googleSignInAccount =
    await googleSignIn.signIn();
final GoogleSignInAuthentication googleSignInAuthentication =
    await googleSignInAccount!.authentication;

final AuthCredential credential = GoogleAuthProvider.credential(
  accessToken: googleSignInAuthentication.accessToken,
  idToken: googleSignInAuthentication.idToken,
);

final UserCredential authResult =
    await FirebaseAuth.instance.signInWithCredential(credential);
final User? user = authResult.user;

if (user != null) {
  CraftyUser craftyUseruser = CraftyUser(email: id, password: pw);
  craftyUseruser.type = SignType.Google.name;
  craftyUseruser.uid = user.uid;
  Get.lazyPut(() => craftyUseruser);
  return true;
```

그 이외에는 로그인 상태가 아니라고 판단하여 false를 반환하도록 처리합니다. true를 반환하면 로그인했다는 스낵바를 표시하고 파이어스토어의 loginTimeStamp를 최신으로 업데이트합니다. `FieldValue.serverTimestamp()` 함수는 파이어스토어가 제공하는 서버 타임스탬프를 생성합니다. 이 함수를 사용하면 클라이언트가 아닌 서버가 생성한 시간을 기록합니다. 클라이언트 시간은 변경할 수 있으므로 서버 시간으로 저장해야 정확한 시간을 기록할 수 있습니다.

```
Future.delayed(const Duration(seconds: 2), () async {
  Get.snackbar(Constant.APP_NAME, '로그인했습니다.');
  CraftyUser user = Get.find();
  await FirebaseFirestore.instance
      .collection('craftyusers')
      .doc(user.email)
      .update({
    'loginTimeStamp': FieldValue.serverTimestamp()
  });
  // 메인 페이지로 이동하기
});
```

▶ 실행 결과

인트로 페이지를 완성하고 빌드하면 다음과 같이 출력되는 것을 확인할 수 있습니다.

다음 실습에서는 로그인 페이지를 만들어 봅니다.

Do it! 실습 로그인 페이지 만들기

로그인 페이지를 추가하고 관련 기능을 구현합니다.

구글 로그인 추가하기

로그인 화면도 7장과 비슷한 디자인이지만 여기서는 구글 로그인 버튼을 추가합니다. 파이어베이스 콘솔의 [Authentication] 메뉴를 클릭하고 [로그인 방법] 탭의 로그인 제공 업체에 구글을 추가합니다. 구글을 선택하고 사용 설정을 활성화한 다음, 〈저장〉 버튼을 클릭하면 됩니다. 그러면 'SHA-1 출시 디지털 지문'을 추가하라는 메시지를 볼 수 있습니다.

먼저 이전에 저장했던 SHA1 인증서 지문을 복사합니다. 그리고 프로젝트 개요 옆의 설정에서 [프로젝트 설정]을 선택하고 [일반] 탭을 클릭합니다.

아래로 스크롤 하여 [내 앱]에서 [crafty (android)]를 선택하고 [디지털 지문 추가]를 클릭하여 복사한 키를 입력하면 구글 로그인 사용 준비가 끝납니다.

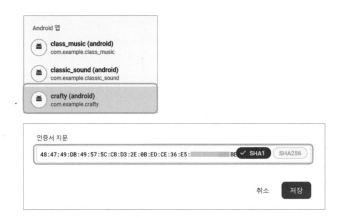

로그인 페이지 만들기

이제 lib/view/auth 폴더에 auth_page.dart 파일을 만들고 다음 코드를 입력합니다.

• lib/view/auth/auth_page.dart

```dart
import 'package:cloud_firestore/cloud_firestore.dart';
import 'package:crafty/data/user.dart';
```

```dart
import 'package:crafty/view/auth/email_login_dialog.dart';
import 'package:firebase_messaging/firebase_messaging.dart';
import 'package:flutter/material.dart';
import 'package:firebase_auth/firebase_auth.dart';
import 'package:get/get.dart';
import 'package:google_sign_in/google_sign_in.dart';
import 'package:lottie/lottie.dart';
import 'package:shared_preferences/shared_preferences.dart';
import 'package:sign_in_button/sign_in_button.dart';

import '../../data/constant.dart';
import 'email_dialog.dart';

class AuthPage extends StatefulWidget {
  const AuthPage({super.key});

  @override
  _AuthPage createState() => _AuthPage();
}

class _AuthPage extends State<AuthPage> {
  // Firebase Auth 객체 생성하기
  final FirebaseAuth _auth = FirebaseAuth.instance;
  final GoogleSignIn googleSignIn = GoogleSignIn();

  Future<GoogleSignInAccount?> signInWithGoogle() async {
    final GoogleSignInAccount? googleSignInAccount =
        await googleSignIn.signIn();
    final GoogleSignInAuthentication googleSignInAuthentication =
        await googleSignInAccount!.authentication;

    final AuthCredential credential = GoogleAuthProvider.credential(
      accessToken: googleSignInAuthentication.accessToken,
      idToken: googleSignInAuthentication.idToken,
    );

    final UserCredential authResult =
        await FirebaseAuth.instance.signInWithCredential(credential);
    final User? user = authResult.user;
```

```dart
  if (user != null) {
    assert(!user.isAnonymous);
    assert(await user.getIdToken() != null);

    final User? currentUser = FirebaseAuth.instance.currentUser;
    assert(user.uid == currentUser!.uid);
    print('signInWithGoogle succeeded: $user');
    _signIn(SignType.Google, user.email!, '');
    return googleSignInAccount;
  }
  return null;
}

// 비밀번호를 초기화하는 메서드
void _findPassword() async {
  String email = '';
  await showDialog(
    context: context,
    builder: (BuildContext context) {
      return AlertDialog(
        title: Text('비밀번호 초기화'),
        content: TextFormField(
          decoration: InputDecoration(hintText: 'Enter your email'),
          onChanged: (value) {
            email = value;
          },
        ),
        actions: [
          TextButton(
            onPressed: () {
              Get.back();
            },
            child: Text('Cancel'),
          ),
          TextButton(
            onPressed: () async {
              await _auth.sendPasswordResetEmail(email: email);
              Get.back();
            },
```

```
            child: Text('Confirm'),
          ),
        ],
      );
    },
  );
}

// 이메일과 비밀번호로 회원 가입하는 메서드
void _signUp(SignType type, String email, String password) async {
  try {
    // createUserWithEmailAndPassword 메서드로 회원 가입 요청하기
    await _auth.createUserWithEmailAndPassword(
        email: email, password: password);
    // 성공적으로 회원 가입되면 메시지 업데이트
    setState(() {
      Get.snackbar(Constant.APP_NAME, '회원 가입 성공');
    });
    _signIn(type, email, password);
  } on FirebaseAuthException catch (e) {
    // 에러 발생 시 메시지 업데이트
    setState(() {
      Get.snackbar(Constant.APP_NAME, e.message!);
    });
  }
}

// 이메일과 비밀번호로 로그인하는 메서드
void _signIn(SignType type, String email, String password) async {
  try {
    late User? user;
    if (type == SignType.Email) {
      // signInWithEmailAndPassword 메서드로 로그인 요청하기
      await _auth.signInWithEmailAndPassword(
          email: email, password: password);
    } else {
      final GoogleSignInAccount? googleSignInAccount =
          await googleSignIn.signIn();
      final GoogleSignInAuthentication googleSignInAuthentication =
```

```
      await googleSignInAccount!.authentication;

  final AuthCredential credential = GoogleAuthProvider.credential(
    accessToken: googleSignInAuthentication.accessToken,
    idToken: googleSignInAuthentication.idToken,
  );

  final UserCredential authResult =
      await FirebaseAuth.instance.signInWithCredential(credential);
  user = authResult.user;
}

// 성공적으로 로그인되면 메시지 업데이트
setState(() {
  Get.snackbar(Constant.APP_NAME, '로그인 성공');
});

var token = await FirebaseMessaging.instance.getToken();
final SharedPreferences preferences =
    await SharedPreferences.getInstance();
await preferences.setString('id', email);
await preferences.setString('pw', password);
await preferences.setString('type', type.name);
await FirebaseFirestore.instance
    .collection('craftyusers')
    .doc(email)
    .set({
  'email': email,
  'fcm': token,
  'signType': type.name,
  'uid': type == SignType.Email ? _auth.currentUser?.uid : user!.uid,
  'noti': true,
}).then((value) {
  CraftyUser craftyUser = CraftyUser(email: email, password: password);
  craftyUser.uid =
      (type == SignType.Email ? _auth.currentUser?.uid : user!.uid)!;
  Get.lazyPut(() => craftyUser);
  // 메인 페이지로 이동하기
});
```

```
    } on FirebaseAuthException catch (e) {
      setState(() {
        Get.snackbar(Constant.APP_NAME, e.message!);
      });
    }
  }


  @override
  Widget build(BuildContext context) {
    return Scaffold(
      body: Center(
        child: Padding(
          padding: EdgeInsets.only(left: 20, right: 20),
          child: Column(
            mainAxisAlignment: MainAxisAlignment.center,
            children: <Widget>[
              const Text(
                Constant.APP_NAME,
                style: TextStyle(fontFamily: 'clover', fontSize: 30),
              ),
              Lottie.asset(
                'res/animation/shop.json',
                width: MediaQuery.of(context).size.width / 2,
              ),
              SizedBox(
                height: 20,
              ),                     로그인 전용 버튼 위젯입니다.
              SignInButton(
                Buttons.email,
                text: 'Sign up with Email',
                onPressed: () async {
                  CraftyUser user = await Get.to(SignUpWithEmailPage());
                  if (user != null) {
                    _signUp(SignType.Email, user.email, user.password);
                  }
                },
              ),
              SizedBox(
                height: 20,
              ),
```

```
        SignInButton(
          Buttons.google,
          text: 'Sign up with Google',
          onPressed: signInWithGoogle,
        ),
        SizedBox(
          height: 20,
        ),
        MaterialButton(
          onPressed: () async {
            CraftyUser user = await Get.to(LoginWithEmailPage());
            if (user != null) {
              _signIn(SignType.Email, user.email, user.password);
            }
          },
          child: Text('이메일로 로그인하기'),
        ),
        ElevatedButton(
          onPressed: _findPassword,
          child: Text('비밀번호 찾기'),
        ),
      ],
    ),
   ),
  ),
 );
 }
}
```

코드를 하나씩 살펴보겠습니다. SignInButton은 로그인 버튼 전용 위젯으로, 애플이나 구글, 페이스북 등 회사별로 자사의 색이 들어가거나 디자인, 로고가 들어간 버튼을 사용해야 한다는 규칙이 있습니다. 이런 규칙을 적용하여 로그인 버튼을 구현합니다. 이 버튼을 클릭하여 호출하는 signInWithGoogle() 함수는 먼저 googleSignIn.signIn()을 호출하여 사용자가 구글에 로그인하도록 유도합니다.

```
final GoogleSignInAccount? googleSignInAccount =
    await googleSignIn.signIn();
```

그 후 사용자가 로그인하면 googleSignInAccount!.authentication을 호출하여 사용자의 인증 정보를 가져옵니다.

```
final GoogleSignInAuthentication googleSignInAuthentication =
    await googleSignInAccount!.authentication;
```

그리고 GoogleAuthProvider.credential()을 호출하여 인증 정보를 기반으로 AuthCredential 객체를 생성합니다.

```
final AuthCredential credential = GoogleAuthProvider.credential(
  accessToken: googleSignInAuthentication.accessToken,
  idToken: googleSignInAuthentication.idToken,
);
```

FirebaseAuth.instance.signInWithCredential(credential)을 호출하여 UserCredential 객체를 가져오고 나서 authResult.user로 User 객체를 가져옵니다.

```
final UserCredential authResult =
    await FirebaseAuth.instance.signInWithCredential(credential);
final User? user = authResult.user;
```

user가 null이 아니면 assert 문을 사용하여 익명 사용자가 아님을 확인하고 await user.getIdToken() != null을 사용하여 ID 토큰이 null이 아님도 확인하면 FirebaseAuth.instance.currentUser로 현재 사용자를 가져옵니다.

```
if (user != null) {
  assert(!user.isAnonymous);
  assert(await user.getIdToken() != null);

  final User? currentUser = FirebaseAuth.instance.currentUser;
  assert(user.uid == currentUser!.uid);
  print('signInWithGoogle succeeded: $user');
  _signIn(SignType.Google, user.email!, '');
  return googleSignInAccount;
}
```

그 후 기존의 로그인 함수인 _signIn()을 호출하여 파이어스토어에 사용자 정보를 저장하고
로그인한 다음, googleSignInAccount를 반환합니다.

_signIn() 함수에서 사용자 정보를 저장할 때는 uid값이 필요한데, 구글의 uid와 이메일의
uid는 다르므로 로그인 유형에 따라 구분해 저장합니다.

```
await FirebaseFirestore.instance
    .collection('craftyusers')
    .doc(email)
    .set({
  'email': email,
  'fcm': token,
  'signType': type.name,
  'uid': type == SignType.Email ? _auth.currentUser?.uid : user!.uid,
  'noti': true,
})
```

이어서 lib/view/auth 폴더에 email_dialog.dart와 email_login_dialog.dart 파일을 만들
고 다음 코드를 각각 입력합니다.

```
                                            • lib/view/auth/email_dialog.dart
import 'package:flutter/material.dart';
import 'package:get/get.dart';

import '../../data/user.dart';

class SignUpWithEmailPage extends StatefulWidget {
  const SignUpWithEmailPage({super.key});

  @override
  _SignUpWithEmailPage createState() => _SignUpWithEmailPage();
}

class _SignUpWithEmailPage extends State<SignUpWithEmailPage> {
  final _formKey = GlobalKey<FormState>();
  final _emailController = TextEditingController();
  final _passwordController = TextEditingController();
  final _confirmPasswordController = TextEditingController();
```

```
@override
Widget build(BuildContext context) {
  return Scaffold(
    appBar: AppBar(
      title: Text('이메일로 회원 가입'),
    ),
    body: Padding(
      padding: const EdgeInsets.all(16.0),
      child: Form(  ←── 입력 양식을 만드는 위젯입니다.
        key: _formKey,
        child: Column(
          crossAxisAlignment: CrossAxisAlignment.start,
          children: <Widget>[
            TextFormField(
              controller: _emailController,
              decoration: const InputDecoration(
                labelText: 'Email',
                prefixIcon: Icon(Icons.email),
                suffixIcon: Icon(Icons.check),
              ),
              validator: (value) {
                if (value!.isEmpty) {
                  return '이메일을 입력하세요.';
                }
                return null;
              },
            ),
            TextFormField(
              controller: _passwordController,
              decoration: const InputDecoration(
                labelText: '비밀번호',
                prefixIcon: Icon(Icons.password),
                suffixIcon: Icon(Icons.check),
              ),
              obscureText: true,
              validator: (value) {
                if (value!.isEmpty) {
                  return '비밀번호를 입력하세요.';
                }
                return null;
              },
```

```dart
          ),
          TextFormField(
            controller: _confirmPasswordController,
            decoration: const InputDecoration(
              labelText: '비밀번호 확인',
              prefixIcon: Icon(Icons.password),
              suffixIcon: Icon(Icons.check),
            ),
            obscureText: true,
            validator: (value) {
              if (value!.isEmpty) {
                return '비밀번호를 확인하세요.';
              }
              if (value != _passwordController.text) {
                return '비밀번호가 맞지 않습니다.';
              }
              return null;
            },
          ),
          Padding(
            padding: const EdgeInsets.symmetric(vertical: 16.0),
            child: ElevatedButton(
              onPressed: () {
                if (_formKey.currentState!.validate()) {
                  Get.back(
                      result: CraftyUser(
                          email: _emailController.text.trim(),
                          password: _passwordController.text.trim()));
                }
              },
              child: Text('Sign up'),
            ),
          ),
        ],
      ),
    ),
  ),
);
  }
}
```

> 이전 페이지로 돌아가 이 데이터로 회원 가입을 합니다.

```dart
import 'package:flutter/material.dart';
import 'package:get/get.dart';

import '../../data/user.dart';

class LoginWithEmailPage extends StatefulWidget {
  const LoginWithEmailPage({super.key});

  @override
  _LoginWithEmailPage createState() => _LoginWithEmailPage();
}

class _LoginWithEmailPage extends State<LoginWithEmailPage> {
  final _formKey = GlobalKey<FormState>();
  final _emailController = TextEditingController();
  final _passwordController = TextEditingController();

  @override
  Widget build(BuildContext context) {
    return Scaffold(
      appBar: AppBar(
        title: Text('이메일로 로그인'),
      ),
      body: Padding(
        padding: const EdgeInsets.all(16.0),
        child: Form(
          key: _formKey,
          child: Column(
            crossAxisAlignment: CrossAxisAlignment.start,
            children: <Widget>[
              TextFormField(
                controller: _emailController,
                decoration: const InputDecoration(
                  labelText: 'Email',
                  prefixIcon: Icon(Icons.email),
                  suffixIcon: Icon(Icons.check),
                ),
```

```dart
          validator: (value) {
            if (value!.isEmpty) {
              return '이메일을 입력하세요.';
            }
            return null;
          },
        ),
        TextFormField(
          controller: _passwordController,
          decoration: const InputDecoration(
            labelText: '비밀번호',
            prefixIcon: Icon(Icons.password),
            suffixIcon: Icon(Icons.check),
          ),
          obscureText: true,
          validator: (value) {
            if (value!.isEmpty) {
              return '비밀번호를 입력하세요.';
            }
            return null;
          },
        ),
        Padding(
          padding: const EdgeInsets.symmetric(vertical: 16.0),
          child: ElevatedButton(
            onPressed: () {
              if (_formKey.currentState!.validate()) {
                Get.back(
                    result: CraftyUser(
                        email: _emailController.text.trim(),
                        password: _passwordController.text.trim()));
              }
            },
            child: Text('Login'),
          ),
        ),
      ],
    ),
```

```
      ),
    ),
  );
 }
}
```

email_dialog.dart 파일은 이메일 로그인 기능을 만든 클래스입니다. 여기에서 사용하는
Form 위젯은 플러터에서 입력 양식을 만들 때 사용합니다. 이 위젯은 그룹화한 여러 개 양식
필드의 유효성을 검사하고 그 상태를 한꺼번에 관리하고자 사용합니다.

이 Form 안의 TextFormField를 모두 입력해야 버튼을 터치할 수 있도록 합니다. Get.back()으
로 이전 화면으로 돌아갈 때 데이터를 전달할 수 있는데, 이곳에는 등록한 이메일과 비밀번호
를 넣어서 이전 페이지에서 이 데이터를 바탕으로 이메일 회원 가입을 할 수 있도록 합니다.

```
Get.back(
    result: CraftyUser(
        email: _emailController.text.trim(),
        password: _passwordController.text.trim()));
```

마지막으로, 로그인 페이지로 이동하도록 intro_page.dart 파일을 수정합니다.

• lib/intro/intro_page.dart

```
(... 생략 ...)
import '../view/auth/auth_page.dart';  ← 추가
(... 생략 ...)
// 로그인 페이지로 이동하기
Future.delayed(const Duration(seconds: 2), () {
  Get.off(AuthPage());  ← 추가
});
(... 생략 ...)
```

빌드 하면 다음과 같은 화면이 표시되는 것을 확인할 수 있습니다.

▶ 실행 결과

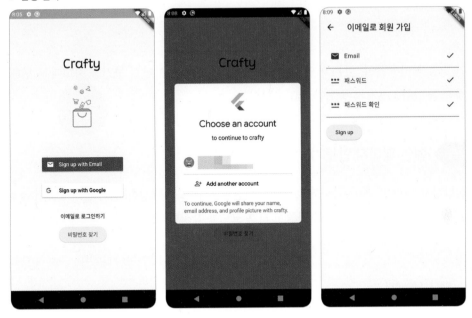

08-3 마켓 앱 메인 페이지 만들고 광고 설정하기

앱의 메인 기능을 이용할 수 있는 메인 페이지를 만들겠습니다. 이어서 물건을 사고파는 구매 탭과 판매 탭을 만들고 3가지 광고를 설정합니다.

Do it! 실습 ▷ 메인 페이지 만들기

기획서를 바탕으로 메인 페이지는 하단 내비게이션과 서랍으로 구성합니다. 먼저 lib/view/main 폴더에 main_page.dart 파일을 만들고 다음 코드를 작성합니다.

> • lib/view/main/main_page.dart

```dart
import 'dart:convert';

import 'package:crafty/view/main/drawer_widget.dart';
import 'package:firebase_analytics/firebase_analytics.dart';
import 'package:firebase_remote_config/firebase_remote_config.dart';
import 'package:flutter/material.dart';

class MainPage extends StatefulWidget {
  const MainPage({super.key});

  @override
  State<StatefulWidget> createState() {
    return _MainPage();
  }
}

class _MainPage extends State<MainPage> {
  var _tapNumber = 0;
  Map<String, dynamic> listData = {
    '1': 'setting',
    '2': 'license',      ←─ 오프라인일 때 사용할 서랍 메뉴 순서입니다.
    '3': 'profile'
```

```
  };

  @override
  void initState() {
    super.initState();
    final FirebaseRemoteConfig remoteConfig = FirebaseRemoteConfig.instance;
    remoteConfig.fetchAndActivate().then((value) {
      final String order = remoteConfig.getString('list_tile_order');
      if (mounted) {
        setState(() {
          listData = const JsonDecoder().convert(order);
        });
      }
    });
  }
```

> 리모트 컨피그의 데이터를 가져옵니다.

```
  @override
  Widget build(BuildContext context) {
    return Scaffold(
      appBar: AppBar(
        title: _tapNumber == 0
            ? const Text('사기')
            : _tapNumber == 1
                ? const Text('팔기')
                : const Text('이벤트'),
      ),
      drawer: DrawerWidget(listData),
      bottomNavigationBar: BottomNavigationBar(
        currentIndex: _tapNumber,
        items: const [
          BottomNavigationBarItem(
            icon: Icon(Icons.check, color: Colors.black),
            label: 'Buy',
          ),
          BottomNavigationBarItem(
            icon: Icon(
              Icons.sell,
              color: Colors.black,
```

```dart
          ),
          label: 'Sell',
        ),
        BottomNavigationBarItem(
          icon: Icon(
            Icons.event,
            color: Colors.black,
          ),
          label: 'Event',
        ),
      ],
      onTap: (value) {
        setState(() {
          _tapNumber = value;
        });
        FirebaseAnalytics.instance.logEvent(
          name: 'bottom_navigation_tap',
          parameters: {'tab_index': value},
        );
      },
    ),
    body: subPage(_tapNumber),
  );
}

subPage(int tapNumber) {
  switch (tapNumber) {
    case 0:
    // return const BuyPage();
    case 1:
    // return const SellPage();
    case 2:
    // return EventPage();
  }
}
}
```

이어서 drawer_widget.dart 파일을 만들고 서랍을 구현하는 코드를 작성합니다.

```dart
import 'package:crafty/data/user.dart';
import 'package:firebase_analytics/firebase_analytics.dart';
import 'package:flutter/material.dart';
import 'package:get/get.dart';

class DrawerWidget extends StatelessWidget {
  Map<String, dynamic> listData;

  DrawerWidget(this.listData, {super.key});

  CraftyUser user = Get.find();

  @override
  Widget build(BuildContext context) {
    return Container(
      color: Colors.white,
      child: Column(
        children: [
          DrawerHeader(
            child: Column(
              crossAxisAlignment: CrossAxisAlignment.start,
              children: [
                Text('${user.email} 님 환영합니다.'),
                const SizedBox(
                  height: 10,
                ),
                ElevatedButton(
                    onPressed: () {
                      // 프로필 페이지로 이동하기
                      // Get.to(ProfilePage());
                    },
                    child: const Text('프로필 확인하기'))
              ],
            ),
          ),
          SizedBox(
            height: 500,
            child: ListView.builder(
```

```dart
              itemCount: listData.length,
              itemBuilder: (BuildContext context, int index) {
                final key = listData.keys.elementAt(index);
                final value = listData[key];
                return ListTile(
                  title: Text(valueChangeString(value)),
                  onTap: () {
                    if (value == 'setting') {
                      // Get.to(const SettingPage());
                    } else if (value == 'profile') {
                      // Get.to(const ProfileListPage());
                    } else if (value == 'license') {
                      // Get.to(const LicensePage());
                    }
                    FirebaseAnalytics.instance.logEvent(
                      name: 'drawer_tap',
                      parameters: {'drawer_item': value},
                    );
                  },
                );
              },
            ),
          )
        ],
      ),
    );
  }

  String valueChangeString(value) {
    if (value == 'setting') {
      return '설정';
    } else if (value == 'profile') {
      return '내 글 목록';
    } else if (value == 'license') {
      return '라이선스';
    } else {
      return '';
    }
  }
}
```

코드를 살펴보면 main_page.dart 파일에서 리모트 컨피그로 데이터를 가져오는 부분을 확인할 수 있습니다.

```
final FirebaseRemoteConfig remoteConfig = FirebaseRemoteConfig.instance;
remoteConfig.fetchAndActivate().then((value) {
  final String order = remoteConfig.getString('list_tile_order');
  if (mounted) {
    setState(() {
      listData = const JsonDecoder().convert(order);
    });
  }
});
```

리모트 컨피그에 서랍으로 표시할 목록 순서를 등록합니다. 필자는 다음과 같이 미리 등록했습니다.

▶ 리모트 컨피그를 등록하는 방법은 04-3절 '리모트 컨피그로 앱 기본 정보 설정하기' 실습을 참고하세요.

첫 번째가 설정, 두 번째가 프로필, 세 번째가 라이선스입니다. 이 데이터를 가져와 listData에 저장합니다. 인터넷에 연결되지 않았을 때를 대비하여 기본 초기화 코드는 마련합니다. 즉, 오프라인이라면 설정, 라이선스, 내 글 목록 순이고, 온라인이라면 리모트 컨피그에 저장한 설정, 내 글 목록, 라이선스 순이 됩니다.

파이어베이스 로그 이벤트 데이터를 바탕으로 사용자가 자주 사용하는 페이지 순서로 바꿀 수 있도록 리모트 컨피그에 등록했습니다.

```
FirebaseAnalytics.instance.logEvent(
  name: 'bottom_navigation_tap',
  parameters: {'tab_index': value},
);
```

이후 통계를 확인하여 리모트 컨피그에 설정한 순서를 바꿀 수 있을 겁니다. 지금은 간단하게 서랍에 표시할 메뉴 순서만 정했지만, 로그 이벤트나 A/B 테스트에 이용할 수도 있습니다.

이어서 인트로 페이지와 로그인 페이지에서 메인 페이지로 이동할 수 있도록 intro_page. dart 파일과 auth_page.dart 파일에 코드를 추가합니다.

• lib/intro/intro_page.dart

```
(... 생략 ...)
import 'package:crafty/view/main/main_page.dart';   ← 추가
(... 생략 ...)
// 메인 페이지로 이동하기
Get.off(MainPage());   ← 추가
(... 생략 ...)
```

```
                                              • lib/view/auth/auth_page.dart
(... 생략 ...)
import 'package:crafty/view/main/main_page.dart'; ←─[ 추가 ]
(... 생략 ...)
Get.lazyPut(() => craftyUser);
// 메인 페이지로 이동하기
Get.off(MainPage()); ←─[ 추가 ]
(... 생략 ...)
```

메인 페이지를 구성했으니 이제 메인 페이지에 넣을 탭을 만들어 볼까요?

Do it! 실습 ▷ 구매 탭 만들고 광고 설정하기

메인 기능 중 하나인 구매 탭을 만들고 애드몹을 활용해 앱에 광고를 등록하는 방법도 알아봅니다.

구매 페이지 만들기

먼저 구매 탭입니다. 사용자가 올린 구매 글을 목록으로 보는 페이지로, 기획에 따르면 자신이 선택한 공예품 목록이나 전체 목록을 확인할 수 있으며 10개씩 표시합니다. 그리고 5개마다 광고를 노출합니다.

판매할 아이템의 데이터 구조부터 만들어 보겠습니다. lib/data 폴더에 item_data.dart 파일을 만들고 다음과 같이 입력합니다.

```
                                              • lib/data/item_data.dart
import 'package:cloud_firestore/cloud_firestore.dart';

class ItemData {
  final String title;       // 글 제목
  final String content;     // 글 내용
  final String id;          // 글 고윳값
  final String image;       // 글에 표시될 이미지
  final int kind;           // 수공예품 종류
  final String price;       // 가격
  final bool sell;          // 판매 여부 확인
  final List<dynamic> tag;  // 태그
```

```dart
  final dynamic timestamp;  // 등록 시간
  final String user;        // 등록한 사용자 이메일

  ItemData(this.title, this.content, this.id, this.image, this.kind, this.price,
      this.sell, this.tag, this.timestamp, this.user);

  static ItemData fromStoreData(DocumentSnapshot snapshot) {
    var data = snapshot.data() as Map<String, dynamic>;
    return ItemData(
        data['title'],
        data['content'],
        data['id'],
        data['image'],
        data['kind'],
        data['price'],
        data['sell'],
        data['tag'],
        data['timestamp'],
        data['user']);
  }

  Map<String, dynamic> toMap() {
    Map<String, dynamic> item = {};
    item['title'] = title;
    item['content'] = content;
    item['id'] = id;
    item['image'] = image;
    item['kind'] = kind;
    item['price'] = price;
    item['sell'] = sell;
    item['tag'] = tag;
    item['timestamp'] = timestamp;
    item['user'] = user;
    return item;
  }
}
```

fromStoreData() 함수로 파이어스토어에서 가져온 데이터를 ItemData 클래스로 변환합니다. 앞에서 수공예품의 종류를 kind로 선언했습니다. 이를 구체적으로 정의하는 craftyKind 변수도 하나 만듭니다.

```
• lib/data/crafty_kind.dart
Map<int, String> craftyKind = {
  1: '목공예',
  2: '유리공예',
  3: '도자공예',
  4: '염직공예',
  5: '금속공예',
  6: '종이공예',
  7: '가죽공예',
  8: '레진공예',
  9: '구슬공예',
  10: '압화공예',
  11: '기차공예',
};
```

애드몹 등록하고 사용 설정하기

광고를 보여줄 광고 매니저 클래스도 필요합니다. 광고를 사용하려면 애드몹에 등록해야 합니다. 구글 아이디로 애드몹(https://apps.admob.com)에 로그인하고 앱을 추가합니다.

그리고 다음과 같이 pubspec.yaml 파일에도 주석을 풀어 패키지를 추가합니다.

```
• pubspec.yaml
(... 생략 ...)
google_mobile_ads: ^3.1.0
(... 생략 ...)
```

그 후 내용을 입력합니다. 플랫폼을 선택하고 아직 앱 스토어에 등록하지 않았으니 [아니요]를 선택하고 〈계속〉을 클릭합니다.

앱 이름을 설정하고 〈앱 추가〉 버튼을 클릭합니다.

앱을 추가했다면 이제 광고를 만듭니다. crafty 앱을 선택하고 〈광고 단위 추가〉 버튼을 클릭합니다.

다양한 종류의 광고가 나오는데, 이 중에 배너, 전면, 리워드 광고 3가지를 만들어 보겠습니다.

배너를 선택하고 이름을 입력한 후 〈광고 단위 만들기〉를 클릭합니다. 전면과 리워드도 마찬가지로 만듭니다. 리워드에서는 보상을 설정합니다. 여기서는 수량은 5로, 상품은 point로 입력합니다.

〈광고 단위 만들기〉를 클릭하면 다음과 같이 앱 ID와 광고 단위 ID를 확인할 수 있습니다. 이제 이 ID를 추가하면 되는데, 먼저 안드로이드 프로젝트에 앱 ID를 추가해야 합니다.

crafty 프로젝트에서 android/app/src/main 폴더로 이동하여 AndroidManifest.xml 파일을 열고 다음 내용을 추가합니다.
안드로이드 프로젝트에 앱 ID를 추가하지 않으면 앱이 광고를 호출할 때 비정상 종료가 됩니다.

```
                                    • android/app/src/main/AndroidManifest.xml
(... 생략 ...)
<meta-data
    android:name="flutterEmbedding"
    android:value="2" />
<meta-data   ← 추가
    android:name="com.google.android.gms.ads.APPLICATION_ID"
    android:value="앱 ID" />   ← 이곳에 앱 ID를 입력합니다.
(... 생략 ...)
```

구글은 에뮬레이터나 광고가 승인되지 않았을 때도 사용할 수 있는 테스트용 광고 단위 ID를 제공합니다. 다음 웹 사이트에서 사용할 테스트 광고 단위 ID를 확인하세요.

▶ 테스트 광고 설정 도움말: https://developers.google.com/admob/android/test-ads?hl=ko

플랫폼	광고 형식	광고 단위 ID
안드로이드	배너 광고	ca-app-pub-3940256099942544/6300978111
	전면 광고	ca-app-pub-3940256099942544/1033173712
	보상형 광고	ca-app-pub-3940256099942544/5224354917
iOS	배너 광고	ca-app-pub-3940256099942544/2934735716
	전면 광고	ca-app-pub-3940256099942544/4411468910
	보상형 광고	ca-app-pub-3940256099942544/1712485313

광고 단위 ID를 확인했다면 lib/service 폴더에 admob_service.dart 파일을 만들고 다음 코드를 입력합니다.

• lib/service/admob_service.dart

```dart
import 'package:flutter/material.dart';
import 'package:google_mobile_ads/google_mobile_ads.dart';


class AdmobService {
  static String get interstitialAdUnitId => 'ca-app-pub-전면광고단위_ID';
  static String get bannerAdUnitId => 'ca-app-pub-배너광고단위_ID';
  static String get rewardAdUnitId => 'ca-app-pub-보상형광고단위_ID';   // 이곳에 각각의 광고 단위 ID를 입력합니다.
  InterstitialAd? _interstitialAd;
  RewardedAd? _rewardedAd;
  BannerAd? _bannerAd;


  void createInterstitialAd() {   // 전면 광고를 만듭니다.
    InterstitialAd.load(
      adUnitId: interstitialAdUnitId,
      request: AdRequest(),
      adLoadCallback: InterstitialAdLoadCallback(
        onAdLoaded: (ad) => _interstitialAd = ad,
        onAdFailedToLoad: (error) =>
            print('InterstitialAd failed to load: $error'),
      ),
    );
  }
```

```dart
void createRewardAd() {          ← 보상형 광고를 만듭니다.
  RewardedAd.load(
    adUnitId: rewardAdUnitId,
    request: AdRequest(),
    rewardedAdLoadCallback: RewardedAdLoadCallback(
      onAdLoaded: (ad) {
        _rewardedAd = ad;
      },
      onAdFailedToLoad: (error) =>
          print('RewardedVideoAd failed to load: $error'),
    ),
  );
}


void showRewardAd(VoidCallback callback) {
  if (_rewardedAd != null) {
    _rewardedAd!.show(
      onUserEarnedReward: (ad, reward) {
        callback.call();
      },
    );
  }
}
}


void showAd() {
  if (_interstitialAd == null) return;
  _interstitialAd!.fullScreenContentCallback = FullScreenContentCallback(
    onAdDismissedFullScreenContent: (ad) => ad.dispose(),
    onAdFailedToShowFullScreenContent: (ad, error) {
      ad.dispose();
      print('Admob error: $error');
    },
  );
  _interstitialAd!.show();
  _interstitialAd = null;
}


Widget showAdBanner() {
  _bannerAd = BannerAd(
```

```
        adUnitId: bannerAdUnitId,
        size: AdSize.banner,
        request: AdRequest(),
        listener: BannerAdListener(
          onAdLoaded: (_) => print('Admob banner loaded.'),
          onAdFailedToLoad: (ad, error) {
            ad.dispose();
            print('Admob banner failed to load: $error');
          },
        ),
      )..load();
      return Container(
        alignment: Alignment.center,
        child: AdWidget(ad: _bannerAd!),
        width: _bannerAd!.size.width.toDouble(),
        height: _bannerAd!.size.height.toDouble(),
      );
    }
  }
```

이 앱에서는 배너 광고, 전면 광고, 보상형(리워드) 광고를 지원합니다. createInterstitialAd()
함수는 전면 광고를 미리 만듭니다. 한 번에 만들고 호출하면 제대로 호출되지 않거나 타이밍
이 안 맞을 수 있으므로 미리 전면 광고를 만들고 필요할 때 호출합니다. InterstitialAd.
load() 함수를 호출하여 전면 광고를 로딩하는데, 이 함수는 InterstitialAdLoadCallback()
을 사용하여 광고를 성공적으로 로딩했는지를 확인합니다. 성공이라면 onAdLoaded 콜백을
호출하고 실패라면 onAdFailedToLoad 콜백을 호출합니다.

InterstitialAd 객체가 생성되면 showAd() 함수를 호출하여 전면 광고를 표시합니다. 이 함
수는 FullScreenContentCallback()을 사용하여 광고가 종료되면 광고를 해제합니다. 광고
가 표시되지 않았다면 onAdFailedToShowFullScreenContent 콜백을 호출합니다.

createRewardAd() 함수도 비슷한 구조입니다. showAdBanner() 함수는 배너를 호출하여 로딩
하고 위젯에 담아 반환합니다. 배너는 크기별로 다르므로 정해진 크기가 아니라면 광고를 표
시하지 않거나 애드몹에서 잘못된 광고로 인식하여 불이익을 줄 수 있습니다.

광고 관련 클래스를 만들었으니 이번에는 lib/view/main/sub 폴더에 buy_page.dart 파일을 생성하고 다음과 같은 코드를 입력하여 구매 탭 페이지를 만듭니다.

• lib/view/main/sub/buy_page.dart

```dart
import 'package:cloud_firestore/cloud_firestore.dart';
import 'package:crafty/data/crafty_kind.dart';
import 'package:crafty/data/item_data.dart';
import 'package:crafty/data/user.dart';
import 'package:flutter/material.dart';
import 'package:get/get.dart';
import 'package:lottie/lottie.dart';

import '../../../service/admob_service.dart';

class BuyPage extends StatefulWidget {
  const BuyPage({super.key});

  @override
  State<StatefulWidget> createState() {
    return _BuyPage();
  }
}

class _BuyPage extends State<BuyPage> {
  final _scrollController = ScrollController();
  final _firestore = FirebaseFirestore.instance;
  List<DocumentSnapshot> _posts = [];
  bool _loadingPosts = false;
  bool _hasMorePosts = true;
  CraftyUser user = Get.find();

  int _craftyKind = craftyKind.length;

  @override
  void initState() {
    super.initState();
    _getPosts();
    _scrollController.addListener(() {
      if (_scrollController.position.pixels ==
          _scrollController.position.maxScrollExtent) {
```

```dart
      _getPosts();
    }
  });
}

@override
void dispose() {
  _scrollController.dispose();
  super.dispose();
}

Future<void> _getPosts() async {
  if (!_hasMorePosts || _loadingPosts) {
    return;
  }
  setState(() {
    _loadingPosts = true;
  });
  QuerySnapshot querySnapshot;
  if (_posts.isEmpty) {
    if (_craftyKind != craftyKind.length) {
      querySnapshot = await _firestore
          .collection('crafty')
          .orderBy('timestamp', descending: true)
          .where('kind', isEqualTo: _craftyKind + 1)
          .limit(10)
          .get();
    } else {
      querySnapshot = await _firestore
          .collection('crafty')
          .orderBy('timestamp', descending: true)
          .limit(10)
          .get();
    }
  } else {
    if (_craftyKind != craftyKind.length) {
      querySnapshot = await _firestore
          .collection('crafty')
          .orderBy('timestamp', descending: true)
          .where('kind', isEqualTo: _craftyKind + 1)
          .startAfterDocument(_posts.last)
```

```dart
              .limit(10)
              .get();
      } else {
        querySnapshot = await _firestore
            .collection('crafty')
            .orderBy('timestamp', descending: true)
            .startAfterDocument(_posts.last)
            .limit(10)
            .get();
      }
    }
    final posts = querySnapshot.docs;
    if (posts.length < 10) {
      _hasMorePosts = false;
    }
    setState(() {
      _loadingPosts = false;
      _posts.addAll(posts);
    });
  }


  @override
  Widget build(BuildContext context) {
    return Column(
      children: [
        SizedBox( ←── SizedBox로 높이를 지정합니다.
          height: 70,
          child: ListView.builder(
            scrollDirection: Axis.horizontal,
            itemBuilder: (context, index) {
              if (index == craftyKind.length) {
                return Padding(
                  padding:
                      EdgeInsets.only(top: 8, bottom: 8, left: 5, right: 5),
                  child: ElevatedButton(
                    onPressed: () {
                      setState(() {
                        _craftyKind = index;
                      });
```

```
              _loadingPosts = false;
              _hasMorePosts = true;
              _posts.clear();
              _getPosts();
            },
            child: Text('전부'),
          ),
        );
      }

      return Padding(
        padding: EdgeInsets.only(top: 8, bottom: 8, left: 5, right: 5),
        child: ElevatedButton(
          onPressed: () {
            setState(() {
              _craftyKind = index;
            });
            _loadingPosts = false;
            _hasMorePosts = true;
            _posts.clear();
            _getPosts();
          },
          child: Text((craftyKind[index + 1]) as String),
        ),
      );
    },
    itemCount: craftyKind.length + 1,
  ),
),
Expanded(
    child: ListView.builder(
  controller: _scrollController,
  itemCount: _posts.length + (_hasMorePosts ? 1 : 0),
  itemBuilder: (context, index) {
    if (index == _posts.length) {
      return Center(
        child: CircularProgressIndicator(),
      );
    }
```

```dart
          final _selectedPost = ItemData.fromStoreData(_posts[index]);
          final email = _selectedPost.user;
          return Center(
            child: Hero(
              tag: _selectedPost.timestamp,
              child: Card(
                child: InkWell(
                  child: Stack(
                    children: [
                      ListTile(
                        title: Text(_selectedPost.title),
                        subtitle: Column(
                          children: [
                            Row(
                              children: [
                                Expanded(
                                    child: Column(
                                  crossAxisAlignment:
                                      CrossAxisAlignment.start,
                                  children: [
                                    Text('${_selectedPost.price}원'),
                                    Text(email.substring(
                                        0, email.indexOf('@'))),
                                    SizedBox(height: 10),
                                    Text(_selectedPost.timestamp
                                        .toDate()
                                        .toString()
                                        .substring(0, 16)),
                                  ],
                                )),
                                ClipRRect(
                                  borderRadius: BorderRadius.circular(10.0),
                                  child: _selectedPost.image != ''
                                      ? SizedBox(
                                          height: 100,
                                          width: 100,
                                          child: Image.network(
                                              _selectedPost.image,
                                              fit: BoxFit.cover),
```

```
                                    )
                                    : Container(),
                                ),
                              ],
                            ),
                            ((index + 1) % 5 == 0)
                                ? AdmobService().showAdBanner()
                                : Container()
                        ],
                      ),
                    ),
                    _selectedPost.sell == true
                        ? SizedBox(
                            height: 100,
                            child: Lottie.asset(
                                'res/animation/soldout.json'),
                          )
                        : Container()
                  ],
                ),
                onTap: () {
                  // 아이템 상세 페이지로 이동하기
                  // Get.to(ItemPage(selectedPost: _selectedPost));
                },
              ),
            )),
          );
        },
      ))
    ],
  );
}
}
```

파이어스토어에서 데이터를 가져와 목록으로 출력하는 부분은 앞서 다루었던 내용과 비슷합니다. 여기서는 이에 더해 수평 스크롤로 수공예품을 선택할 수 있도록 하고 아이템 5개마다 광고를 표시하겠습니다. 하나씩 살펴볼까요?

SizedBox를 이용하여 높이를 지정합니다. 높이를 지정하지 않으면 바로 아래 `ListView` 때문에 오류가 발생합니다. `ListView.builder`에서 `scollDirection`을 가로로 선택하여 아이템을 만들어 줍니다.

```
SizedBox(height: 70, child: ListView.builder(scrollDirection: Axis.horizontal,
    itemBuilder: (context, index) {
```

`craftyKind`는 수공예품이 숫자와 문자열 `Map` 형태로 되어 있는데, index가 `craftyKind.length`와 같다면 마지막에 〈전부〉라는 버튼을 추가합니다. 이를 터치하면 `_craftyKind` 변수를 index로 변경하고 해당하는 글을 호출합니다.

```
if (index == craftyKind.length) {
  return Padding(
    padding:
        EdgeInsets.only(top: 8, bottom: 8, left: 5, right: 5),
    child: ElevatedButton(
      onPressed: () {
        setState(() {
          _craftyKind = index;
        });
        _loadingPosts = false;
        _hasMorePosts = true;
        _posts.clear();
        _getPosts();
      },
      child: Text('전부'),
    ),
  );
}
```

그 이외에는 기존의 `craftyKind`의 목록을 표시합니다. 다음은 광고 추가입니다. 아이템 5개마다 `AdmobService().showAdBanner()`를 호출하여 광고를 출력합니다.

```
((index + 1) % 5 == 0)
    ? AdmobService().showAdBanner()
    : Container()
```

_selectedPost.sell이 true라면 품절을 뜻하는 로티 이미지를 표시합니다.

```
_selectedPost.sell == true
    ? SizedBox(
        height: 100,
        child: Lottie.asset(
            'res/animation/soldout.json'),
      )
    : Container()
```

마지막으로 main_page.dart 파일에 구매 탭 이동 코드를 추가합니다.

• lib/view/main/main_page.dart

```
(... 생략 ...)
import 'package:crafty/view/main/sub/buy_page.dart';   ← 추가
(... 생략 ...)
subPage(int tapNumber) {
  switch (tapNumber) {
    case 0:
      return const BuyPage();   ← 추가
    case 1:
    // return const SellPage();
    case 2:
    // return EventPage();
  }
}
```

▶ 실행 결과

빌드하고 실행하면 다음과 같은 화면이 나타납니다.
아직 데이터가 없으므로 판매 탭을 만들어 상품을 추가하고
다시 확인해 보겠습니다.

판매 탭 만들기

계속해서 판매 탭 페이지를 만들어 보겠습니다. 이 페이지는 기존에 만들었던 글 등록 페이지
에 수공예품 종류와 가격을 추가한 것입니다. lib/view/main/sub 폴더에 sell_page.dart 파
일을 만들고 다음 코드를 입력합니다.

▶ 이 코드는 길어서 중요한 부분만 싣습니다. 나머지는 실습용 파일을 참고하세요.

• lib/view/main/sub/sell_page.dart

```dart
(... 생략 ...)
class SellPage extends StatefulWidget {
  const SellPage({super.key});

  @override
  State<StatefulWidget> createState() {
    return _SellPage();
  }
}

class _SellPage extends State<SellPage> {
  (... 생략 ...)

  @override
  Widget build(BuildContext context) {
    return Scaffold(
      body: ListView(
        children: [
          (... 생략 ...)
          Row(
            mainAxisAlignment: MainAxisAlignment.spaceEvenly,
            children: [
              Text('푸시 전달하기'),
              Switch(
                  value: _checkbox.value,
                  onChanged: (value) {
                    print(value);
                    setState(() {
                      _checkbox.value = value;
                    });
```

```
            }),
        ],
    ),
    (... 생략 ...)
Row(
    mainAxisAlignment: MainAxisAlignment.spaceEvenly,
    children: [
        ElevatedButton(
            (... 생략 ...)
        ),
        ElevatedButton(
            (... 생략 ...)
        ),
        ElevatedButton(
            onPressed: () async {
                var result = await showDialog(
                    context: context,
                    builder: (context) {
                        return AlertDialog(
                            title: Text(Constant.APP_NAME),
                            content: SizedBox(
                                height: 200,
                                child: Column(
                                    children: [
                                        Text(
                                            '글을 게시할까요? 10포인트 차감됩니다.'
                                                '푸시 메시지 전송은 5포인트 추가 차감'),
                                    ],
                                ),
                            ),
                            actions: [
                                TextButton(
                                    onPressed: () {
                                        Get.back(result: false);
                                    },
                                    child: Text('Cancel'),
                                ),
                                TextButton(
                                    onPressed: () {
```

```
                    Get.back(result: true);
                },
                child: Text('Confirm'),
              ),
            ],
          );
        });

      if (result) {
        bool writeCheck = true;
        await FirebaseFirestore.instance
            .collection('craftyusers')
            .doc(user.email)
            .get()
            .then((value) {
          if (!value.data()!.containsKey('points')) {
            Get.snackbar(Constant.APP_NAME, '포인트가 없습니다.');
            writeCheck = false;
          }
          int point = value['points'];
          if (_checkbox.isTrue) {
            if (point >= 15) {
              FirebaseFirestore.instance
                  .collection('craftyusers')
                  .doc(user.email)
                  .update({
                'points': FieldValue.increment(-15),
              });
            } else {
              Get.snackbar(Constant.APP_NAME, '포인트가 부족합니다.');
              writeCheck = false;
            }
          } else {
            if (point >= 10) {
              FirebaseFirestore.instance
                  .collection('craftyusers')
                  .doc(user.email)
                  .update({
                'points': FieldValue.increment(-10),
              });
```

> 푸시 메시지 전송에 체크했다면
> 15포인트가 필요합니다.

```dart
      } else {
        Get.snackbar(Constant.APP_NAME, '포인트가 부족합니다.');
        writeCheck = false;
      }
    }
  });
  if (writeCheck == true) {
    final content = _textEditingController.text.trim();
    final title = _titleTextEditingController.text.trim();
    final price = _priceEditingController.text.trim();
    final tag = _tagtextEditingController.text.trim();
    if (content.isEmpty) {
      return;
    }
    String downloadurl = '';
    if (_mediaFile != null) {
      downloadurl = await uploadFile(File(_mediaFile!.path));
    }
    final post = {
      'id': const Uuid().v1(),
      'user': user.email,
      'price': price,
      'content': content,
      'title': title,
      'image': downloadurl,
      'sell': false,
      'kind': _selectedItem,
      'tag': getTag(tag.split(',')),
      'timestamp': FieldValue.serverTimestamp(),
    };
    await FirebaseFirestore.instance
        .collection('crafty')
        .add(post)
        .then((value) {
      _textEditingController.clear();
      _priceEditingController.clear();
      _tagtextEditingController.clear();
      Get.snackbar(Constant.APP_NAME, '업로드했습니다.');
      if (_checkbox.isTrue) {
        http
```

> 포인트가 있어야 글을
> 올릴 수 있습니다.

```dart
                    .post(
                  Uri.parse(
                    'https://example.cloudfunctions.net/sendPostNotification'),
                  headers: <String, String>{
                    'Content-Type': 'application/json; charset=UTF-8',
                  },
                  body: jsonEncode(<String, dynamic>{
                    'title': _titleTextEditingController.text.trim(),
                    'link': value.id
                  }),
                )
                    .then((value) {
                  Get.back();
                });
              }
            });
          }
        } // <올리기> 버튼 코드
      },
      child: Text('올리기'),
      style: ElevatedButton.styleFrom(
        foregroundColor: Colors.white,
        backgroundColor: Colors.deepPurpleAccent,
        shape: RoundedRectangleBorder(
          borderRadius: BorderRadius.circular(20),
        ),
        padding: EdgeInsets.symmetric(horizontal: 30, vertical: 15),
      ),
    )
  ],
),
    ],
  ),
);
}
(... 생략 ...)
}
```

이곳에 HTTP 요청 URL을 지정합니다.

이 파일에서 중점적으로 봐야 할 코드는 등록 버튼을 눌렀을 때 대화 상자와 함께 등록할 것인지를 묻고 포인트가 부족하면 등록할 수 없다는 스낵바 메시지를 표시하는 부분입니다. 게시물이 등록되면 해당 포인트를 차감하도록 합니다.

이때 사용한 코드 중 `FieldValue.increment()`는 해당 필드의 값을 바로 가져와서 계산하는데, 따로 변수를 만들지 않아도 되므로 코드가 간결해집니다.

```
FirebaseFirestore.instance
    .collection('craftyusers')
    .doc(user.email)
    .update({ 'points': FieldValue.increment(-10), });
```

마지막으로 main_page.dart 파일에 판매 탭 이동 코드를 추가합니다.

```
                                          • lib/view/main/main_page.dart
(... 생략 ...)
import 'package:crafty/view/main/sub/sell_page.dart';  ← 추가
(... 생략 ...)
subPage(int tapNumber) {
  switch (tapNumber) {
    case 0:
      return const BuyPage();
    case 1:
      return const SellPage();  ← 추가
    case 2:
    // return EventPage();
  }
}
```

빌드하면 다음과 같은 화면이 출력되는 것을 볼 수 있습니다. 처음에 〈올리기〉 버튼을 누르고 〈Confirm〉을 터치하면 포인트가 없다는 메시지만 스낵바에 표시되고 아무런 동작이 없는 것을 확인할 수 있습니다.

▶ 실행 결과

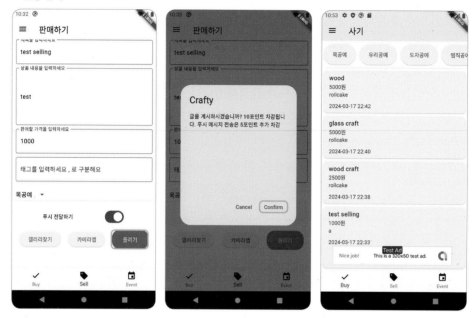

이럴 때는 테스트를 위해 파이어스토어의 해당 이메일에 points를 number 유형으로 추가합니다.

이후 다시 올리기를 하면 글이 정상으로 등록되는 것을 확인할 수 있습니다. 판매 아이템을 추가하면 목록 5개마다 광고가 나타납니다.

Do it! 실습 › 이벤트 탭 만들기

이제 마지막 탭인 이벤트 페이지를 만들어 볼까요? 이 탭에는 광고를 보고 5포인트를 얻는 기능과 출석 체크 기능이 있습니다.

lib/view/main/sub 폴더에 event_page.dart 파일을 만들고 다음과 같은 코드를 입력합니다.

```dart
import 'package:crafty/data/user.dart';
import 'package:crafty/service/admob_service.dart';
import 'package:flutter/material.dart';
import 'package:cloud_firestore/cloud_firestore.dart';
import 'package:get/get.dart';

class EventPage extends StatefulWidget {
  const EventPage({super.key});

  @override
  State<StatefulWidget> createState() {
    return _EventPage();
  }
}

class _EventPage extends State<EventPage> {
  final _firestore = FirebaseFirestore.instance;
  bool _isChecked = false;
  final CraftyUser user = Get.find();
  late AdmobService admobService;

  @override
  void initState() {
    super.initState();
    admobService = AdmobService();
    admobService.createRewardAd();
    Get.lazyPut(() => admobService);
    _firestore
        .collection('craftyusers')
        .doc(user.email)
        .collection('attendance')
        .doc(DateTime.now().toString().substring(0, 10))
        .get()
        .then((value) async {
      print(value.data());
      if (value.data() == null) {
        _isChecked = false;
      } else {
```

```
        if (mounted) {
          setState(() {
            _isChecked = value.data()!['isChecked'];
          });
        }
      }
    });
  }


  @override
  Widget build(BuildContext context) {
    return SingleChildScrollView(
      child: Center(
        child: Column(
          children: [
            Row(
              mainAxisAlignment: MainAxisAlignment.spaceEvenly,
              children: [
                ElevatedButton(
                  onPressed: () async {
                    if (!_isChecked) {
                      await _firestore
                          .collection('craftyusers')
                          .doc(user.email)
                          .collection('attendance')
                          .doc(DateTime.now().toString().substring(0, 10))
                          .set({
                        'isChecked': true,
                      });
                      await _firestore
                          .collection('craftyusers')
                          .doc(user.email)
                          .update({
                        'points': FieldValue.increment(10),
                      });
                      setState(() {
                        _isChecked = true;
                      });
                    }
```

```
              },
              child: Text('출석 체크'),
            ),
            if (_isChecked) Text('출석 체크 완료!')
          ],
        ),
        SizedBox(
          height: 20,
        ),
        ElevatedButton(
          onPressed: () async {
            admobService.showRewardAd(() async {
              admobService.createRewardAd();
              await _firestore
                  .collection('craftyusers')
                  .doc(user.email)
                  .update({
                'points': FieldValue.increment(5),
              });
            });
          },
          child: Text('광고 보고 포인트 얻기'),
        )
      ],
    ),
  ),
);
  }
}
```

Column 위젯 첫 번째는 출석 체크 버튼입니다. 처음 페이지에 들어오면 호출하는 initState()
함수를 이용하여 애드몹에서 리워드 광고를 만들고 파이어스토어에 오늘 날짜의 출석 체크
기록이 있는지를 확인하여 _isChecked에 입력합니다. 이 값을 이용해서 오늘 출석 체크 여부
를 표시합니다.

```
_firestore
    .collection('craftyusers')
    .doc(user.email)
    .collection('attendance')
    .doc(DateTime.now().toString().substring(0, 10))
    .get()
    .then((value) async {
  print(value.data());
  if (value.data() == null) {
    _isChecked = false;
  } else {
    if (mounted) {
      setState(() {
        _isChecked = value.data()!['isChecked'];
      });
    }
  }
});
```

〈광고 보고 포인트 얻기〉 버튼을 누르면 광고를 본 후에 리워드 광고 클래스를 다시 만들어 새
로운 광고 호출을 준비합니다. 그리고 해당 아이디에 포인트를 추가합니다.

```
admobService.showRewardAd(() async {
  admobService.createRewardAd();
  await _firestore
      .collection('craftyusers')
      .doc(user.email)
      .update({
    'points': FieldValue.increment(5),
  });
});
```

끝으로 main_page.dart 파일에 이벤트 탭 이동 코드를 추가합니다.

```
• lib/view/main/main_page.dart
(... 생략 ...)
import 'package:crafty/view/main/sub/event_page.dart';    ← 추가
(... 생략 ...)
subPage(int tapNumber) {
  switch (tapNumber) {
    case 0:
      return const BuyPage();
    case 1:
      return const SellPage()
    case 2:
      return const EventPage();    ← 추가
  }
}
```

빌드하면 다음과 같은 화면을 볼 수 있습니다.

▶ 실행 결과

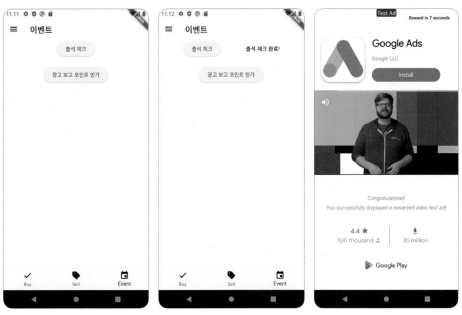

이상으로 메인 페이지와 3가지 탭 구현이 끝났습니다.

08-4 마켓 앱 상세 페이지 만들고 딥링크 연결하기

메인 페이지를 완성했으니 거래를 위한 세부 페이지를 만들어 볼까요? 상품을 선택했을 때 보이는 상세 페이지와 상품을 흥정하는 채팅 페이지를 추가하고 메뉴에 해당하는 서랍 페이지도 구현합니다. 이어서 푸시 알림을 선택했을 때 해당 페이지로 이동하는 딥링크까지 연결해 보겠습니다.

Do it! 실습 ▶ 상품 상세 페이지 만들기

이번 실습에서는 구매 탭에서 상품을 클릭했을 때 표시할 상세 페이지를 만듭니다. lib/view/main/detail 폴더에 item_page.dart 파일을 만들고 다음 코드를 입력합니다.

• lib/view/main/detail/item_page.dart

```
import 'package:cloud_firestore/cloud_firestore.dart';
import 'package:crafty/data/item_data.dart';
import 'package:crafty/data/user.dart';
import 'package:flutter/material.dart';
import 'package:get/get.dart';

class ItemPage extends StatefulWidget {
  final ItemData selectedPost;

  const ItemPage({super.key, required this.selectedPost});

  @override
  State<StatefulWidget> createState() {
    return _ItemPage();
  }
}

class _ItemPage extends State<ItemPage> {
  CraftyUser user = Get.find();
  QuerySnapshot<Map<String, dynamic>>? items;
```

```
@override
Widget build(BuildContext context) {
  return Scaffold(
    appBar: AppBar(
      title: Text(widget.selectedPost.title),
    ),
    body: SingleChildScrollView(
      child: Column(
        children: [
          Container(
            margin: EdgeInsets.all(10),
            padding: EdgeInsets.all(10),
            width: MediaQuery.of(context).size.width,
            child: Column(
              crossAxisAlignment: CrossAxisAlignment.start,
              children: [
                widget.selectedPost.image != ''
                    ? SizedBox(
                        height: (MediaQuery.of(context).size.height / 3),
                        width: MediaQuery.of(context).size.width,
                        child: Hero(
                            tag: widget.selectedPost.timestamp,
                            child: Image.network(
                              widget.selectedPost.image,
                              fit: BoxFit.cover,
                            )),
                      )
                    : Container(),
                SizedBox(
                  height: 10,
                ),
                Text(widget.selectedPost.content,
                    style: TextStyle(fontSize: 20)),
                SizedBox(
                  height: 10,
                ),
                Text(
                  '${widget.selectedPost.price}원',
                  style: TextStyle(fontSize: 18),
                ),
                SizedBox(
```

```
                height: 10,
              ),
            Text(
              widget.selectedPost.user,
              style: TextStyle(fontSize: 12),
            ),
            SizedBox(
              height: 10,
            ),
            Text(
              widget.selectedPost.timestamp
                  .toDate()
                  .toString()
                  .substring(0, 16),
              style: TextStyle(fontSize: 10),
            ),
            SizedBox(
              height: 10,
            ),
          ],
        ),
      ),
  SizedBox(
    height: 50,
  ),
  ElevatedButton(
    onPressed: () async {
        // 채팅 페이지로 이동하기
    },
    style: ElevatedButton.styleFrom(
      foregroundColor: Colors.white,
      backgroundColor: Colors.deepPurpleAccent,
      shape: RoundedRectangleBorder(
        borderRadius: BorderRadius.circular(20),
      ),
      padding:
          const EdgeInsets.symmetric(horizontal: 30, vertical: 15),
    ),
    child: Text(user.email == widget.selectedPost.user
        ? '나에게 온 대화 보기'
        : '말걸어 보기'),
```

```
          ),
          SizedBox(
            height: 20,
          ),
        ],
      ),
    ),
  );
}
}
```

상품을 클릭하면 상세 페이지로 이동하도록 구매 탭 페이지에도 코드를 추가합니다.

• lib/view/main/sub/buy_page.dart

```
(... 생략 ...)
import '../detail/item_page.dart';     ← 추가
(... 생략 ...)
onTap: () {
  // 아이템 상세 페이지로 이동하기
  Get.to(ItemPage(selectedPost: _selectedPost));     ← 추가
},
(... 생략 ...)
```

기존 목록을 클릭했을 때의 상
세 페이지와 비슷합니다. 여기
서는 상세 페이지를 열 때 전달
받은 ItemData 형식의 selected
Post 변수를 이용하여 화면에
표시합니다.
이 페이지를 빌드하면 다음과
같은 화면을 볼 수 있습니다.

▶ 실행 결과

Do it! 실습 ▶ 거래 채팅 페이지 만들기

이어서 〈말 걸어 보기〉 버튼을 터치했을 때 나오는 채팅 페이지를 만들어 볼까요? lib/view/
main/detail 폴더에 chat_page.dart 파일을 생성하고 다음 코드를 입력합니다.

• lib/view/main/detail/chat_page.dart

```dart
import 'package:cloud_firestore/cloud_firestore.dart';
import 'package:crafty/data/item_data.dart';
import 'package:crafty/data/user.dart';
import 'package:flutter/material.dart';
import 'package:get/get.dart';

class ChatPage extends StatefulWidget {
  final ItemData selectedPost;

  const ChatPage({super.key, required this.selectedPost});

  @override
  State<StatefulWidget> createState() {
    return _ChatPage();
  }
}

class _ChatPage extends State<ChatPage> {
  final TextEditingController _textController = TextEditingController();

  final CraftyUser user = Get.find();
  final _firebase = FirebaseFirestore.instance;

  void _handleSubmitted(String text) {    ◀── 대화를 입력했을 때 호출할 함수입니다.
    _textController.clear();
    _firebase
        .collection('messages')
        .doc(widget.selectedPost.id)
        .set({'timestamp': FieldValue.serverTimestamp()}).then((value) {
      _firebase
          .collection('messages')
          .doc(widget.selectedPost.id)
          .collection('chat')
```

```dart
          .add({
        'user': user.email,
        'comment': text,
        'timestamp': FieldValue.serverTimestamp()
      });
    });
}

@override
Widget build(BuildContext context) {
  return Scaffold(
    appBar: AppBar(),
    body: Column(
      children: <Widget>[
        Expanded(
          child: StreamBuilder<QuerySnapshot>(
            stream: _firebase
                .collection('messages')
                .doc(widget.selectedPost.id)
                .collection('chat')
                .orderBy('timestamp')
                .snapshots(),
            builder: (BuildContext context,
                AsyncSnapshot<QuerySnapshot> snapshot) {
              if (snapshot.hasError) {
                return Text('오류 발생');
              }

              if (snapshot.connectionState == ConnectionState.waiting) {
                return Center(
                  child: CircularProgressIndicator(),
                );
              }
              print("snapshot data ${snapshot.data!.docs}");
              if (snapshot.data! != null) {
                return SizedBox(
                  height: 800,
                  child: ListView(
                    children:
```

```dart
              snapshot.data!.docs.map((DocumentSnapshot document) {
            Map<String, dynamic> data =
                document.data() as Map<String, dynamic>;
            bool isMe = data['user'] == user.email;
            return Align(
              alignment: isMe
                  ? Alignment.centerRight
                  : Alignment.centerLeft,
              child: Container(
                margin: EdgeInsets.symmetric(
                    vertical: 10.0, horizontal: 10.0),
                padding: EdgeInsets.all(10.0),
                decoration: BoxDecoration(
                  color: isMe
                      ? Colors.lightBlueAccent
                      : Colors.grey[300],
                  borderRadius: BorderRadius.circular(20.0),
                ),
                child: Text(
                  data['comment'].toString(),
                  style: TextStyle(
                    color: isMe ? Colors.white : Colors.black,
                    fontSize: 15.0,
                  ),
                ),
              ),
            );
          }).toList(),
        ),
      );
    } else {
      return Text('데이터가 없습니다. 첫 글을 써보세요.');
    }
  },
),
),
Divider(height: 1.0),
Container(
  decoration: BoxDecoration(
```

```
          color: Theme.of(context).cardColor,
        ),
        child: Row(
          children: <Widget>[
            Expanded(
              child: TextField(
                controller: _textController,
                onSubmitted: _handleSubmitted,
                decoration: InputDecoration.collapsed(
                  hintText: '메시지를 입력하세요.',
                ),
              ),
            ),
            IconButton(
              icon: Icon(Icons.send),
              onPressed: () => _handleSubmitted(_textController.text),
            ),
          ],
        ),
      ),
    );
  }
}
```

이 코드에서 중요한 함수는 대화를 입력했을 때 호출하는 _handleSubmitted()입니다. 이 함수는 메시지 마지막에 timestamp를 저장하고 messages 컬렉션 안에 chat 컬렉션을 하나 더 만들어 user, comment, timestamp를 저장합니다. 그리고 StreamBuilder로 화면에 표시하는데, 내가 쓴 글은 오른쪽에, 다른 사람의 메시지는 왼쪽에 표시합니다.

```
void _handleSubmitted(String text) {
  _textController.clear();
  _firebase
      .collection('messages')
      .doc(widget.selectedPost.id)
      .set({'timestamp': FieldValue.serverTimestamp()}).then((value) {
    _firebase
```

```
        .collection('messages')
        .doc(widget.selectedPost.id)
        .collection('chat')
        .add({
      'user': user.email,
      'comment': text,
      'timestamp': FieldValue.serverTimestamp()
    });
  });
}
```

글을 등록하면 파이어스토어에 다음과 같은 트리 구조로 데이터를 저장합니다.

마지막으로 채팅 페이지 이동 코드를 상세 페이지에 추가합니다.

• lib/view/main/detail/item_page.dart

```
(... 생략 ...)
import 'chat_page.dart';     ← 추가
(... 생략 ...)
ElevatedButton(
  onPressed: () async {
    // 채팅 페이지로 이동하기
    Get.to(ChatPage(selectedPost: widget.selectedPost));
  },                                              추가
(... 생략 ...)
```

▶ 실행 결과

빌드하면 다음과 같은 채팅 화면을 볼 수 있습니다.

현재는 단체 채팅방처럼 만들었지만 chat 대신 자신의 이메일을 컬렉션으로 등록하고 글쓴이는 해당 컬렉션의 리스트를 가져와 접근하는 방식으로 구현하면 1:1 채팅도 구현할 수 있습니다.

```
_firebase
    .collection('messages')
    .doc(widget.selectedPost.id)
    .collection(user.email)
    .add({
```

이것으로 상세 페이지와 채팅 페이지까지 만들었습니다. 메인 페이지의 모든 탭을 완성했으므로 서랍 페이지를 구성하고 앱을 마무리하겠습니다.

Do it! 실습 ▶ 서랍 페이지 만들기

이제 서랍 페이지를 만듭니다. 서랍 페이지는 앞서 기획한 것처럼 프로필, 내가 쓴 글, 설정, 라이선스 메뉴로 구성합니다.

프로필 페이지 만들기

먼저 프로필 페이지부터 만들어 볼까요? lib/view/profile 폴더에 profile_page.dart 파일을 만들고 다음과 같이 작성합니다.

• lib/view/profile/profile_page.dart

```dart
import 'package:cloud_firestore/cloud_firestore.dart';
import 'package:crafty/data/user.dart';
import 'package:flutter/material.dart';
import 'package:get/get.dart';

class ProfilePage extends StatefulWidget {
  const ProfilePage({super.key});

  @override
  State<StatefulWidget> createState() {
    return _ProfilePage();
  }
}
```

```
}

class _ProfilePage extends State<ProfilePage> {
  final _firestore = FirebaseFirestore.instance;
  CraftyUser user = Get.find();

  int point = 0;

  @override
  void initState() {
    super.initState();
    _firestore.collection('craftyusers').doc(user.email).get().then((value) {
      if (mounted) {
        setState(() {
          point = value['points'];
        });
      }
    });
  }

  @override
  void dispose() {
    super.dispose();
  }

  @override
  Widget build(BuildContext context) {
    return Scaffold(
      appBar: AppBar(
        title: Text('프로필'),
      ),
      body: Center(
        child: Container(
            margin: EdgeInsets.all(20),
            padding: EdgeInsets.all(20),
            decoration: BoxDecoration(
              border: Border.all(color: Colors.black),
              borderRadius: BorderRadius.circular(10),
```

```
          ),
        child: ListView(
          children: [
            Padding(
              padding: EdgeInsets.only(bottom: 10),
              child: Text(
                user.email,
                style: const TextStyle(
                    fontSize: 20,
                    fontWeight: FontWeight.bold,
                    fontFamily: 'clover'),
              ),
            ),
            Padding(
              padding: EdgeInsets.only(bottom: 10),
              child: Text('로그인 유형: ${user.type}',
                  style: const TextStyle(
                      fontSize: 20,
                      fontWeight: FontWeight.bold,
                      fontFamily: 'clover')),
            ),
            Text('포인트: ${point.toString()}',
                style: const TextStyle(
                    fontSize: 20,
                    fontWeight: FontWeight.bold,
                    fontFamily: 'clover')),
          ],
        )),
      ),
    );
  }
}
```

initState() 함수에서 초기에 포인트를 불러와 화면에 표시합니다. 로그인 유형과 이메일은 처음 로그인할 때 가져온 정보를 이용하여 표시합니다.

내가 쓴 글 페이지 만들기

계속해서 내가 쓴 글 목록도 만들어 보겠습니다. lib/view/profile 폴더에 profile_list_page.dart 파일을 만들고 다음 코드를 입력합니다.

```dart
                                          • lib/view/profile/profile_list_page.dart
import 'package:cloud_firestore/cloud_firestore.dart';
import 'package:crafty/data/item_data.dart';
import 'package:crafty/data/user.dart';
import 'package:crafty/view/main/detail/item_page.dart';
import 'package:flutter/material.dart';
import 'package:get/get.dart';

import '../../../service/admob_service.dart';

class ProfileListPage extends StatefulWidget {
  const ProfileListPage({super.key});

  @override
  State<StatefulWidget> createState() {
    return _ProfileListPage();
  }
}

class _ProfileListPage extends State<ProfileListPage> {
  final _scrollController = ScrollController();
  final _firestore = FirebaseFirestore.instance;
  List<DocumentSnapshot> _posts = [];
  bool _loadingPosts = false;
  bool _hasMorePosts = true;
  CraftyUser user = Get.find();

  @override
  void initState() {
    super.initState();
    _getPosts();
    _scrollController.addListener(() {
      if (_scrollController.position.pixels ==
          _scrollController.position.maxScrollExtent) {
```

```dart
      _getPosts();
    }
  });
}

@override
void dispose() {
  _scrollController.dispose();
  super.dispose();
}

Future<void> _getPosts() async {    ←─[ 로그인한 사용자 이메일로 글을 검색합니다. ]
  if (!_hasMorePosts || _loadingPosts) {
    return;
  }
  setState(() {
    _loadingPosts = true;
  });
  QuerySnapshot querySnapshot;
  if (_posts.isEmpty) {
    querySnapshot = await _firestore
        .collection('crafty')
        .orderBy('timestamp', descending: true)
        .where('user', isEqualTo: user.email)
        .limit(10)
        .get();
  } else {
    querySnapshot = await _firestore
        .collection('crafty')
        .orderBy('timestamp', descending: true)
        .where('user', isEqualTo: user.email)
        .startAfterDocument(_posts.last)
        .limit(10)
        .get();
  }
  final posts = querySnapshot.docs;
  if (posts.length < 10) {
    _hasMorePosts = false;
  }
```

```
      setState(() {
        _loadingPosts = false;
        _posts.addAll(posts);
      });
    }

    @override
    Widget build(BuildContext context) {
      return Scaffold(
        appBar: AppBar(
          title: Text('내가 쓴 글'),
        ),
        body: ListView.builder(
          controller: _scrollController,
          itemCount: _posts.length + (_hasMorePosts ? 1 : 0),
          itemBuilder: (context, index) {
            if (index == _posts.length) {
              return Center(
                child: CircularProgressIndicator(),
              );
            }
            final _selectedPost = ItemData.fromStoreData(_posts[index]);
            final email = _selectedPost.user;
            return Center(
              child: Hero(
                  tag: _selectedPost.timestamp,
                  child: Card(
                    child: InkWell(
                      child: Stack(
                        children: [
                          ListTile(
                            title: Text(_selectedPost.title),
                            trailing: IconButton(
                              icon: Icon(Icons.delete),
                              onPressed: () {
                                _firestore
                                    .collection('crafty')
                                    .doc(_posts[index].id)
                                    .delete()
```

```
                .then(
                  (value) => Get.snackbar('삭제', '삭제했습니다.'));
            },
          ),
          leading: IconButton(
            icon: Icon(Icons.sell),
            onPressed: () {
              showDialog(
                context: context,
                builder: (BuildContext context) {
                  return AlertDialog(
                    title: Text('판매 완료하겠습니까?'),
                    actions: [
                      TextButton(
                        onPressed: () {
                          Get.back();
                        },
                        child: Text('Cancel'),
                      ),
                      TextButton(
                        onPressed: () async {
                          _firestore
                              .collection('crafty')
                              .doc(_posts[index].id)
                              .update({'sell': true});
                          Get.back();
                        },
                        child: Text('Confirm'),
                      ),
                    ],
                  );
                },
              );
            },
          ),
          subtitle: Column(
            children: [
              Row(
                children: [
```

구매가 끝났음을 표시합니다.

```
                        Expanded(
                            child: Column(
                          crossAxisAlignment:
                              CrossAxisAlignment.start,
                          children: [
                            Text('${_selectedPost.price}원'),
                            Text(email.substring(
                                0, email.indexOf('@'))),
                            SizedBox(height: 10),
                            Text(_selectedPost.timestamp
                                .toDate()
                                .toString()
                                .substring(0, 16)),
                          ],
                        )),
                        ClipRRect(
                          borderRadius: BorderRadius.circular(10.0),
                          child: _selectedPost.image != ''
                              ? SizedBox(
                                  height: 100,
                                  width: 100,
                                  child: Image.network(
                                      _selectedPost.image,
                                      fit: BoxFit.cover),
                                )
                              : Container(),
                        ),
                      ],
                    ),
                    ((index + 1) % 5 == 0)
                        ? AdmobService().showAdBanner()
                        : Container()
                  ],
                ),
              ),
            ],
          ),
          onTap: () {
            Get.to(ItemPage(selectedPost: _selectedPost));
```

```
                    },
                  ),
                )),
              );
            },
          ),
        );
      }
    }
```

이전 구매 탭 페이지와 코드는 비슷하지만 파이어스토어에서 검색할 때 **where**를 이용하여 자신의 이메일로만 글을 검색하는 코드와 구매 완료 버튼을 추가로 만들어 구매 완료 시 **sell** 필드를 **true**로 업데이트하는 코드를 추가했습니다.

이제 이 클래스를 drawer_widget.dart에 추가합니다.

• lib/view/main/drawer_widget.dart

```
(... 생략 ...)
import '../profile/profile_list_page.dart';    ← 추가
import '../profile/profile_page.dart';          ← 추가
(... 생략 ...)
ElevatedButton(
    onPressed: () {
        // 프로필 페이지로 이동하기
        Get.to(ProfilePage());    ← 추가
    },
    child: const Text('프로필 확인하기'))
(... 생략 ...)
} else if (value == 'profile') {
    Get.to(const ProfileListPage());    ← 추가
}
(... 생략 ...)
```

추가 후 빌드하면 다음과 같은 내용의 페이지를 확인할 수 있습니다. 〈내 글 목록〉을 터치했을 때 인덱스를 추가하라는 콘솔 메시지와 함께 화면에 오류가 발생한다면 마찬가지로 콘솔에 출력한 링크를 클릭하여 인덱스를 추가하고 다시 빌드하면 올바르게 실행됩니다.

08 • 마켓 앱 만들기 **449**

설정 페이지와 라이선스 페이지 만들기

이전 장과 비슷한 설정 페이지와 라이선스 페이지도 만듭니다. 먼저 lib/view/setting 폴더
에 setting_page.dart 파일을 만들고 다음과 같이 입력해 설정 페이지를 만듭니다.

• lib/view/setting/setting_page.dart

```dart
import 'package:cloud_firestore/cloud_firestore.dart';
import 'package:crafty/data/user.dart';
import 'package:firebase_auth/firebase_auth.dart';
import 'package:flutter/material.dart';
import 'package:get/get.dart';
import 'package:shared_preferences/shared_preferences.dart';

import '../../intro/intro_page.dart';

class SettingPage extends StatefulWidget {
  const SettingPage({super.key});

  @override
  State<StatefulWidget> createState() {
    return _SettingPage();
  }
}
```

```dart
class _SettingPage extends State<SettingPage> {
  bool _notification = false;

  CraftyUser user = Get.find();

  @override
  void initState() {
    super.initState();
    initProfile();
  }

  @override
  Widget build(BuildContext context) {
    return Scaffold(
      appBar: AppBar(
        title: Text('설정'),
      ),
      body: Column(
        children: [
          SizedBox(height: 20),
          SwitchListTile(
            title: Text('알림 설정'),
            value: _notification,
            onChanged: (value) async {
              setState(() {
                _notification = value;
              });
              await FirebaseFirestore.instance
                  .collection('craftyusers')
                  .doc(user.email)
                  .update({'noti': value});
              final SharedPreferences preferences =
                  await SharedPreferences.getInstance();
              await preferences.setBool('noti', value);
            },
          ),
          SizedBox(height: 20),
          ElevatedButton(
            onPressed: () async {
              await FirebaseAuth.instance.signOut().then((value) async {
```

```
              final SharedPreferences preferences =
                  await SharedPreferences.getInstance();
              await preferences.remove("id");
              await preferences.remove("pw");
              Get.offAll(IntroPage());
            });
          },
          child: Text('로그아웃'),
          style: ElevatedButton.styleFrom(
            backgroundColor: Colors.lightGreenAccent,
          ),
        ),
      ],
    ));
  }

  void initProfile() async {
    final SharedPreferences preferences = await SharedPreferences.getInstance();
    if (mounted) {
      setState(() {
        _notification = preferences.getBool('hobbyNoti')!;
      });
    }
  }
}
```

이어서 lib/view/sub 폴더에 license_page.dart 파일을 만들고 코드를 입력해 라이선스 페이지를 만듭니다.

• lib/view/sub/license_page.dart

```
import 'package:crafty/data/constant.dart';
import 'package:flutter/material.dart';

class CraftyLicensePage extends StatelessWidget {
  const CraftyLicensePage({super.key});

  @override
  Widget build(BuildContext context) {
```

```
    return const Scaffold(
      body: LicensePage(
        applicationName: Constant.APP_NAME,
        applicationVersion: '1.0.0',
      ),
    );
  }
}
```

마찬가지로 두 페이지를 drawer_widget.dart에 추가합니다.

• lib/view/main/drawer_widget.dart

```
(... 생략 ...)
import '../setting/setting_page.dart';  ← 추가
import '../sub/license_page.dart';
(... 생략 ...)
if (value == 'setting') {
  Get.to(const SettingPage());  ← 추가
} else if (value == 'profile') {
  Get.to(const ProfileListPage());
} else if (value == 'license') {
  Get.to(const CraftyLicensePage());  ← 추가
}
(... 생략 ...)
```

▶ 실행 결과

빌드하면 다음과 같은 설정 페이지와 라이선스 페이지를 확인할 수 있습니다.

푸시 메시지를 클릭하면 앱만 실행하는 것이 아니라 해당 페이지로 바로 이동할 수 있어야 합니다. 즉, 푸시 메시지에 어디로 이동할지도 함께 담아야 메시지를 받았을 때 이를 처리할 수 있습니다.

그러려면 클라우드 함수를 이용하여 해당 코드를 처리해야 하므로 파이어베이스에 함수를 추가합니다. 추가 방법은 07-4절 '클라우드 함수를 이용한 푸시 시스템 만들기' 실습을 참고하세요.

함수를 넣은 index.js 파일은 다음과 같이 작성합니다.

• functions/index.js

```javascript
const functions = require("firebase-functions");
const admin = require("firebase-admin");


admin.initializeApp();

exports.craftySendPostNotification = functions   // 글을 올렸을 때 호출하는 함수입니다.
    .runWith({timeoutSeconds: 120}).https.onRequest(async (req, res) => {
      const linkId = req.body.link
      const title = req.body.title
      const payload = {
        notification: {
          title: "Crafty",
          body: title,
        },
        data: {
          link: linkId,
        },
      };

      try {
        const querySnapshot = await admin.firestore().collection("craftyusers")
            .get();
        const tokens = [];
        querySnapshot.forEach((doc) => {
          const data = doc.data();
```

```
        if (data.noti) {
          tokens.push(data.fcm);
          console.log(tokens);
        }
      });
      if (tokens.length > 0) {
        const chunks = [];
        const chunkSize = 1000;
        for (let i = 0; i < tokens.length; i += chunkSize) {
          chunks.push(tokens.slice(i, i + chunkSize));
        }
        const promises = chunks.map((chunk) =>
          admin.messaging().sendToDevice(chunk, payload));
        await Promise.all(promises);
        console.log("Successfully sent message:");
        res.status(200).send("Successfully sent message");
      } else {
        res.status(500).send("not found tokens");
      }
    } catch (error) {
      console.error("Error sending push notification:", error);
      res.status(500).send("Error sending message" + error);
    }
  });
```

```
exports.deleteOldData = functions.pubsub.   ◀── 30일 이전 데이터를 삭제하는 함수입니다.
    schedule("every day 00:00").onRun(async (context) => {
    const db = admin.firestore();
    const snapshot = await db.collection("messages").
        where("timestamp", "<", Date.now() - 30 * 24 * 60 * 60 * 1000).get();
    const batch = db.batch();
    snapshot.docs.forEach((doc) => {
      batch.delete(doc.ref);
    });
    await batch.commit();
    console.log(`Deleted ${snapshot.size} old documents.`);
  });
```

두 개의 함수를 만들었는데, `deleteOldData()` 함수는 파이어스토어의 `messages` 컬렉션에서 30일 이전의 데이터를 삭제하는 작업을 수행합니다. 이 함수는 `pubsub.schedule()` 메서드를 사용하여 매일 자정에 실행되도록 합니다.

함수 작동 순서는 다음과 같습니다.

① `admin.firestore()`로 파이어스토어 인스턴스를 가져옵니다.

② `db.collection("messages")`로 messages 컬렉션을 참조합니다.

③ `where("timestamp", "<", Date.now() - 30 * 24 * 60 * 60 * 1000)`으로 30일 이전 데이터를 필터링합니다.

④ `get()`으로 필터링한 데이터를 가져옵니다.

⑤ `db.batch()`로 배치 작업을 생성합니다.

⑥ `snapshot.docs.forEach((doc) => {batch.delete(doc.ref);});`로 각 문서를 삭제합니다.

⑦ `await batch.commit();`으로 배치 작업을 커밋합니다.

⑧ `console.log(Deleted ${snapshot.size} old documents.);`로 삭제한 문서 수를 로그에 기록합니다.

데이터베이스에 저장하는 용량도 비용이 발생하는 요소이므로 지난 기록은 삭제하는 것이 바람직합니다.

`craftySendPostNotification()` 함수는 HTTP 요청을 통해 Crafty 앱 사용자에게 푸시 알림을 보냅니다. 이 함수는 `runWith()` 메서드로 `timeoutSeconds`를 120초로 설정하고 `https.onRequest()` 메서드로 HTTP 요청을 처리합니다.

함수 작동 순서는 다음과 같습니다.

① `req.body.link`와 `req.body.title` 로 `linkId`와 `title` 변수를 초기화합니다.

② `payload` 객체를 생성합니다. 이 객체는 `title`과 `linkId`를 포함하는 `notification` 객체와 `linkId`를 포함하는 `data` 객체를 포함합니다.

③ `admin.firestore().collection("craftyusers").get()`으로 craftyusers 컬렉션에서 모든 문서를 가져옵니다.

④ `querySnapshot.forEach((doc) => {...})`으로 각 문서를 반복하고 `noti` 필드가 `true`라면 `fcm` 필드값을 `tokens` 배열에 추가합니다.

⑤ `if (tokens.length > 0) {...}`으로 tokens 배열이 비지 않았다면 다음 작업을 수행합니다.

⑥ `chunks` 배열을 생성합니다. 이는 tokens 배열을 `chunkSize(1000)` 크기로 분할한 하위 배열입니다.

⑦ chunks.map((chunk) => {...})으로 각 하위 배열에 대해 admin.messaging().sendToDevice()를 호출합니다.

⑧ Promise.all(promises)로 모든 메시지 전송이 끝날 때까지 대기합니다.

⑨ console.log();로 메시지가 성공적으로 전송되었음을 로그에 기록합니다.

⑩ res.status(200).send();로 HTTP 응답을 반환합니다.

이전 장과는 다르게 이렇게 코드를 작성한 이유는 대용량으로 푸시 메시지를 전송해야 하기 때문입니다. 클라우드 메시지로 보낼 때 한 번에 보낼 수 있는 배열의 개수는 1,000건입니다. 회원 수가 1,000명 이하라면 상관없지만 1,000명이 넘으면 푸시 메시지를 보낼 때 1,000개씩 나누어 sendToDevice() 함수를 호출해야 합니다. 이때 Promise.all()로 모든 sendToDevice()가 끝날 때까지 기다리도록 하는 것이 중요하기 때문에 120초로 설정했습니다.

그리고 sell_page.dart 파일을 보면 판매하기 글을 올릴 때 HTTP 호출 부분을 보면 link에 post['id']를 담아 보내는 것을 알 수 있습니다.

```
• lib/view/main/sub/sell_page.dart
(... 생략 ...)
http.post(
  Uri.parse(        ┌─ 이곳에 HTTP 요청 URL을 지정합니다.
    'https://example.cloudfunctions.net/craftySendPostNotification'),
  headers: <String, String>{
    'Content-Type': 'application/json; charset=UTF-8',
  },
  body: jsonEncode(<String, dynamic>{
    'title': _titleTextEditingController.text.trim(),
    'link': value.id   ◄── 이동할 수공예품의 문서 ID도 함께 전달합니다.
  }),
)
(... 생략 ...)
```

이제 이 함수를 클라우드 함수에 등록하고 푸시 메시지를 클릭할 때 호출할 연결 페이지를 하나 만들어 이를 거쳐 해당 페이지로 이동할 수 있도록 합니다.

lib/view/link 폴더에 link_page.dart 파일을 만들고 다음과 같이 작성합니다.

```
                                                    • lib/view/link/link_page.dart
import 'package:cloud_firestore/cloud_firestore.dart';

import 'package:crafty/view/main/detail/item_page.dart';

import 'package:flutter/material.dart';

import 'package:get/get.dart';


import '../../data/item_data.dart';


class LinkPage extends StatelessWidget {
  final String link;


  const LinkPage({super.key, required this.link});


  @override
  Widget build(BuildContext context) {
    Future.delayed(Duration(seconds: 1), () async {
      FirebaseFirestore.instance
          .collection('crafty')
          .doc(link)
          .get()
          .then((value) {
        final _selectedPost = ItemData.fromStoreData(value);
        Get.off(ItemPage(selectedPost: _selectedPost));
      });
    });
    return const Scaffold(
      body: Center(
        child: Column(
          children: [Text('해당 페이지로 이동 중입니다.')],
          mainAxisAlignment: MainAxisAlignment.center,
        ),
      ),
    );
  }
}
```

그리고 main.dart 파일로 이동하여 푸시 메시지를 열 때 이 페이지를 호출할 수 있도록 합니다.

• lib/main.dart

```
(... 생략 ...)
import 'package:crafty/view/link/link_page.dart';  ← 추가
(... 생략 ...)
FirebaseMessaging.onMessageOpenedApp.listen((RemoteMessage message) {
  String linkId = message.data['link'];  ← 추가
  Get.to(LinkPage(link: linkId));  ← 추가
  print('A new onMessageOpenedApp event was published! ${message.data}');
});
(... 생략 ...)
```

빌드 후 받은 푸시 메시지를 클릭하면 다음과 같이 연결 페이지를 표시하고 해당 수공예품 페이지로 이동합니다.

▶ 실행 결과

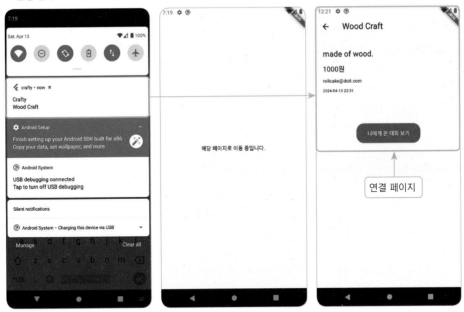

이로써 앱 구성은 마무리했습니다. 다음 절에서는 관리자 페이지를 만들고 파이어베이스 호스팅을 이용해 이를 배포하는 방법을 배워 봅니다.

08-5 관리자 페이지 만들기

앱을 관리하려면 관리자 페이지가 필요하겠죠? 앱으로 관리해도 되지만, 플러터는 웹도 지원
하므로 더 많은 내용을 보며 쉽게 관리할 수 있는 웹을 이용하여 관리자 페이지를 만들고 파이
어베이스 호스팅을 설정해 보겠습니다.

Do it! 실습 관리자 페이지 만들기

먼저 lib/admin 폴더에 admin_page.dart 파일을 생성하고 다음과 같이 작성합니다.

• lib/admin/admin_page.dart

```dart
import 'package:cloud_firestore/cloud_firestore.dart';
import 'package:crafty/admin/list_page.dart';
import 'package:flutter/material.dart';
import 'package:get/get.dart';

class AdminPage extends StatefulWidget {
  const AdminPage({super.key});

  @override
  _AdminPageState createState() => _AdminPageState();
}

class _AdminPageState extends State<AdminPage> {
  final _emailController = TextEditingController();
  final _passwordController = TextEditingController();

  @override
  Widget build(BuildContext context) {
    return Scaffold(
      appBar: AppBar(
        title: Text('Admin Page'),
      ),
```

```
body: StreamBuilder<QuerySnapshot>(
  stream: FirebaseFirestore.instance.collection('admin').snapshots(),
  builder: (context, snapshot) {
    if (!snapshot.hasData) {
      return Center(
        child: CircularProgressIndicator(),
      );
    }
    final admin = snapshot.data!.docs.first;
    return Column(
      mainAxisAlignment: MainAxisAlignment.center,
      children: [
        TextField(
          controller: _emailController,
          decoration: InputDecoration(
            labelText: 'Email',
          ),
        ),
        TextField(
          controller: _passwordController,
          decoration: InputDecoration(
            labelText: 'Password',
          ),
        ),
        ElevatedButton(
          child: Text('Login'),
          onPressed: () {
            final email = _emailController.text;
            final password = _passwordController.text;

            if (email == admin['id'] && password == admin['pw']) {
              Get.off(ListPage());
            } else {
              showDialog(
                context: context,
                builder: (context) => AlertDialog(
                  title: Text('Error'),
                  content: Text('Invalid email or password.'),
```

```
                    actions: [
                      ElevatedButton(
                        child: Text('OK'),
                        onPressed: () => Navigator.pop(context),
                      ),
                    ],
                  ),
                );
              }
            },
          ),
        ],
      );
    },
  );
}
```

해당 페이지는 아이디와 비밀번호를 입력하여 파이어스토어에 있는 데이터와 일치하면 다음 페이지로 이동하는 화면입니다. 이 페이지에서 로그인하려면 파이어스토어에 `admin` 컬렉션을 만들고 관리자 아이디와 비밀번호를 미리 등록합니다.

그리고 [규칙] 탭으로 이동하여 보안 규칙도 다음처럼 수정합니다. `allow read, write: if request.auth != null`은 파이어베이스 인증을 이용하여 로그인하지 않은 사람은 이용하지 못하게 하고자 만든 규칙입니다.

이 규칙은 Crafty 앱에서는 적용되지만 변경하면 기존의 프로젝트는 작동하지 않을 수 있습니다. 여기서는 테스트를 위해 같은 프로젝트에서 여러 개의 앱을 만들지만, 실제로 프로젝트를 진행할 때는 앱이나 서비스마다 프로젝트를 만들어 사용합니다. 이전 앱의 코드를 사용하고 싶다면 파이어스토어의 히스토리 기능을 이용해 되돌리면 됩니다. 다음은 Crafty 앱에 적용한 규칙입니다.

```
rules_version = '2';

service cloud.firestore {
  match /databases/{database}/documents {
    match /admin/{document=**} {
      allow read: if true;
      allow write: if false;
    }
    match /crafty/{document=**} {
      allow read, write: if true
    }
    match /craftyusers/{document=**} {
      allow read, write: if request.auth != null   ◀── 인증이 있다면 읽기와 쓰기 가능
    }
  }
}
```

그리고 admin 폴더 아래에 있는 모든 문서에 대해 읽기(read)는 가능하고 쓰기(write)는 안 된다는 보안 규칙을 정해서 아무나 쓸 수 없도록 했습니다.

```
match /admin/{document=**} {
  allow read: if true;
  allow write: if false;
}
```

이제 로그인하고 나서 이동할 페이지를 만들어 보겠습니다. lib/admin 폴더에 list_page. dart 파일을 만들고 다음과 같은 코드를 입력합니다.

• lib/admin/list_page.dart

```
import 'package:cloud_firestore/cloud_firestore.dart';
import 'package:crafty/data/item_data.dart';
import 'package:crafty/view/main/detail/item_page.dart';
import 'package:flutter/material.dart';
import 'package:get/get.dart';
```

```dart
class ListPage extends StatefulWidget {
  const ListPage({super.key});

  @override
  State<StatefulWidget> createState() {
    return _ListPage();
  }
}

class _ListPage extends State<ListPage> {
  final _scrollController = ScrollController();
  final _firestore = FirebaseFirestore.instance;
  List<DocumentSnapshot> _posts = [];
  bool _loadingPosts = false;
  bool _hasMorePosts = true;

  @override
  void initState() {
    super.initState();
    _getPosts();
    _scrollController.addListener(() {
      if (_scrollController.position.pixels ==
          _scrollController.position.maxScrollExtent) {
        _getPosts();
      }
    });
  }

  @override
  void dispose() {
    _scrollController.dispose();
    super.dispose();
  }

  Future<void> _getPosts() async {
    if (!_hasMorePosts || _loadingPosts) {
      return;
    }
    setState(() {
```

```dart
        _loadingPosts = true;
      });
      QuerySnapshot querySnapshot;
      if (_posts.isEmpty) {
        querySnapshot = await _firestore
            .collection('crafty')
            .orderBy('timestamp', descending: true)
            .limit(10)
            .get();
      } else {
        querySnapshot = await _firestore
            .collection('crafty')
            .orderBy('timestamp', descending: true)
            .startAfterDocument(_posts.last)
            .limit(10)
            .get();
      }
      final posts = querySnapshot.docs;
      if (posts.length < 10) {
        _hasMorePosts = false;
      }
      setState(() {
        _loadingPosts = false;
        _posts.addAll(posts);
      });
    }


    @override
    Widget build(BuildContext context) {
      return ListView.builder(
        controller: _scrollController,
        itemCount: _posts.length + (_hasMorePosts ? 1 : 0),
        itemBuilder: (context, index) {
          if (index == _posts.length) {
            return Center(
              child: CircularProgressIndicator(),
            );
          }
          final _selectedPost = ItemData.fromStoreData(_posts[index]);
```

```
      final email = _selectedPost.user;
  return Center(
    child: Hero(
        tag: _selectedPost.timestamp,
        child: Card(
          child: InkWell(
            child: Stack(
              children: [
                ListTile(
                  title: Text(_selectedPost.title),
                  leading: ElevatedButton(
                    child: Text('삭제'),
                    onPressed: () {
                      _firestore
                          .collection('crafty')
                          .doc(_posts[index].id)
                          .delete()
                          .then((value) => Get.snackbar('삭제', '삭제했습니다.'));
                    },
                  ),
                  subtitle: Column(
                    children: [
                      Row(
                        children: [
                          Expanded(
                              child: Column(
                            crossAxisAlignment: CrossAxisAlignment.start,
                            children: [
                              Text(_selectedPost.content),
                              Text(email),
                              SizedBox(height: 10),
                              Text(_selectedPost.timestamp
                                  .toDate()
                                  .toString()
                                  .substring(0, 16)),
                            ],
                          )),
                        ],
                      ),
```

```
                        ],
                      ),
                    ),
                  ],
                ),
              ),
              onTap: () {},
            ),
          )),
        );
      },
    );
  }
}
```

앞서 만든 구매 탭 페이지인 buy_page.dart 파일과 코드가 비슷한 것을 알 수 있습니다. 참고로 웹에서는 URL을 이용하여 아이콘을 가져와 화면에 표시하므로 Icon 위젯이 아닌 Text 위젯을 사용합니다.

main.dart 파일의 home을 AdminPage()로 수정하고 크롬을 대상으로 빌드해 보겠습니다.

• lib/main.dart

```
( ... 생략 ... )
import 'package:crafty/admin/admin_page.dart';  ←── 추가
( ... 생략 ... )
home: AdminPage(),  ←── 수정
( ... 생략 ... )
```

그러면 다음과 같이 웹으로 관리자 페이지를 엽니다.

▶ 실행 결과

이제 이 관리자 웹 페이지를 파이어베이스 호스팅으로 배포해 볼까요?

Do it! 실습 ▶ 파이어베이스 호스팅을 이용하여 호스팅하기

웹 페이지를 호스팅하는 쉬운 방법에는 2가지가 있습니다. 바로 깃허브^{GitHub} 호스팅과 파이어베이스 호스팅^{Hosting}입니다. 여기서는 파이어베이스 호스팅을 사용해서 웹을 올려 보겠습니다. 플러터를 이용하여 웹 페이지를 만들고 호스팅을 이용하여 서버에 올린 뒤 플러터 앱에서 웹으로 접근하여 사용할 수도 있습니다. 이벤트 페이지처럼 자주 변경해야 하는 페이지는 웹 페이지 형태로 서버에 올려 두기만 하면 업데이트를 통해 변경하는 것보다 더 쉽게 이용할 수 있습니다.

웹 빌드하기

파이어베이스 호스팅을 이용하려면 먼저 웹을 빌드해야 합니다. 안드로이드 스튜디오 메뉴 [Build → Flutter → Build Web]을 클릭하여 웹을 빌드합니다.

오류 없이 완료되었다는 로그를 출력했다면 정상으로 빌드한 것입니다.

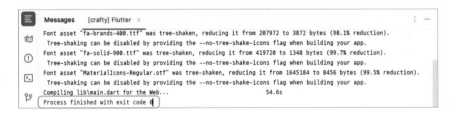

이제 프로젝트 아래의 build/web 폴더로 들어가면 빌드한 파일이 있는 것을 확인할 수 있습니다. 이 파일을 파이어베이스 호스팅을 이용하여 웹 서버로 올리겠습니다.

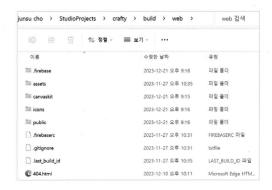

파이어베이스 호스팅 설정하기

파이어베이스 콘솔에서 [Hosting] 메뉴를 선택하고 〈시작하기〉 버튼을 클릭합니다.

그러면 다음처럼 파이어베이스 호스팅 설정 과정이 나옵니다.

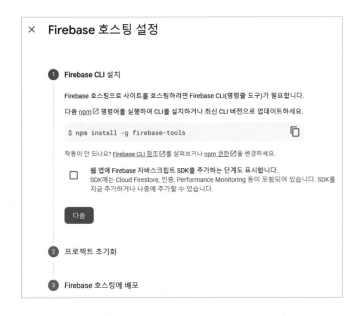

이 안내에 따라 명령 프롬프트를 실행하고 빌드한 웹 파일이 있는 build/web 폴더에서 파이어베이스를 초기화하는 다음 명령을 실행합니다.

파이어베이스 호스팅을 선택하고 계속 진행합니다.

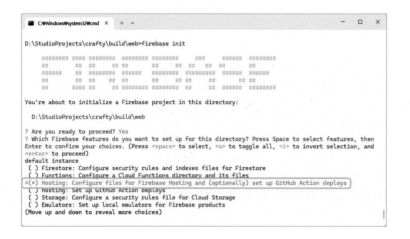

웹 파일이 있는 폴더에서 파이어베이스를 초기화하므로 `public directory`만 ./로 설정하고 나머지는 모두 (Enter)를 눌러 기본값으로 설정합니다.

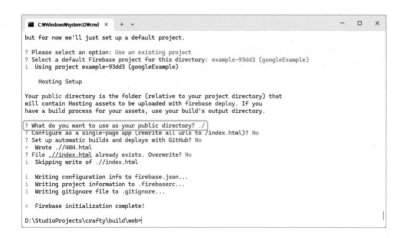

이 과정이 끝나면 다음 명령어를 실행하여 호스팅할 수 있도록 서버로 데이터를 전송합니다.

```
project folder\build\web> firebase deploy
```

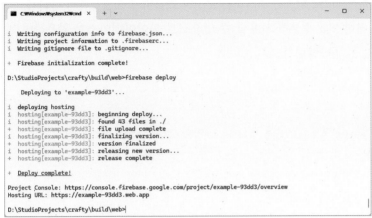

전송이 끝나면 파이어베이스 콘솔의 [Hosting] 메뉴 대시보드가 다음처럼 표시됩니다.

기본값으로 제공하는
웹 페이지 URL

이제 기본값으로 제공하는 URL을 클릭하면 다음처럼 관리자 페이지가 열립니다.

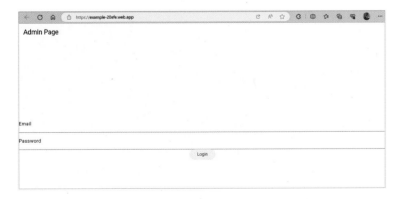

이것으로 호스팅까지 마쳤습니다.

지금까지 플러터를 이용하여 앱을 만들면서 파이어베이스의 다양한 기능을 살펴봤습니다. 다양한 기능 덕분에 서버리스 앱 개발에만 집중할 수 있다는 점이 파이어베이스의 장점입니다. 물론 사용량만큼 비용을 청구하므로 적절하게 서버를 구성하고 올바르게 활용해야 합니다. 사용자가 적은 초기에는 서비스를 충분히 사용할 수 있으므로 파이어베이스를 활용하여 원하는 프로젝트를 마음껏 만들기 바랍니다.

상용화 체크리스트

☑ 상용화에 필요한 기능을 추가해 나만의 앱으로 발전시켜 보세요!

☐ 로그인과 본인 인증을 이용한 개인 정보 확보하기: 본인 인증을 하면 중복 가입을 막을 수 있고 중복 포인트 제공 등도 방지할 수 있습니다. 현재 한국에서는 전화번호를 이용한 간편 인증을 가장 많이 사용합니다.

☐ 판매하는 물건에 제한 두기: 개인이 통관한 전자 제품이나 의료 기기는 개인이 중고로 판매할 수 없습니다. 이런 법적 지식이 필요합니다.

☐ 이미지와 텍스트 필터: 욕설이나 음담패설 등 바람직하지 않은 표현에는 필터를 적용합니다.

☐ 서버 비용 절감을 위한 이미지 크기 줄이기와 캐시 처리하기: 쇼핑몰은 특성상 이미지가 많이 필요합니다.

☐ 데이터를 최적화하여 검색 시 적은 데이터를 사용하도록 처리합니다.

☐ 비즈니스 모델 고민하기: 광고 모델, 부분 유료화 등 당근마켓처럼 지역 광고를 통해 수익을 얻거나 번개장터처럼 중개 수수료를 받을 수도 있습니다. 이처럼 다양한 부분에서 비즈니스 모델을 고민하면 좋습니다.

앱 배포하기

지금까지 다양한 시행착오와 테스트를 거쳐 나만의 앱을 개발했습니다. 이 여정의 마지막 일정으로 구글플레이와 애플 앱 스토어를 통해 개발한 앱을 배포하는 방법을 알아봅니다.

09-1 안드로이드 앱 배포하기

안드로이드 앱을 배포하려면 릴리즈 버전이어야 하는데, 릴리즈 버전 앱을 만들려면 릴리즈 키가 필요합니다. 먼저 keytool을 이용하여 릴리즈 키를 만들어 보겠습니다.

Do it! 실습 > 릴리즈 키 만들기

일반적으로 C:\Program Files\Android\Android Studio\jbr\bin 폴더에 keytool이 있습니다. keytool 위치를 알았으면 해당 폴더로 이동하여 다음 명령어를 입력합니다.

```
keytool -genkey -v -keystore "%USERPROFILE%\upload-keystore.jks" -storetype JKS
-keyalg RSA -keysize 2048 -validity 10000 -alias upload
```

그럼 암호를 입력하라고 나오는데, 원하는 암호를 입력합니다. 이때 암호를 잊어버리지 않도록 주의해야 합니다. 암호 입력 후 내용을 입력하면 키를 만들어 줍니다.

▶ %USERPROFILE%은 사용자 폴더를 뜻하는 환경 변수입니다.

키 위치는 C:\Users\user\upload-keystore.jks입니다. 이제 이 키에서 SHA1과 SHA256 인증서 지문을 추출해서 파이어베이스 콘솔에 입력해야 합니다. 그래야 구글 로그인이나 앱 체크를 사용할 수 있습니다. 다음처럼 명령어를 입력합니다.

```
keytool -list -v -alias upload -keystore "%USERPROFILE%\upload-keystore.jks"
```

출력한 SHA1과 SHA256 인증서 지문을 파이어베이스 콘솔에 추가합니다.

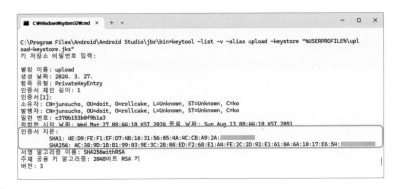

이제 다시 프로젝트로 돌아와 android 폴더에 key.properties 파일을 새로 만듭니다. 그리고 다음 내용을 입력합니다.

• android/key.properties

```
storePassword=비밀번호
keyPassword=비밀번호
keyAlias=upload
storeFile=C:\\Users\\user\\upload-keystore.jks
```

이때 주의해야 할 사항은 이 파일은 Git에 올려서는 안 된다는 점입니다. 물론 jks 파일도 올리면 안 됩니다. Git에 공개로 올라가면 모두에게 노출되므로 해킹이나 위변조의 위험이 있습니다.

파일을 만들었다면 android/app/build.gradle 파일로 이동하여 다음 코드를 추가합니다.

• android/app/build.gradle

```
(... 생략 ...)
def flutterVersionName = localProperties.getProperty('flutter.versionName')
if (flutterVersionName == null) {
    flutterVersionName = '1.0'
}

def keystoreProperties = new Properties()          ← 추가
def keystorePropertiesFile = rootProject.file('key.properties')
if (keystorePropertiesFile.exists()) {
    keystoreProperties.load(new FileInputStream(keystorePropertiesFile))
}

android {
    (... 생략 ...)
    signingConfigs {          ← 추가
        release {
            keyAlias keystoreProperties['keyAlias']
            keyPassword keystoreProperties['keyPassword']
            storeFile keystoreProperties['storeFile'] ?
                    file(keystoreProperties['storeFile']) : null
            storePassword keystoreProperties['storePassword']
        }
    }
    buildTypes {
        release {
            signingConfig signingConfigs.release      ← 수정
        }
    }
    (... 생략 ...)
}
```

build.gradle을 수정하였으면 lib/main.dart 파일로 이동하여 debug였던 앱 체크 설정을 playIntegrity로 수정하고 메뉴 [Build → Flutter → Build APK]를 클릭합니다.

```
                                                                    • lib/main.dart
(... 생략 ...)
await FirebaseAppCheck.instance.activate(
  androidProvider: AndroidProvider.playIntegrity,  ←─[ 수정 ]
  appleProvider: AppleProvider.debug,
);
(... 생략 ...)
```

빌드 후 로그 창에 다음처럼 완료되었다는 로그가 남으면 빌드가 끝난 것입니다.

```
Running Gradle task 'assembleRelease'...
√  Built build\app\outputs\flutter-apk\app-release.apk (25.7MB).
Process finished with exit code 0
```

Do it! 실습 ▶ 빌드한 앱 구글플레이에 올리기

이제 이 파일을 구글플레이에 올려 보도록 하겠습니다. 구글플레이 개발자 계정 등록은 구글 플레이 콘솔(https://play.google.com/console)에서 간단히 가능하므로 생략합니다.

앱 만들기를 선택하고 내부 테스트 버전 만들기를 클릭하여 올리도록 합니다. 이때 서명 키로는 구글에서 권하는 서명 키를 사용합니다.

파일이 올라가면 다음과 같이 버전이 표시되는 것을 볼 수 있습니다.

이제 남은 부분을 채워서 앱을 배포하면 됩니다. 나머지 마케팅이나 배포 시 필요한 내용이나 개인 정보 관련 내용은 개발 내용이 아니므로 여기에서 다루진 않겠습니다. 구글플레이는 aab 파일만 올릴 수 있고 원스토어나 갤럭시 스토어는 apk 파일로 올려야 합니다. 상황에 맞는 파일을 생성하고 배포하면 됩니다.

09-2 iOS 앱 배포하기

아이폰 사용자를 위한 iOS 앱을 앱 스토어에 배포하는 방법을 알아보겠습니다. iOS 앱을 배포하려면 맥 컴퓨터와 애플 개발자 계정이 필요합니다. 더불어 애플 개발자 계정을 등록하려면 연간 99달러의 구독료를 지불해야 합니다. 배포를 위해 애플 개발자 센터에서 개발자 등록 및 결제를 한 후 진행하세요(https://developer.apple.com/kr/programs).

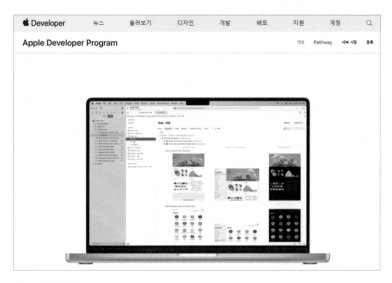

애플 개발자 센터

> **Do it! 실습** Xcode 설정하기

iOS에서는 Xcode를 이용해서 앱을 배포합니다. 플러터 프로젝트 내의 iOS 프로젝트를 Xcode로 엽니다. 터미널에서 다음 명령어를 실행합니다.

```
>_ 터미널                                                    – □ ×

$ open ios/Runner.xcworkspace
```

Xcode의 [Runner → General → Identity]에서 Display Name과 Bundle Identifier를 확인합니다. Display Name은 앱 스토어에서 보일 앱 이름이고 Bundle Identifier는 앱 패키지 이름으로, 고유한 값이어야 합니다(예: com.rollcake.yourApp).

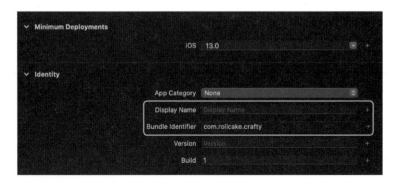

Do it! 실습 ▶ 애플 개발자 센터에 등록하기

Xcode에서 [Runner → Signing & Capabilities → + Capability]를 클릭하여 필요한 기능을 추가합니다. 검색창에서 Push Notification을 검색해 추가했습니다. 이 과정에서 번들 ID가 애플 개발자 센터에 자동으로 등록됩니다.

이제 웹 브라우저로 돌아와 애플 개발자 센터(https://developer.apple.com/kr)에 접속하고 애플 아이디로 로그인 후 〈인증서(영문)〉을 클릭합니다.

애플 개발자 센터 웹 사이트의 왼쪽 메뉴에서 [Identifiers] 탭을 클릭한 후 〈Register an App ID〉를 선택합니다.

이어서 [App IDs]를 선택하고 〈Continue〉를 눌러 다음으로 넘어갑니다.

등록하려는 유형을 선택합니다. [App]을 선택하고 〈Continue〉를 클릭합니다.

Register an App ID 페이지에서 앱과 관련된 정보를 입력합니다. Description에 앱 설명을 입력합니다. 그리고 Bundle ID에서 [Explicit]를 선택하고 패키지 이름을 작성합니다. 이때 패키지 이름은 파이어베이스에 등록할 때 사용한 패키지 이름과 같아야 합니다.

정상으로 등록되면 Identifiers에 등록된 정보가 나오는 것을 확인할 수 있습니다.

새로운 앱 생성하기

앱 스토어 커넥트App Store Connect로 이동하여 로그인 후 새로운 앱을 생성합니다(https://appstoreconnect.apple.com).

앱 이름을 입력합니다. 번들 ID에는 이전에 등록했던 앱 정보가 리스트 형태로 표시됩니다. 이 중에 신규 앱에 등록할 번들 ID를 선택합니다. 다음으로 앱 스토어 외 다른 곳에서 쓰이는 고유 아이디인 SKU를 입력하고 [전체 액세스]에 체크한 뒤 〈생성〉을 클릭합니다.

파일 생성하고 올리기

터미널에서 `flutter build ipa` 명령어를 실행하여 .ipa 파일을 생성하고 ./build/ios/ipa/ 경로에 파일이 정상으로 생성되었는지를 확인합니다.

Xcode의 Archive를 사용해도 됩니다. 여기서는 Xcode에서 [Product → Archive]를 클릭합니다.

그리고 [TestFlight & App Store]를 선택 후 〈Distribute〉 버튼을 클릭하면 서명한 .ipa 파일이 자동으로 만들어지고 앱 스토어에도 자동으로 올라갑니다.

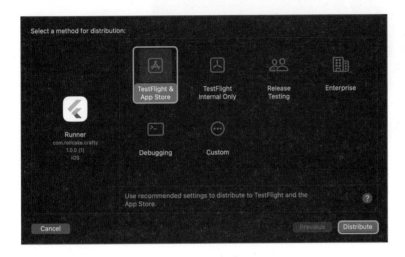

업로드된 파일이 보이면 파일을 클릭하고 〈Distribute App〉을 선택해 서버로 업로드합니다.

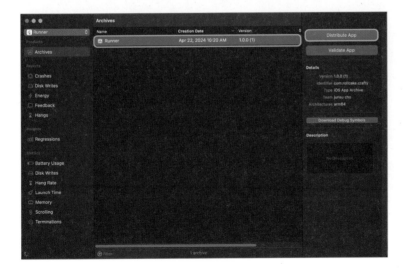

서버에 업로드가 정상적으로 완료되면 다음 화면이 표시됩니다. 〈Done〉을 클릭하고 서버의
데이터베이스가 변경되면 업로드된 앱을 확인할 수 있습니다.

▶ 서버의 데이터베이스가 변경되는 데 시간이 소요될 수 있습니다.

앱 파일이 제대로 만들어지지 않거나 빌드 권한이 없다고 나오면 [Signing & Capabilities]
로 이동하여 Team을 올바르게 선택했는지 확인합니다. Team은 배포할 때 사용하는 인증서
를 체크하는 용도로 사용되며 프로비저닝 프로파일을 이용해 추가할 수 있습니다. 지금은 따
로 팀을 등록하지 않았으므로 개인 이름으로 등록한 후 진행합니다.

서버에 올린 후 20~30분 정도 기다리고 나서 앱 스토어 커넥트에 올리기가 완료되었는지 확인합니다.

앱 스크린샷, 앱 정보, 카테고리 선택 등의 추가 정보를 작성하고 저장합니다. 이제 이 앱의 심사를 맡기면 애플의 기준에 따라 심사하여 허락되면 앱을 출시할 수 있습니다.

이렇게 앱 배포까지 마무리했습니다. 1장부터 9장까지 오면서 5개의 샘플 앱을 만들었고 또 파이어베이스의 다양한 기능을 사용했습니다. 지금까지 배운 앱을 바탕으로 플러터 위젯과 파이어베이스의 강력한 기능을 활용해 여러분만의 멋진 서비스를 만들어 보세요.

**기초
단계**

김동형 | 856쪽

정재곤 | 800쪽

강성윤 | 736쪽

강성윤 | 712쪽

송호정, 이범근 | 696쪽

**응용
단계**

조준수 | 500쪽

전예홍 | 580쪽

김응석 | 576쪽

나는 어떤
코스가
적합할까?

A 빠르게 앱을 만들고 싶은 사람

- Do it! 안드로이드 앱 프로그래밍
- Do it! 깡샘의 안드로이드 앱
  프로그래밍 with 코틀린
- Do it! 스위프트로 아이폰 앱 만들기 입문
- Do it! 플러터 앱 프로그래밍
- Do it! 리액트 네이티브 앱 프로그래밍

B 앱 개발 실력을 더 키우고 싶은 사람

- Do it! 자바 완전 정복
- Do it! 리액트로 웹앱 만들기
  with 타입스크립트
- Do it! 프로그레시브 웹앱 만들기
- Do it! 깡샘의 플러터&다트 프로그래밍

기초
단계

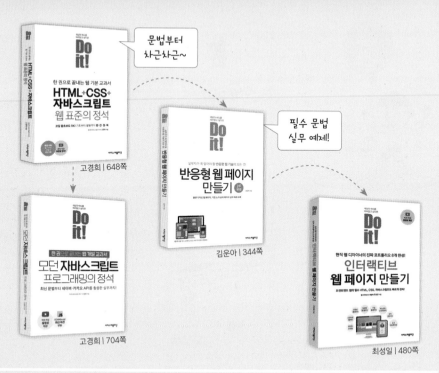

문법부터
차근차근~

한 권으로 끝내는 웹 기본 교과서
**HTML+CSS+
자바스크립트**
웹 표준의 정석

고경희 | 648쪽

필수 문법
실무 예제!

실무자가 꼭 살아야 할 반응형 웹 기술이 모든 것
**반응형 웹 페이지
만들기**

김운아 | 344쪽

한 권으로 끝내는 웹 개발 교과서
**모던 자바스크립트
프로그래밍의 정석**
최신 문법부터 네이버·카카오 API를 활용한 실무까지!

고경희 | 704쪽

현직 웹 디자이너의 진짜 포트폴리오 8개 완성!
**인터랙티브
웹 페이지 만들기**

최성일 | 480쪽

응용
단계

**Node.js
프로그래밍 입문**

고경희 | 560쪽

**점프 투
스프링부트 3**

박응용 | 408쪽

**장고 + 부트스트랩
파이썬 웹 개발의 정석**

이성용, 김태곤 | 640쪽

나는 어떤
코스가
적합할까?

A 프런트엔드 개발자가 되고 싶은 사람

- Do it! HTML+CSS+자바스크립트
  웹 표준의 정석
- Do it! 모던 자바스크립트 프로그래밍의 정석
- Do it! 반응형 웹 페이지 만들기
- Do it! 인터랙티브 웹 페이지 만들기
- Do it! 자바스크립트 + 제이쿼리 입문
- Do it! Vue.js 입문

B 백엔드 개발자가 되고 싶은 사람

- Do it! HTML+CSS+자바스크립트 웹 표준의
  정석
- Do it! 모던 자바스크립트 프로그래밍의 정석
- Do it! node.js 프로그래밍 입문
- Do it! 점프 투 장고
- Do it! 점프 투 스프링 부트 3
- Do it! 장고 + 부트스트랩 파이썬 웹 개발의 정석